本书受以下课题共同资助：

2017年度浙江省教育厅一般科研项目《嬗变与重构：全域旅游背景下旅游共享联盟模式研究》（Y201737057）

2019年度浙江旅游职业学院优秀科研成果后期资助重点项目《可持续生计框架下旅游生态补偿研究——基于浙江省11个国家重点生态区的实证》（2019HQZD02）

2020年度浙江省哲学社会科学规划课题（青年课题）《浙江省旅游生态补偿的绩效核算、时空演进与路径研究》（20NDQN326YB）

可持续生计目标下的旅游生态补偿研究

国际比较、路径选择与制度保障

高明 著

中国旅游出版社

国际上曾提出“生计资本”理论，习近平总书记早在2005年时任浙江省委书记时就用通俗易懂的一句话“绿水青山就是金山银山”提出了新的发展思路，后简称“两山”理论。

青山绿水哺育和创造了五千年灿烂辉煌的华夏文明，是中华民族赖以生生不息，薪火相传之源泉。习近平总书记提出的“两山”理论，不仅是高瞻远瞩、放眼全球，对呵护同一个地球、同一个家园的高度负责和践行，更是秉承了古圣先贤对“无为而治”“家国情怀”的一种彻底诠释。对于“两山”理论的开展，习近平总书记又指明：一方面要“守护”，另一方面要“转化”两项方针。守护就是要本着自然、和谐、文明之风，让人类与山水、花鸟和谐共处；转化就是要本着可持续发展的原则，让人类利用青山绿水去获得更好的生计。二者在辩证中达到鱼水相融、合璧生辉的效果。

960余万平方公里的中华广袤大地上，青山绿水多在乡村。十多年来，我国通过村村通、污水改造、耕地保护等一系列工程和措施，基本上已经将农村的基础设施改造完成，这是有目共睹的事实。老百姓们亲眼看到和感受到农村发生的翻天覆地变化，也享受到政府花大力气投入建设、规划、保护和发展所带来的红利。

千百年来人类在利用自然、改造自然的过程中汲取了丰富的经验，同时也认识到人与自然和谐相处的重要性。古时，基于儒家思想的背景下，先人们通过“乡约”“村规”来保护青山绿水。如今，文明已经跨入21世纪的第20个年代，人口基数、生产力水平、生活方式等都不可同日而语。新时代，如何让青山绿水常伴，莺歌燕舞常存，百姓安居乐业，社会风清弊绝，营造生机勃勃、积极向上的大好局面，需要从上至下、从里至外多方合力，这是个系统工程。

本书着眼于“可持续生计目标下的旅游生态补偿研究”，以“两山”理论为基础，参照国内外的成功案例，着重以浙江省淳安、文成、泰顺、磐安、常山、开化、龙泉、遂昌、云和、庆元、景宁 11 个入选国家重点生态功能区县（市）为样本进行研究，为各相关职能部门提供了有益的参考。

春华秋实三余载，跋山涉水四海地，旁征博引五方言。读罢感慨之余，受友之邀，浅酌淡墨，是为序。

王 志

2020年3月于杭州西子湖畔

独立撰稿人、资深旅游从业者

高明是浙江旅游职业学院的青年教师，2013 年毕业于英国赫特福德大学（University of Hertfordshire），当年就回国工作。2015 年到学院酒店管理系任教。他热爱工作，善于学习，勤于思考，笔耕不辍，研究兴趣较广，涉及领域较多，短短几年就取得了骄人的成绩，主持了浙江省哲社规划等省部级课题 3 项，发表论文 8 篇。其中 CSSCI 来源刊物 2 篇，人大复印资料《旅游管理》全文转载 1 篇。还先后获得浙江旅游职业学院“教坛新秀”“科研新秀”等称号，2018 年入选文化和旅游部万名旅游英才“双师型”教师。

专著《可持续生计目标下的旅游生态补偿研究：国际比较、路径选择与制度保障》是他近年来科研工作的重要成果，该书以可持续生计目标下的旅游生态补偿为研究对象，系统梳理国内外可持续生计、生计资本、生态补偿和旅游生态补偿等前期研究，对国内外典型案例地的旅游生态补偿做了比较分析，以实证方式阐释了可持续生计目标下的旅游生态补偿的路径选择。本书的研究对生态补偿政策与生态效益评估提供了参考的方法，提出了有益的建议。

高明的成长是浙江旅游职业学院青年一代教师专业化发展的缩影。我们长期以来十分重视教师的成长与发展，在 2009 年学校出台了提升教师素质和能力的“星光计划”，通过一些政策、项目、资金的扶持，分门别类，有针对性地培养教师。十余年来数百名教师参加了“星光计划”项目，他们经过系统的教学、科研和社会服务能力的锻炼，极大地提升了综合素质，涌现了一批教学名师、行业大师和科研团队，特别是青年教师中一批教坛新秀、科研新秀和行业新秀崭露头角。

2019 年浙江省财政加大了高职高专院校科研资金的投入，学校推出了科研创新团队建设项目，由一名教授带若干名青年教师组成科研小组，集体协同开展科学研究，既指导培养青年教师，又开展科研攻关。我和青年教师刘颖、高明和周高华组成了一个团队，共同讨论研究课题，分享科研进展，探索业态变化，服务旅游发展。一年多来，我们团队公开发表文章20余篇，其中5篇文章被学习强国全文转载，主持省部级课题3项。在本书的写作过程中我们团队多次进行了交流与讨论，提出了意见和建议。

教师作为一种职业，历史悠久，但作为一种专业化的职业是人类社会发展到一定历史阶段的产物。专业化是一个社会学概念，是指一个普通的职业群体在一定时期内，逐渐符合专业标准、成为专门职业并获得相应专业地位的过程。教师专业化的概念则是现代社会变迁与教育革新的产物，也是现代教育发展和现代人才培养的需要和必然趋势。教师专业化是教师个体在接受专业教育之后，具备作为一名教师的基本素质，并在整个职业生涯中，通过专业训练，获得专业知识技能，实施专业自主，表现专业道德，并逐步提高自身从教素质，成为一个良好的教育专业工作者的成长过程。

我们培养教师的最终目的是让教师们成为专业化人才，科学研究无疑是重要的专业能力。高明来校工作虽然只有5年，但利用浙江旅游职业学院的平台，他积极参与各项科研活动，时刻关注旅游业新发展，通过自身的刻苦钻研，渐渐进入了旅游科学研究领域。我们希望青年教师重视科研工作，找准科研方向，提升科研水平，涌现更多的优秀青年教师，更好地为旅游发展和旅游教育做贡献。

王昆欣　教授

世界旅游联盟（WTA）副秘书长

浙江旅游职业学院原党委书记、院长

2020年5月于石函路1号

锻造属于我们这代人的高光时刻

我是一位初学者，第一次在中国旅游出版社的翰墨纸间留下自己学习和研究的阶段成果。

开篇是个挺纠结的事儿，不仅要展现才情并茂的个人 IP，还得在文责自负的基础上精准诠释数十万字的主旨。于是，我认真总结了各路大牛、网红作家、知名教授的“写在最前面”“说说心里话”“卷首语”，做了个文献综述，得到以下些许小启示。

第一种是寄语型。一般路径是引用各种名言警句，用多重排比对仗，在开篇便给读者灌下了几碗人生鸡汤。寄语型自序的核心思想十分清晰，即我要跟你谈理想。不过，我觉得这种灌鸡汤不加盐、不加味精的做法有些欠妥，因为理想很丰满，现实太骨感，贫穷限制了我们的想象力。

第二种是煽情型。一般路径是从伴随我们长大的生活片段入手，从会下蛋的鸡到葫芦娃，从哆啦 A 梦到圣斗士星矢，从跳皮筋到痛苦的高考；抑或回顾重要节点事件，如军训、升学、毕业、恋爱、失恋与结婚等。通过时空穿梭加上韩剧式台词刺激我们的泪腺，终极目标是在开篇便让大家抱作一团，痛哭流涕，感天动地。这种做法实则也不可取，生活已经很累了，来点乐观向上的可好？

第三种是学术型。一般路径是堆砌不少于 10 个学术词汇，辅以 4 个计量经济学模型，以阐释一个众人皆知的常识性话题。这一套路已饱受学界和社会各界诟病，因为历史已不断证明，那些总想流传于后世的高深之作，往往传着传着就不见了踪影。

尽管我对上述三式颇有微词，但不得不承认这三类开篇词通常需要作者拥有丰富的人生阅历和实践经验，其理论素养及文学功底理应扎实深厚。显然，我并不具备这一质素。那么，索性就朴实无华地谈谈这本著作的写作背景与成书片段，进而在自省中锻造属于我们这代人的高光时刻！

今天的中国，从未如此自信。我们以东方智慧和中国式勤勉影响着这个世界。回望激扬壮阔的四十载，中国旅游业走完了从无到有、由外转内的历程；今天的中国，已是全球最为重要的旅游目的地和客源国，旅行俨然成为居民生活的必需品，中文服务已像英语般渗透在东南亚的各个角落。很幸运，我亲历了一个高光时代；三生有幸的是，我作为一个旅游人尝试运用自己的知识反哺行业发展。在时代赞歌中，我们更应理性且审慎地看待繁荣背后的“硬约束”，用年青一代旅游人的智慧去锚定新时期文旅融合的动力源与方向标。在百年未有之大变局的时代中，中国的生态旅游与旅游经济到底应以怎样的站位去适应国内循环为主、国内国际互促双循环的格局，上述观点便是本书写作的动机。

“青年要保持初生牛犊不怕虎、越是艰险越向前的刚健勇毅，勇立时代潮头，争做时代先锋。”2020 年 4 月 30 日，习近平总书记在纪念五四运动 100 周年大会上如是说。追本溯源地看，如果说旅游功能日渐丰富、出游品质显著提升、旅游治理取得突破、国际影响显著增强是国运昌盛带给旅游业的红利，那么在中国步入新常态的当下，青年一代究竟该有怎样的站位？在携程总部、在宋城集团、在复兴旅文、在浙江旅游职业学院，生长在互联网一代的中国旅游新生代们正践行着“周六一定不休息、周日休息不一定”的工作态度，诠释着“士不可以不弘毅，任重而道远”的精气神。当然，这四家单位的年青一代仅是我个体的管中窥豹，我坚信，还有一大波中国旅游业的“后浪”们正在全面参与产业发展的进程中扮演着攻坚克难的最美“逆行者”角色。因为，摆在我们面前的刚性约束还有许多：

现阶段，文旅政策与行业生态尚有差距。我国旅游产业所需的资源要素大多分散于县、区、市一级，职能归属于自然资源、城乡建设、农业农村、交通运输等不同部门。作为政策制定主体的省一级文旅部门的统筹协调职能难以充分激活，各地的文旅政策常陷于“什么都需要管、什么都管不了”之境。

现阶段，文旅投公司的市场化能力不尽人意。近五年各级政府纷纷成立了国资背景的文旅投公司，但囿于经营年限短、核心资源匮乏、由政府委派主要领导、产业思维较弱等局限，市场化能力普遍偏弱。这类企业重硬件开发和国资委的考核，轻运营管理和资产增值，在文旅加速融合的进程中尚不能胜任“能动机”之作用。

现阶段，资本下乡的可持续运营方案乏善可陈。乡村兴则旅游兴，乡村旅游是新时代中国文旅融合的关键节点、吸引了海量资金的涌入。尽管资本下乡十分火热，但依然未能摆脱重业态产品、轻商业模式创新的窠臼；投资增速远胜于特色小镇、美丽乡村与田园综合体的自身造血速度，乡村地产化趋势渐次抬头。这一现象背后的本质，是复合型的“操盘手”和专攻运营的“流量王”十分稀缺。

现阶段，传统业态的提质增效之路困难重重。传统的5A级、4A级景区以历史人文景观、自然景观景区为主，承载量有限、业务模式单一，存在设施普遍老化、产品服务亟待提升的“新常态”。精品酒店、主题乐园、农家乐、娱乐演艺尽管发展迅速，但地域感鲜明，IP品牌价值和持续创新能力依然不足。传统业态的二次开发受限于土地、人才、属地居民利益冲突等限制，加之疫情的冲击致使发展“举步维艰”，721式的产业现状（七成亏损、二成保本、一成盈利）亟待破题。

2018年年初的全国旅游工作会议提出，要在2040年建成世界旅游强国的宏伟愿景，这意味着旅游经济数量与质量的统一、产业规模与效益的统一。要成为旅游强国，唯有不断弥合旅游经济与生态涵养之间的矛盾、不断强化旅游要素调配力和国际旅游话语权。

每一天为明天。本书旨在将生态补偿行为嫁接于旅游业态中，试图厘清当下“旅游+”跨界发展中的要素构成，进而依托旅游产业层面的经济功能（优良的资产配置手段）、社会属性（休闲康养的绝佳载体）和文化价值（拓展视界的天然媒介），为以浙江省11个国家重点生态功能区为代表的生态脆弱区设计一条简便易行的施策路径。

在本书成形的过程中，要向我的科研导师王昆欣教授、大师兄刘颖与小师弟周高华致谢，真诚谢谢你们的建议和帮助；要向杜兰晓院长、周国忠副书记、王忠林副院长致谢，谢谢你们的期许和信任；要向酒店管理系酒店管理专业的章思燕同学、耿喜同学、任欣怡同学和骆妍同学致谢，谢谢你们的鼎力协助；要向家人致谢，谢谢你们的理解和支持！

而立之年，我完成了自己的执念，距离自己立下的“视野开阔、能想会写，业务出众、动手一流”的小目标又进了一步。感谢我的父母，让我有了接受高等教育的机会；感谢我的老师们，让我知道学习旅游管理是多么有趣的一件事；感谢浙江旅游职业学院，让我有了深入行业、服务行业的机会。今天的浙江旅游职业学院已是我身上最酷炫的标签，谢谢这所大学创造了属于年青一代的高光时刻，使我可以自信、坚定、执着地朝着产业型教授不懈努力。

愿旅游带给世间的美好，与我们环环相扣。

是为序。

高明

2020年5月作于浙江杭州

目 录

第一篇 绪论

作为本书的开篇，绪论部分着墨于旅游生态补偿的时代要义与关键问题。希冀通过厘清旅游生态补偿的价值和理实节点，进而刻画研究进路。

第一章　时代要义

一、旅游生态补偿是新时代“两山”理论的生动实践

翻开历史扉页，生态补偿是生态理论演进中鲜明的IP（Intellectual Property）。如果说生态环境问题与社会经济发展存在着伴生现象，那么，生态补偿对目的地利益联结和社会进步的综合贡献能力亦不可小觑。随着人们对旅游“无烟工业”认知的不断加深，旅游发展中的环境“负效应”日趋显现。作为生态保护和环境可持续利用的根本制度安排，生态补偿强调使用经济手段量化经济活动的干扰成本。旅游业对生态补偿的理论与实践立足于积极的“义利观”，希冀通过动态、公平、高效的利益连接机制激励生态环境保护行为。相较于以惩戒为主的环保管制，旅游生态补偿动态调整了旅游经济发展与生态环境利益相关者之间的关系，尝试通过“市场化＋政策”的组合拳形式，柔性减缓旅游产业对生态层面的“负效应”。在实践上，旅游生态补偿的互存互进、互尊互用、互生互融的属性与习近平总书记提出的“两山”理论不谋而合，其阐释的“守护”和“转化”行进轨迹彰显着理实发展的时代要义。

绿水青山就是金山银山。肇自浙江的“两山”理论系统回答了经济发展与生态保护之间的关系，蕴含着对人类文明发展经验教训的历史总结。实践中，“守护好一方绿水青山”与“绿水青山如何转化为金山银山”两个命题互为依托，共同组成了理论中核。一个接近共识的观点是，“两山”论述中的“守护”是前提，关乎金山银山的根基；“转化”是关键，关系到绿水青山的可续开发。对比来看，实践中难度较大的是转化。就这一问题，习总书记提出应充分发挥环境的优势，进而转变为经济优势，如此绿水青山便是金山银山。毋庸置疑的是，旅游是生态保护的“均衡解”，旅游经济是实现生态优势变成经济优势的重要通路。以“自然”（回归自然，Nature）、“怀旧”（怀旧和乡愁，Nostalgia）、“涅槃”（心灵滋养和精神解脱，Nirvana）为表征的全球旅游新需求均离不开“绿水青山”这一载体[1]。可以预见，随着我国旅游业在“美好生活”中的作用不断凸显，以“绿水青山”为对象的旅游消费将会持续存在，并借助涉及面广、关联度高、带动性强、融合度高的产业优势，成为实现“绿水

青山”生态服务价值的推进器、转化器，旅游生态补偿也将在“金山银山”的实现过程中充当动力源的角色。

二、旅游生态补偿是实施乡村振兴战略的基础保障

中国经济的迅速发展使得温饱已不是困扰中国社会发展的主要议题。随着人们需求的不断增加，国民需求与国家发展之间出现了不平衡现象。换言之，人民群众对美好生活的向往是中国新时代征程需要主要破解的局限。乡村是中华大地最基本的构成，面积大、人口多。然而，广袤的中国乡村发展依然不够充分，城乡二元藩篱、城乡收入差异、相对贫困等问题的新旧交织制约着乡村振兴战略的落地生根。从顶层设计的源起来看，乡村振兴战略既是新时代提升农村治理能力、农民生活水平以及农业发展质量的可行战略决策，又是破解城乡二元困局、积蓄中国发展新动能的有效切入口。现阶段，我国各级党委政府紧密围绕这一目标，根据各地实际出谋划策，并将其作为首要政治任务。可以预见的是，在较长一段时期，这一核心任务都将一以贯之地落实。某种程度上，人与自然的和谐共生是反观乡村振兴成效的“晴雨表”。那么，生态优良、村容整洁、人地和谐便是乡村振兴的政策源起和施策目标。

将目光转向欧洲发达国家。欧洲发达经济体的农牧业高度发达，但绝大部分国家已然认识到仅凭农牧业并不能保持农村经济持续健康的发展，对自然的过度索取会致使生态环境的退化，进而成为环境反噬乡村活力的突破点。追本溯源地看，西方学研业已证实了农民及属地的利益相关者是农村生态环境改善的最大受益者，美好的外部环境将激发个体对美好生活和健康身心的向往，进而带动发展要素在乡村大地的集聚。换言之，人作为乡村振兴的主体，其生态保护潜能的迸发将直接撬动乡村能级的提升，进而加速转型升级的步伐。2018年有关经济资料显示，我国第一产业的国内生产总值已降至7.2%。在这一时代背景下，若要充分发挥农村的发展价值，有必要“仰仗”良好的生态环境作为支撑，在给予农产品生态附加值的基础上最大化其价值。

由此申言之，乡村振兴的落脚点是生态植入，乡村振兴的发展基石是产业融合，乡村振兴的目标愿景是产业振兴。放眼国际，在人民综合素质得到提升之时，人们会更倾向于追求物质需要与精神享受，对生态环境会有更高的需

求。某种程度上，乡村旅游易上手、可示范、能致富，是乡村经济发展的重要抓手。广袤的农村大地占国土面积的94%，是中华大地上最主要的景观资源。从20世纪80年代末深圳举办荔枝节计起，我国现代乡村旅游已走过30余年，其重要性与日俱增。公开资料显示，2012—2018年我国休闲农业与乡村旅游人数不断增加，2015—2017年乡村旅游人数占国内游人数的比重超过50%。《全国乡村旅游发展监测报告》显示，2019年1—6月中国乡村旅游人数达15.1亿人次，同比增长了10.2个百分点。历史同期，旅游总收入达0.86万亿元，占国内旅游总收入的13.4%，同比增加11.7个百分点。值得一提的是，同期乡村旅游就业人数业已创下历史新高，突破880万人次，实现了良好的拉动效应。据文化和旅游部估计，在大力推进乡村旅游扶贫攻坚的大背景下，2020年扩大旅游规模的乡村数量将达到6000个，实现构建乡村旅游特色景点数量10万个以上的计划。

不过，在繁荣的表象下，旅游事业与乡村可持续发展之间的矛盾趋于尖锐。现实拘囿在于，属地居民相对薄弱的环保意识、下乡资本的逐利特质及乡村生态环境的相对脆弱性使得乡村旅游的发展极易造成环境的超负荷，空气污染、水污染、固体垃圾和景观破坏四类问题集中凸显。在张家界，汽车尾气和餐饮厨具排放造成的烟尘废气使得景区空气质量在旅游旺季严重超标。据2017年“十一”黄金周的公开监测数据显示，张家界景区内各村庄二氧化碳、二氧化硫等核心污染物指标的瞬时浓度超国标3.14倍，严重的污染致使张家界景区管理部门不得不关停一批个体工商户、农家乐企业，造成不小经济损失的同时，也在一定程度上激化了社会矛盾。无独有偶，在武陵源景区，属地政府为彻底治理每年15000吨排入金鞭溪的污水，开展了大范围的拆迁工作，这些工程耗资数亿元。由于当时视野的拘囿，一味地以经济发展为主导而缺乏科学规划，造成了后期尖锐的社会冲突和高昂的治理成本。可见，在乡村空间范围内进行对生态补偿的研究与实践，在总结经验基础上努力形成旅游生态环境保护体系与技术对策，有助于改善属地居民和旅游者的康养水平和幸福感，为社会柔性治理打开了一扇窗。某种程度上，旅游生态补偿的“和谐共生、良性循环”设计是产业、城市、乡村有机协同的必要充分条件，为乡村的可持续振兴提供了保障。

三、旅游生态补偿是重塑旅游绿色形象的重要举措

无论是产业空间，抑或产品增量，旅游的国民经济战略支柱地位越发稳固。传统观点认为，旅游相较于传统产业拥有突出的低碳属性，是典型的环境友好和资源集约型产业。但是，随着产业规模的持续扩大和旅游学研的快速深入，生态旅游不生态、无烟产业有破坏的现象被不断曝光于聚光灯下。例如，旅游地为实现旅游承载力的跃升，密集的旅游配套设施刚性割裂了生态景观；生态敏感型旅游地的生态系统因游客涌入备受压力，目的地资源和能源消耗倍增；欠发达旅游地政府过度依赖于招商引资行为，造成严重的地方旅游收益漏损；日渐活跃的旅游商业活动衰减了社区文化的生命力，使得居民生计行为全盘旅游化。某种程度上，我国某些地区旅游增长路径与绿色发展理念相去甚远。在缺乏远视的策略指引下，不同程度的破窗效应（Broken windows theory）业已显现，“旅游能够毁灭旅游”论断不断被佐证[2]。

另外，随着国家逐渐扩大生态保护区的空间域，生态补偿受偿区迅速扩容，隐形问题随之浮出水面。生态补偿成本与日俱增，资金消耗迅速。当前以财政资金为主导的生态补偿机制日益显现其弊端，尽管政府不断加大生态补偿资金的配比力度，仍无法弥合生态补偿资金扩大的缺口。2017 年，仅中央财政就安排生态补偿专项资金 957.2 亿元，涵盖森林生态补偿 533 亿元，退耕还林、还草 211 亿元，草原生态保护 187.6 亿元，轮作休耕 25.6 亿元。但与全国补偿资金的需求量相比，仍有杯水车薪之虞。

概括而言，在扩充生态补偿资金来源的政策导向下，实现资源和环境永续利用业已成为我国社会各界的共同愿景。那么，如何建构以市场主导、多元化、多渠道的生态补偿体系进而促进旅游生态补偿的落地生根，亟待相关学者提供行之有效的解决方案。以生态系统服务付费（Payment for Ecosystem Services，PES）和生态效益付费（Payment for Ecological Benefit，PEB）为主流的生态环境保护理论和实践历经三十余年发展，其理论意涵已突破科斯定理与庇古理论边界[3–4]，学界正以一种更富远见的政策工具包形式，为全球旅游产业可持续发展和属地福祉研究提供学者的社会观感。可以预见的是，随着生态补偿理实研究不断精进的当下，随着联合国教科文组织复核、中央环保督查、跨省域的新安江水环境生态补偿机制、省市区三级生态补偿专项资金等强监管、新实践的付

诸实施，立足于实现生态环境改善和居民生计提高的旅游生态补偿“双赢”方案，将加速弥合旅游产业发展中的生态影响，凸显其绿色价值。

四、旅游生态补偿是国家重点生态功能区建设的有力抓手

在生态文明建设的过程中，既要进行科学的符合实际的规划，也要基于生态相关影响因素，对当地的生态系统进行治理完善。这对以生物多样性保护、水土保持、水源涵育、防风固沙等关键生态功能为主线的676个国家重点生态功能区而言，尤是如此。一个鲜明的时代烙印是，传统“孤岛式”圈地保护不断受到挑战，全球生态保护理念也经历了从自然保护、抢救性保护到人地和谐共生的嬗变[5]。2008年，环境保护部会同中国科学院，一起编写了《全国生态功能区划》。此次规划方案的编制系国家层面上首次制定对生态功能区进行分区的办法。其中，明确指出可以结合地区地貌、气候的差异进行划分，将全国生态大区一分为三（西部干旱区、青藏高原区、东部季风区）。2010年，由环境保护部牵头，再一次对《全国主体功能区规划》中的生态功能区划分部分进行修正与完善。根据开发内容、面积、层级三个维度，将全国划分成不同功能区域，重点生态功能区的概念在这一时期被提出。一个共性特点是，由于地理位置比较偏僻，交通相对不便，重点生态功能区的经济发展水平往往相对滞后，整体经济发育程度偏低；但风俗人情与自然景观却很少受到外界影响，无形中将非物质文化遗存很好地保留了下来。这一阶段，国家进一步强化了根据“不同国土空间的自然属性确定不同的开发内容”的理念，使得重点生态功能区建设更侧重于生态涵养。由于执行严格的限制开发政策，生态脆弱、经济发育欠佳成为制约地区发展的关键节点。但是，正如古语所言：世之奇伟、瑰怪、非常之观，常在于险远。在地理分布上，生态功能区与旅游资源富集区往往呈现叠加状态，这也是全球旅游资源分布的一个鲜明表征。

统计显示，我国676个功能区的旅游开发率接近95%[6]。由此观之，在不撼动生态优先的大前提下，通过旅游绿色经济，不断放大旅游绿色经济的机会成本来攻克生态功能区内的“开发限制”，已成为一个较为普及的路径。那么，建立以旅游为载体的市场化生态补偿机制策应则成为时代进程中的必然选项。本书试图策应于可持续生计的富民目标，在国家重点生态功能区空间纬度下尝

试以游促保的新型生态旅游方法，破解贫困与环境之间“阿喀琉斯之踵”。本书的路径选项希冀实现精准扶贫从理念向制度的转换，规避了现有政策缺乏精准度、可预期性和正当性不足的局限。具言之，其意义体现有二。

一是定位传统生态赔偿理论与减贫问题之间的联系。现实情境下，依循法律进行精准扶贫是扶贫工作的本质，采取一系列可量化、可溯源的政策支撑，能够较为精准地实现研究范式的转变，使得研究成果真正实现可落实、易上手、能操作，规避了大量理论研究束之高阁的尴尬。与此同时，定量化的数据支撑也可以充分发挥政府施策的规范性、引领性和保障性价值。二是本书在重点生态功能区空间维度下的旅游生态补偿机制研究，推动了生态补偿理念从一般性研究转向具体化研究。首先，确定了政府在重点生态功能区旅游生态扶贫中的权—责—利，在明晰政府监管边界的同时，规避了监管“有所为有所不为”的主观性，杜绝了生态环境保护中的“灯下黑”现象。其次，以政府监督为主导，对旅游生态补偿提供者的开发行为进行规范，在弥补旅游扶贫资金不足的同时，有效保护重点生态功能区居民在旅游生态扶贫中的权益，防止市场发展失灵。

第二章　关键问题

一、关键问题

本书试图解决如下四个关键问题。

1. 旅游生态补偿是什么

清晰界定旅游生态补偿理论和可持续生计理论的认知边界。

2. 旅游生态补偿补什么

我国幅员辽阔，不同地区的资源禀赋、经济社会差异大，厘清时空框架下我国生态脆弱区域内以受偿者和补偿者为代表的利益相关者关系，以及其可持续生计维系框架。

3. 旅游生态补偿如何补

作为一项制度安排，旅游生态补偿的核算应是全方位、可考证的。但现有技术的滞后和缺失，为精准测度带来挑战。如何通过空间物理量衡量旅游经济活动对自然资源的消耗；如何精准选取指标以呈现生态系统的服务功能价值，进而确定生态补偿推进旅游发展的阈值，亟待实证检验。在占据中国国土面积53%的生态敏感区进行旅游生态补偿，存在哪些问题？可吸收和借鉴的经验有哪些？

4. 旅游生态补偿的效果怎么评

旅游产品的易逝性、异质性、过程性及参与性，使得旅游生态补偿的评价管理难以实践。如何摆脱现有研究过分依赖于“灰色数据”的弊端，构建一套行之有效、覆盖前后、简便易行、可回溯的国家重点生态功能起旅游生态补偿机制？

二、研究目的

本书的研究对象是自然—社会—经济复合生态系统。研究主目标是在中国近700个国家重点生态功能区的空间范围内，借助生态经济学、旅游学及系统动力学的相关理论与方法，深入探讨契合中国国情的旅游生态补偿机制，希冀实现的细分目标有三。

一是在遴选国内外旅游生态补偿的典型案例基础上，对全球和中国现行的旅游生态补偿方案进行比较研究。具言之，旅游发展对区域系统功能状态和利益格局具有一定影响，通过国内外现行旅游生态补偿机制运作特征、不足和影响的分析，探讨区域尤其是生态脆弱区的旅游发展时空特征与问题，并析出各类实践方案的优劣。

二是基于可持续生计与旅游生态补偿的意涵解析工作，研判旅游生态补偿机制。通过总结中国676个国家重点生态功能区关于生态补偿的共性需求，对现行的旅游生态补偿方案进行适应性分析，深入探讨国家重点生态功能区的旅游生态补偿额度核算方案。本书通过对浙江省11个国家重点生态功能区内涉及的生态补偿利益关系特征进行解析（结构模型建构从三方面切入，即利益相关者界定、不同利益主体的补偿相关认知、补偿利益关系），继而从系统内外部视角对旅游生态补偿驱动力进行量化分析，为可持续生计的旅游生态补偿的测算方案提供理论依据。

三是在完成上述任务基础上，从理实相结合的角度对浙江省11个国家重点生态功能区旅游生态补偿动态评价策略进行建构，提出可落地、易执行、能评估的政策方案。主要包括确立长江流域旅游生态补偿基本运行模式、额度测算法及补偿绩效的动态评价体系，从制度视角建立补偿资金收取、使用和拨付的核算—评价法，精准发挥旅游生态补偿在我国生态文明建设中的精准脱贫和生计保障作用。

三、实施方案

1. 围绕一个主题

“可持续生计目标下的旅游生态补偿研究：国际比较、路径选择与制度保障”是本书的主线，统领全局、纲举目张，在可持续生计框架下寻找旅游生态补偿的内涵、空间格局、演化机制、评价标准及施策路径等（见图 1–1）。

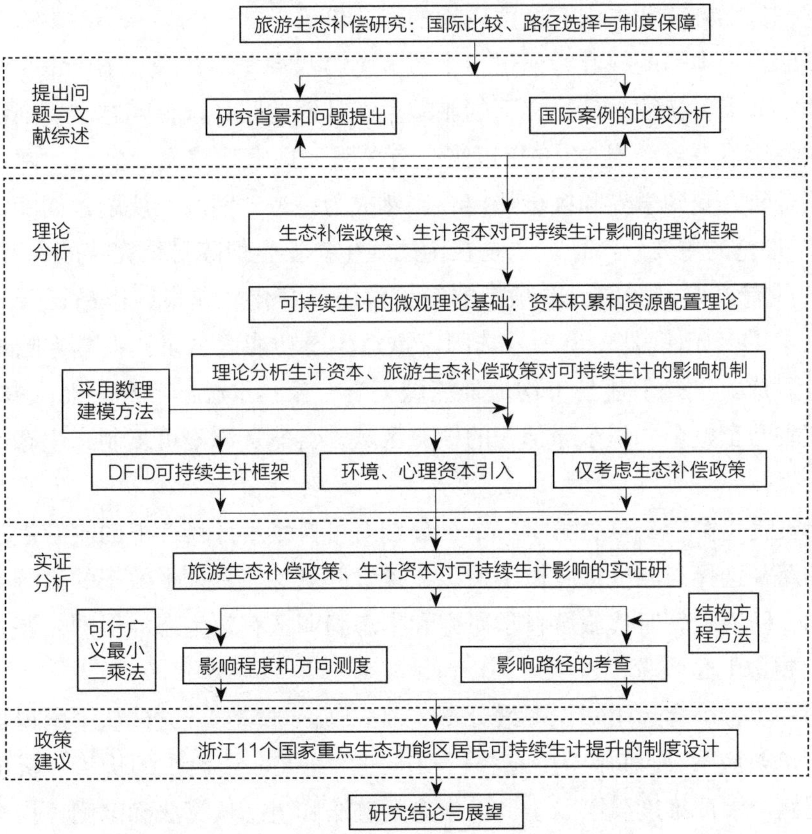

图1–1　本书研究进路

2. 序分五大篇章

本书根据主题依次分成五篇。第一篇（第一章、第二章）是绪论，主要阐述了本书写作的四个时代背景、拟解决的三个关键问题和研究实施方案。第二篇（第三章、第四章）是理论与实践进展，对本书的三个核心——概念可持续生计、生态补偿及旅游生态补偿的进行了文献综述，分门别类地对国内外可持续生计、生计资本、生态补偿和旅游生态补偿的研究成果做了系统梳理。在空间域选择上，着墨于生态脆弱区，对聚焦各类自然保护区、国家公园、生态功能区的文献做了学术回溯。第三篇（第五章、第六章、第七章）对国内外典型案例地的旅游生态补偿做了比较分析。以此为基础，基于“生计资本”理论，对不同类型、不同维度的旅游生态补偿机制进行总结凝练，提炼了国外市场化旅游生态补偿方式和国内三个案例地的经验价值。

第四篇是本书的核心，通过三个章节（第八章、第九章、第十章）的大篇幅实证阐释了可持续生计目标下的旅游生态补偿的路径选择问题。以浙江为研究地的原因有三：一是2019年以来，有关重大国家战略发展区与“两山”理论的耦合研究受到学界和社会热捧，俨然成为一个“网红”议题，而浙江又是“两山”理论的主要发源地。二是在中国式生态安全保障日臻完善的大背景下，浙江省共有淳安、文成、泰顺、磐安、常山、开化、龙泉、遂昌、云和、庆元、景宁11个山区县（市）入选国家重点生态功能区名录，占全省陆地总面积的近六成。三是上述县市均地处流域上游，兼具水源涵养和生态支撑功能，是浙江省乃至整个“华东绿肺”的核心区域，自然资源不可复制，生态价值无可替代。

第五篇（第十一章、第十二章）分别对可持续生计目标下的旅游生态补偿研究的路径选择与制度保障做了析出，探索并凝练兼具公平效率的旅游生态补偿机制，回答了新时代旅游科学研究和生态脆弱区有效生态补偿的命题。

3. 贯以七个步骤

第一步，综合运用知识图谱分析（Cite Space 模型），尝试从中国视角深挖旅游“负效应”，凝练旅游生态补偿在推进生态文明建设中的价值，析出时间和空间两个参评维度。第二步，以生态足迹法和生态核算法确定测评指标，进而明晰区域旅游生态补偿的理论标准或参考上限。第三步，对缺失的数据源，基于意愿调查法开展大范围走访补充，并结合各地面板数据进行补偿额度的核算与分析。第四步，构建符合纳什均衡、人地协调的补偿绩效核算体系。第五步，通过系统仿真检验测度的准确性和动态评价方案的可行性，并通过精密的计量经济学模型——马可夫链，对实证结果进行动态呈现。第六步，结合全球案例分析，对机制方案进行调整提炼。第七步，基于完善生态补偿政策和增殖生计资本视角，提出提升居民可持续生计的政策建议。

参考文献

[1]Engel S，Pagiola S，Wunder S. Designing payments for environmental services in theory and practice：An overview of the issue[J]. Ecological Economics，2008，65（4）：663-674.

[2]Pintassilgo P，Silva J. "The tragedy of commons" in the tourism accommodation industry[J]. Toursim Economics，2017，13（2）：209-224.

[3]Kroeger T. The quest for the "optimal" payment for environmental services program：Ambition meets reality，with useful lessons[J]. Forest Policy & Economics，2013，37（3）：65-74.

[4]Muradian R，Corbera E，Pascual U，et al. Reconciling theory and practice：An alternative conceptual framework for understanding payments for environmental services[J]. Ecological Economics，2010，69（6）：1202-1208.

[5] 李小云，杨宇，刘毅 . 中国人地关系的历史演变过程及影响机制 [J]. 地理研究，2018（8）：1495-1514.

[6]Wunder S，Engelb S，Pagiolac S. Taking stock：A comparative analysis of payments for environmental services programs in developed and developing countries[J]. Ecological Economics，2008，65（4）：834-852.

第二篇　理论与实践进展

意近旨远，重有千钧。旅游生态补偿作为生态补偿理论的重要分支，承担着新时代生态文明实践的重任。不过，拘囿于相关基础理论与前序成果的匮乏，迄今为止全球学研仍未就旅游生态补偿及其相关概念做出具有公信力的界定。第二篇将以理论演进为切入点，对与旅游生态补偿休戚相关的可持续生计、生计资本和旅游生态补偿的理论内涵、研究进展及基本框架展开国内外研究综述。

第三章　国内外研究综述

一、可持续生计

1. 可持续生计理论

生计（Livelihoods）的研究最早可溯源至贫困问题。由于研究目标、语境和学科范围的区别，其概念内涵和外延会有差异。一个常见的解释是，生计是“一种生活的手段或方式”，包括个人能力（Capacities）、资产（Assets）及一种生活方式所需要的活动（Activities）。随着时间和认知的变化，学者进一步将传统生计涵盖的范畴（限制生计发展的主要因素、发展能力和机会的贫困等）延展到生计策略、生计安全及政治权利等方面[1-2，5]（Chambers，Conway，1992；苏芳等，2009），可持续生计的概念也伴随着生计的探索实践在30年间逐步成形。综合既有成果，可持续生计理论至少覆盖了三方面内容：一是可持续的谋生技能和手段。农户只有具有长期的谋生手段，才能创造足够的收入。因此，可持续的谋生技能和手段系生计可持续性的重要保障条件。二是改善生活的必备资产储备，包括软硬件设施在内的各类资产，如以土地使用权、房屋住所、生产设备、交通配套为代表的“硬”资产与受教育水平、社会地位及个人决策能力为代表的“软”资产。三是良好的外部环境条件和政策支持。Ellis（1998）、中国社科院政策研究中心（2004）指出，环境状况和政策制定是保障居民生计可持续性重要外部条件和推导力。 可持续生计强调生计发展中要保持环境可持续性和社会可持续性[3-4]。Chambers等（1989）、Martha（2003）、孙九霞等（2006）、崔晓明（2018）等学者指出[5-8]，可持续性生计方法（Sustainable Approach）是一种可以更好地识别生计复杂性、理解生计策略对贫困的影响及制订干预措施的方法。该方法以就业、减少贫困和生计可持续为内涵，为政策制定者和研究者提供了研究、理解、应对贫困、生计、社区及农村发展等问题的新思路和新视角。

纵观全球学界，组织和学者尚未就可持续生计的定义达成一致[9]。既有研究较多关注生计资本状况和生计策略选择问题[10]，客观因素（如外部环境、社会的变迁）方面及居民主观心理因素方面的研究尚属薄弱。李广东（2012）、张佰林（2013）等国内学者研究发现[11–12]，对于中国这样一个经济正处于中高速增长、社会转型加速的国家而言，客观因素和居民主观心理变化恰恰是影响我国居民可持续生计水平的重要因素。基于此，本书的研究对居民可持续生计的阐释势必要考虑到我国重点生态功能区的双重属性，即生态脆弱与贫困的重叠。结合外部因素与居民主观因素并参考吸纳蒋依依等（2013）[13]、袁梁（2018）、崔晓明（2018）的成果[8–9]，本书尝试将我国重点生态功能区的可持续生计概念定义为：在一定的自身主客观和社会制度环境约束下，在保证本地区生态环境资源可持续利用条件下，居民通过增值生计资本积累和优化生计资本配置，实现生计的可持续性和主观幸福感提升的能力。

进而言之，本书关于居民可持续生计的界定因为生态功能区的情境而存在一定特殊性。首先，生计资本的范畴不仅包括了传统意义上的心理资本，如自信心、对美好生活的向往、主观幸福感和心理状态，还涵盖了环境资本。这是因为重点生态功能区经济社会发育程度较之发达地区相对滞后，属地所提供的生态环境、经济发育程度、购物就医求学等生活设施与服务对生计的直接影响将更甚于发达地区。此外，居民可持续生计提升过程更侧重于保障生态功能区内生态环境可持续利用条件下的保值和增值过程。在实证指标选取上，研究拟借鉴袁梁[9]、崔晓明[8]、陈海鹰[151]等学者在国家重点生态功能区的前序研究方案，选取就业能力状态、自我价值、年收入的稳定性、生活满意度、政治权利实现等方面来衡量。

2. 可持续生计框架

应用可持续生计框架揭示乡村贫困现象及探寻应对方案的历史最早可以追溯至1990年。历经30年的发展，可持续生计框架的理论研究和实践探索取得了长足进步，许多政府组织及非政府组织都在应用可持续生计方法分析和得出解决贫困问题的发展方案，相应产生了多种研究方法，凝练了多类分析框架。有代表意义和影响力的可持续生计分析框架主要包括英国国际发展署（The UK's Department for International Development，DFID）建立的可持续生计分析框架（Sustainable Livelihoods Framework）[14]，美国援外合作组织（Cooperative for American Remittances to Everywhere，CARE）建立的农户生计安全框架[15]，以及联合国开发计划署（United Nations Development Programme，UNDP）主导建立的可持续生计途径[16]，其各自关切的侧重比较如表 3-1 所示。

表3-1　全球主要可持续生计框架

序号	框架	主导机构时间	主要观点	特征
1	可持续生计分析框架	英国国际发展署（DFID，2000）	以人为中心，强调贫困者主动参与发展，从脆弱性背景、现实状况、组织及政策等进行整体性分析，能够在生计的各个进程中进行调节，以增进生计发展能力。归纳和总结关于贫困和发展研究的一系列关键问题及其联系，关注过程，强调影响农户生计的不同因素及多种因素多重性交互作用	作为一个集成性分析性框架和分析工具，辨析影响贫困的主要因素，认识生计的复杂性
2	农户生计安全框架	美国援外合作组织（CARE，2000）	以家庭为中心，强调关注家庭内部的性别差异及生育关系；分析和关注不同年龄、性别人群在生计中的不同作用个人能力的具备、对可见和不可见资产的可获得性、存在的经济活动是生计的三个基本属性	基于综合视角，强调家庭资产和公共资产的区别；注重理解影响生计和脆弱性的关键因素
3	可持续生计途径	联合国开发计划署（UNDP，2001）	基于整体发展观，强调收入、自然资源管理、赋权、资产工具、金融服务等因素的同作用；设计了一套生计安全监测指标	使用可持续性生计投入、产出、过程、影响、成果等一系列指标监测生计

图表来源：作者综合公开资料整理所得。

3.DFID 可持续生计框架

在全球主流框架中，由英国国际发展署（DFID）开发的可持续生计分析框架（SLA）被视为最典型的应用框架[14，17]。相较于 UNDP 和 CARE 的可持续生计分析框架，DFID 的可持续生计分析框架在发展干预领域得到更为普遍的推广和应用，充分体现了可持续生计研究以人为本、整体性、多层次多维度、可持续、重视响应和参与、增强贫困人口内生能力、多方合作和动态性的原则[17]。DFID 采用了一个极简风格的二维图展现了核心变量之间的典型关系，涵盖了脆弱性内容、生计资本、结构和过程转变、生计策略和生计目标等维度，其形式如图 3-1 所示。

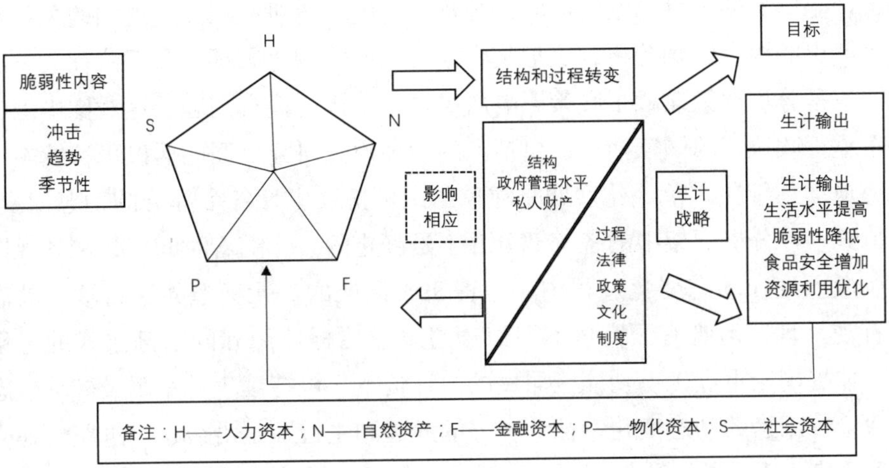

图3-1　DFID可持续生计框架示意

图 3-1 运行逻辑可大致判断出贫困发生及贫困治理机制：在变化趋势、季节波动、风险打击等因素造就的脆弱性背景下，可持续生计系统的核心要素（社区和农户的人力、金融、社会、物质及自然五大生计资本）受到严重制约，进而影响了政府管理、私人财产、政策制定、文化发展等的情景演化。DFID 可持续生计分析框架希冀直观找出农户所面临的最紧迫的制约因素和最有希望的发展机会，从而为提高居民生活质量和生计可持续性提供了新视角。Ashley（1999）、Krantz（2001）、李小云等（2007）、汤青（2015）等学者指出，框架的设计精准涵盖了资产多元化、脆弱性环境风险最小化及生计产出最大化的愿景，十分契合洞察生态、社会、经济脆弱的生态功能区的居民生计、产业和社区可持续发展问题和制约因素，被视为生态脆弱区可持续发展的一套行之有效的行动方案和规划研究工具[17-20]。

细观 DFID 在本书题意下的适用性，可以总结其优势有四：一是在国家重点生态功能区的空间域内，框架对农户可持续生计的整体性分析精准且客观。何仁伟等（2013）指出，DFID 的可持续生计分析框架通过对农户自身生计状况的梳理，探索其面临最紧迫的制约因素和最有希望的发展机会，从而提出具有针对性的政策建议，从而规避了采用系统方案的繁复和较高的执行难度[21]。二是这一分析框架强化了外部因素对属地百姓生计影响的重要性，在剖析居民生计产生影响的多种因素的同时，强化了制度视角对潜在要素之间的关系及对生计产出的综合影响分析，更加契合生态功能区的生态环境和经济社会发展影响。三是分析框架兼顾了政策影响居民自身生计的现实问题，这对像中国这样一个重行政执行的国家而言，更精准的治理模式研究令面向居民可持续生计的研究愈加系统化、范式化。四是注重居民可持续生计各个部分的动态性变化。可持续生计分析框架中的各个部分并不是静止的，伴随着时间变化和外界因素的刺激而处在动态变化过程中。尽管 SLA 框架的二元模型无法将这一动态变化直观呈现，但既有研究依然可以通过动态指标使用和问题渐进式的考量方案，捕捉国家重点生态功能区居民的生计资本、可持续生计水平及外部生态补偿政策等因素的动态变化特征。本书的源起和主旨即是沿袭这一进路，建立在国家重点生态功能区内居民的自身能力基础上。换言之，本研究希冀通过外因（旅游生态补偿政策）刺激拉动外部因素的正向改变，消除约束居民生计可持续性的不利因素，提升和激发有利于提高生计可持续的因素，最终实现属地居民生计资本的增值和可持续生计水平的提高。

但是，就国家重点生态功能区居民特殊性方面，DFID 仍存在一定的局限性。首先，DFID 可持续生计方法更多的是基于实践状况的经验总结，缺乏必要的理论基础，特别是微观理论基础。国内外学者对该框架的研究也多数集中在对该框架内容的讨论和实践应用，缺乏对该框架应用的理论基础分析。本书结合经济学中的资产积累和配置理论，为国家重点生态功能区居民可持续生计分析框架提供了微观理论基础。其次，农户的生计资本变量仅仅关注了居民自身和客观因素，对居民周边的环境状况和居民的心理主观因素关注不足，我国在对欠发达地区的精准扶贫中，精神层面的扶持与物质帮扶同等重要。最后，整个框架最为重要的制度因素分析却较为薄弱。

4. 面向国家重点生态功能区的 DFID 可持续生计分析框架

在我国国家重点生态功能区地区，兼具生态保护和扶贫脱贫的生态补偿政策是影响居民可持续生计水平的重要政策因素，有必要对生态补偿的外部效应做细致分析。正如崔晓明（2018）所言[8]，在中国重点生态功能区情境下，DFID 所阐释的可持续框架不仅决定了社区或农户采用生计策略的类型，从而导致某种生计结果，生计结果又反作用于资产，影响资产的规模、结构和性质。人们追求有利的生计结果如脆弱性降低、收入增加、食品安全、生计安全、自然资源利用更为合理等，需要在理解脆弱性环境背景、掌握生计资本、组织结构和制度程序的基础上，对诸要素进行有效管制和引导，提升生计资本，改善外部环境、组织结构和制度程序，从而形成更好的生计策略和生计结果。海外学者 Hesselberg 也持有相类似的观点，认为农户生计的外部环脆弱性是贫困的重要特征[21]，系统恢复力和脆弱性都会受到所在地经济社会、文化环境、生态资源的多重复杂影响。在旅游领域，Scoones 认为生计策略是可持续框架的重要议题，将农户对个人或家庭生计资产进行组合和利用的生计策略概括为扩张、集约、多样和迁移四种类型[22]，进而提出了一个面向旅游业的农户生计状况进行分析的框架。此外，Ellis 在 Scoones 研究基础上延展了研究视域，探讨了农村多样化生计策略对贫困、农业、环境、性别及宏观经济政策的意义[3]。对本书主旨而言，Scoones 研究进路和前序成果为本书对国家重点生态功能区的旅游生态补偿方案提供了研究思路。

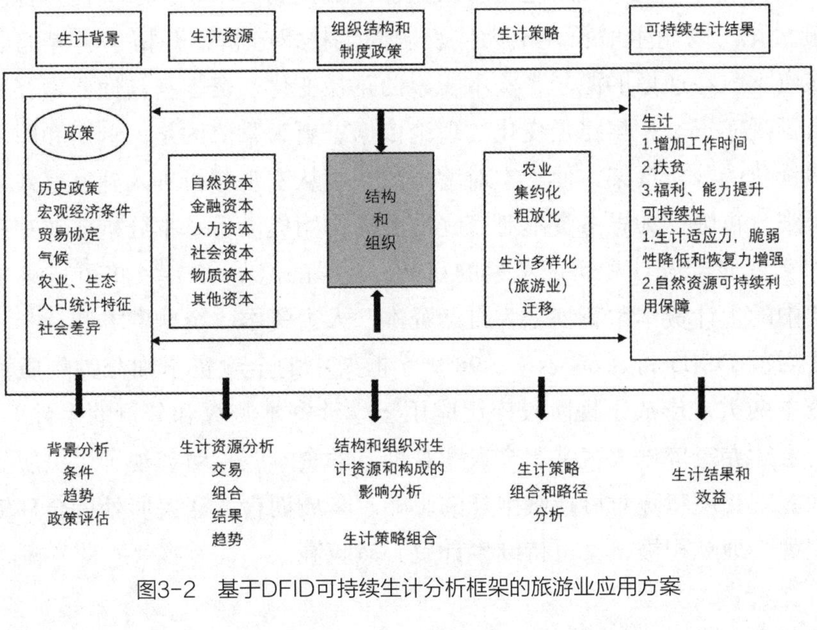

图3-2　基于DFID可持续生计分析框架的旅游业应用方案

据图 3-2 可知，Scoones 从农户生计背景、生计资源、组织结构和制度政策、生计策略、可持续生计结果五个方面进行综合分析，强调旅游在改善和提高农户生计方面的作用，灵活地就可持续生计框架中的某一部分进行单独分析的同时，也对五个部分之间的关系进行了整体讨论。

此外，为了更精确地研判旅游生态补偿变量对属地居民可持续生计的影响，本书将进一步拓展生计资本范畴，使之更匹配国家重点生态功能区发展旅游事业就是发展经济的政策初衷，弥合我国国家重点生态功能区居民生计分析框架过分注重物质扶持的拘囿。

二、生计资本

1. 生计资本理论

资本是经济学的重要概念，对资本的研究可分为作为一种生产要素的资本研究与作为一种社会关系的资本研究两类。肇自哈罗德—多马经济增长模型，构建了以经济增长数理模型分析资本积累的路径，通过资本积累的平衡增长路径和转移动态进而实现经济稳定增长的观点，体现了资本积累对经济增长的作用及其变化特征。既有成果进一步认为存在最优的资本积累水平使得社会福利达到最大化。以内生增长理论为代表的内生技术分析，开拓了学界的研究视野，在资本收益递增的源起、资本积累的路径变化、资本与其他要素互补等领域丰富了现实资本积累路径变化的理论依据。更为重要的是，卡斯和库普曼斯改进最优化的分析框架，使资本对增长的作用从宏观分析进入到家庭效用最大化的微观分析中，为思考资本对家庭发展的作用提供了基本分析框架和理论基础。为实现便于统计和实证考察的目的，Scoones（1998）[22]将可持续生计分析框架中的生计资本重新划分为自然资本、人力资本、金融资本和社会资本四类。之后的 DFID 将 Scoones（1998）[22]框架中的金融资本细分为物质资本和金融资本两类，形成了现阶段广泛应用于生计资本测算和分析的生计五边形。不过，上述界定依据大多基于个人客观拥有的资本，相对忽视了居民所处社会环境和主观心理状况对可持续生计的影响。本质而言，居民所处社会环境越优越，主观心理越积极，其可持续生计也必然越高。

2. 生计资本分类

依循上文分类原则，本书研究借鉴了国内学者苏芳（2020）[23]、张一群（2012）[24]、袁梁（2018）[9]、崔晓明（2018）[8]的生计资本分类方案，将生计资本的界定范畴从 DFID 的五类生计资本延展至包括表征居民所处外部环境状况的环境资本和表征居民主观心理状况的心理资本在内的共七大类指标，使之更契合国家重点生态功能区的现实情境，这七类生计资本的界定如下。

一是自然资本。自然资本是用来描述国家重点生态功能区居民自然资源存量状况的指标（苏芳等，2011）[23]，俗话说“靠山吃山、靠水吃水”就是自然资本最直接的反映。自然资本包括居民主体拥有的土地资源、耕地资源及林业资源等能够对生计水平产生正向影响的自然资源，对于国家重点生态功能区居民来说，随着退耕还林工程的实施，居民拥有的耕地资源也越来越少，林地资源（特别是经济林）逐渐成为居民自然资本的主体。

二是物质资本。物质资本是指能够给国家重点生态功能区居民带来收益和满足需求的资本形式，物质资本是提升居民可持续生计水平的物质基础。结合国家重点生态功能区的现状，本书认为国家重点生态功能区属地居民的物质资本首先是指居民的居住状况，如房屋面积和安全性等，特别是对于本省和对口接纳的生态移民而言，尤是如此。此外，居民生活所必需的物质资本还应涵盖拥有的家用电器、交通工具数量和状况，这是居民改善生活质量以提高可持续生计能力的重要基础。指代居民农业生产所必需的物质资本如农业机械设备等也应包含在内。

三是人力资本。人力资本这一概念最早由美国经济学家西奥多·舒尔茨提出，到 20 世纪 50 年代中期和 60 年代初期，人力资本理论体系逐步完善。人力资本主要是指劳动者的知识、技能、能力和体能（杨晓军，2017）[300]。居民可持续生计研究框架中的人力资本主要是指拥有的能够提高可持续生计水平的谋生技能、知识和身体健康状况。国家重点生态功能区居民的人力资本更多的体现在居民自身及家人的受教育水平和健康状况方面及家庭的总劳动力人数。受教育水平直接决定了居民的素质和技能水平，对其工作选择和劳动状况具有决定性影响；健康状况特别是老年人的健康状况对家庭的经济状况和家庭的幸福程度具有重要影响。本书在设计人力资本可观测指标时也会从这方面选取指标。

四是金融资本。金融资本通常是指居民所拥有的现金、存（贷）款以及金融保障状况（丁士军，2019）[25]。金融资本特别是其中的社会保障是提升居民可持续生计水平的重要保障，完善的社会保障制度可以解决居民消费和投资的后顾之忧，显著提高居民的生计水平。在国家重点生态功能区居民可持续生计研究中，居民的金融资本主要表现在家庭获得的稳定的现金收入水平、每年获得的政府补贴（如养老金）、获得贷款的难易程度及享受的社会保障水平。不过，金融资本在本书走访调研中以样本特征的形式做了陈述分析，故不作实证体现。

五是社会资本。近年来，有关社会资本的研究逐渐兴起，特别是在农户经济收入方面更是得到广泛的应用。广义的社会资本指社会主体（包括个人、群体、社会甚至国家）间紧密联系的状态及其特征，主要表现集体的相互作用和解决问题的能力。赵延东和罗家德（2005）[26] 认为社会资本存在于社会结构之中，是无形的，它通过人与人之间的合作进而提高社会的效率和社会整合度。在国家重点生态功能区居民可持续生计研究中，本书主要基于居民自身关系网和参与集体活动的次数测度社会资本水平，主要包括居民自身与亲戚朋友的关系状况、与村干部的关系状况、家里是否有村（镇及以上）干部及参加村里组织的集体活动的次数等可观测变量。

六是环境资本。环境资本是指对居民生产发展及生活改善有重要影响的外界环境因素，广义的环境资本包括自然环境和社会环境两部分。张佰林等（2013）[12] 认为影响可持续生计的环境资本主要包括居民所在村的区位条件、当地的经济发展状况、居民自身的信息感知等；胡晨成（2016）[27] 认为环境资本还包括居民所处位置的生活便利性条件，如道路方便程度、就医和上学的便利度等。自然环境更多的是居民所处的自然状况和其拥有的自然资源状况，这一部分内容在自然资本概念界定中已经界定，而环境资本的硬件资本在物质资本中也有所涉及，为与自然资本和物质资本相区别，本书界定的环境资本主要是指国家重点生态功能区居民在生产和生活过程中所处的外部软环境，将采用如居民购物的便利性、小孩上学的便利性、就医看病的方便度及本村（镇）总体经济条件等变量作为环境资本的替代指标。

七是心理资本。美国著名学者 Luthans 于 2004 年提出心理资本（Psychological Capital）概念并延伸到人力资源管理领域。在国家重点生态功能区视域下，居民的心理资本是指居民面对生态环境变化和生态补偿政策时的一种积极的心理状态，至少包含希望、乐观、韧性、主观幸福感、情商、组织公民行为等几个方面。在生计研究中，李广东等（2012）[11]、胡晨成（2016）[27]等学者认为心理资本包括自信指数、生活改善的期望指数、幸福感指数和韧性指数等方面，并通过实证研究证实心理资本对农户选择耕地保护的补偿模式最显著。结合国家重点生态功能区的特殊性，居民心理资本主要从居民对生活改善期望、主观幸福度、自信心及面对困难时的心理韧性等方面选取可观测变量。在提高居民可持续生计的精准扶贫中，更需要心理资本，心理资本可以认为是居民摆脱贫困的内因。因此要想通过提高居民自身能力彻底摆脱贫困，首要的就是要在思想和精神上脱贫，这就是说需解决好思想和精神层面的问题才能激发居民自身摆脱贫困的内生动力，变被动救济为主动脱贫，提升自主脱贫能力。通过对国家重点生态功能区居民的七类生计资本的变量界定进行汇总，可以得到本书关于生计资本的界定，如表 3-2 所示。

表3-2　国家重点生态功能区居民生计资本的选取视角

资本类型	内涵、变量、参考学者的指标选取视角
自然资本	居民拥有的耕地、林地、水资源和生物资源状况
物质资本	居民生活和生产赖以使用的基础设施和工具，如住宅状况、家用电器、交通工具和机器设备
人力资本	居民自身及家人（配偶、子女）的受教育状况和健康状况、家庭劳动力人数
金融资本（以样本特征形式呈现）	居民家庭年平均现金收入、年平均得到的政府补贴、贷款的难易度及享受的社保种类等
社会资本	居民与亲朋友和村（镇及以上）干部的关系、参与社区或者村里组织各类活动的次数，家里是否有村（镇及以上）干部等
环境资本	居民所在地的软环境状况，如村（镇）的经济状况、购物的便利性、小孩上学的便利性及医疗方便度等
心理资本	居民心理状况和未来期望的心理变化，如对未来生活改善的期望、主观幸福感、自信心及遇到困难时的心理韧性等

图表来源：作者基于DFID框架和前序研究成果绘制。

三、生态补偿

1. 生态补偿定义

生态补偿发轫于生态学，随着政府对生态保护的重视，逐渐被引入经济学分析中。20 世纪八九十年代，生态补偿的本质含义就是生态赔偿（章铮，1995[28]；庄国泰等，1995[29]），随后学者对该含义进行了扩展，才逐渐形成具有生态环境保护的含义。国内经济学领域的生态补偿更多侧重于生态效益的补偿，而不是生态破坏的赔偿（杨光梅等，2007）[30]。现阶段生态补偿研究更多集中在生态保护方面，其定义也是以生态保护或人与自然和谐相处为核心目标的表述（李文华，2010）[31]。但生态补偿提出之初就具有生态保护与脱贫减贫的双重任务和双重目标，现阶段这方面的研究热点主要集中在生态贫困、生态抑制型贫困、绿色减贫等方面（罗俊等，2015）[32]。根据生态补偿的扶贫脱贫目标，并结合本书的研究目的，将生态补偿界定为：以经济激励为核心手段，根据生态保护成本、机会成本和发展成本损失以及生态系统服务价值，运用政府或者市场手段，以生态环境的永久保护和居民扶贫脱贫为目标的公共制度。生态补偿具有生态环境保护和减贫的双重目标，在本书的研究中，生态补偿在强调保护生态环境的同时更加注重其减贫目标的实现。在后面的实践中，将选择政策透明度、政府生态补偿方式及政府对生态保护状况的检查和技术指导等指标对生态补偿政策进行衡量。

2. 国际生态补偿研究综述

生态补偿概念是“舶来品”，海外率先开启了生态补偿、流域生态补偿等相关概念的研究，已经在补偿的理论基础、补偿内涵、补偿者与受偿者（主客体）、补偿标准、补偿方式和评价方法等方面开展了丰富多样的研究，形成了相对完善的成果。深入且全方位地整理归纳西方生态补偿的学研历史和代表性成果，对推进我国生态功能区的生态补偿工作具有启迪和借鉴意义。本书从补偿的理论基础、补偿内涵、补偿者与受偿者（主客体）、补偿标准、补偿方式、补偿评价六个方面进行综述。

就理论基础而言，海外学研从多个角度对生态补偿的内涵进行了解读，并以生态系统服务价值理论、水资源价值理论、公共物品理论、外部性理论和产权理论作为生态补偿的理论基础。在补偿的理论基础方面，Westman（1977）[33]

在他对生态价值核算的研究中提出了生态系统服务功能的观点，这一“自然的服务”概念被视为最早对生态价值的概述。1991 年，国际环境问题科学委员会召开专门会议研究了生态系统服务功能的有关问题，极大地促进了相关研究的发展（WRI，1994）[34]。进一步，Pearce（1994）[35]、Daily（1997）[36] 尝试性地对生态系统服务价值进行系统分类研究，将生态系统服务价值分为使用价值和非使用价值两类，并对两类价值的概念和内涵进行了学理阐释。Costanza（1997）[37] 在前序研究基础上，对生态系统服务功能的分类及价值核算进行了研究。上述这些富有创新性的工作使得生态系统服务价值理论迅速成为可持续发展中的热点话题，并逐步发展成环境保护、经济建设、生态补偿等实践领域的指导性理论。Hansen 等（1991）[38] 以水资源的旅游经济价值为切入，指出水资源的价值包括多个方面，应分别进行深入分析。类似的，Wilson（1999）[39] 对包括休闲娱乐价值在内的河流生态价值进行了核算分析。在自然资源的价值度量上，Samuelson[40] 早在 1954 年就以简单化处理的原则，利用二分法提出了经济物品的一系列相对概念，并对其进行了严格的经济学界定。在此基础上，西方生态补偿研究逐步形成了以公共物品理论在生态资源保护中的应用基础，并涌现了诸如 Sandler、Olson 等学者。Sandler 等（1997）[41] 对经济物品进行了进一步的分类，并比较了不同种类物品的具体差异。Olson（1994）[42] 与 Hardin（1968）[43] 分别提出公共物品使用中的“搭便车”现象和“公地悲剧”现象，进一步夯实了 Marshall（1920）[44] 最早提出“外部经济”的概念。为了解决生态服务的“外部性”问题，主流经济学家提出了两类范式。即“庇古税”概念与科斯产权交易方案。Pigou（1962）[45] 以福利经济学为切入点对外部性进行了系统阐述，并提出具有深远影响的“庇古税”概念。他指出，外部性是单项的，通过对负外部性制造者征税及对正外部性制造者补贴的形式可以使外部性内部化。进一步分析，Pigou 认为私人部门并不愿意对具有公共品属性的生态服务进行支付，许多生态补偿必须依靠政府的强制性税收来实施，因为相较于市场交易，政府干预显得更有效率。“庇古税”概念在一定程度上成为政府对经济和环境领域干预的理论支撑。1960 年，学者 Coase[46] 首创了交易费用的概念，并对 Pigou 的理论提出了质疑，指出“庇古税”概念可能是有效的，也可能是无效的，其关键节点在于产权是否明晰。科斯从产权这一全新的角度对外部性进行了解读，使得外部性理论有了全新的发展。科斯产权理论核心观点在于外部性源于生态服务的产权不清晰，外部性具有相互性，需要从社会整体视角而非个体视角切入，通过界定产权开展市场交易能够令外部性内部化。Coase 的成果不仅对外部性有了全新的解读，更是现代西方产权理论发展和逐步成熟的标志，此外还有学者 Williamson（1975）[47] 在科斯方案的基础上对交易费用进行了系统研究，对产权理论的发展做出了重要贡献。产权理论是对新古典经济学的扩展和修正，为各类重要经济问题的研究与解决提供了新的理论与思路。在科斯产权理论问世后的 30 年间，科斯方案又被后人整理为若干定理，即科斯第一、第二与第三定理。科斯第一定理揭示了在交易成为零的情境下，无论生态服务初始产权如何分配，市场都能够通过主体之间的谈判和交易是的资源配置最优化。科斯第二定理指出当交易成本为正时，生态服务初始产权无法通过连续无成本的交易实现资源配置最优，资源配置效率主要受到生态服务初始产权的影响。科斯第三定理则认为政府的主要职能是较为客观精准的界定初始权利，较之私人交易中的纠错行为更为有效。当然，综合而言，无论是科斯方案抑或“庇古税”理论，在环境经济学演进过程中的优化、质疑之声可谓车载斗量，其核心在于政府的能力和意愿因素并未纳入理论框架中，对政府失灵、政府的低效率及权力寻租等外部性成本考量有限。

在补偿内涵方面，Larson（1994）[48] 在帮助政府颁发湿地开发补偿许可证的过程中首次提出面向湿地的快速评价模型，并对生态补偿内涵进行了综述。Cuperus 等学者（1996）[49] 提出生态补偿是指生态功能或生态环境质量在受损的情况下而采用的一系列替代措施。进一步，Allen 和 Feddema（1996）[50] 认为生态补偿是指利用新的生态区域替代生态功能或质量受损的旧生态区域的措施。Chomitz 等（1999）[51] 指出生态补偿是为了维护生态系统服务的长期安全而采取的一种保护行为。Cowell（2000）[52] 提出生态补偿是运用高效的环境手段去调整、弥补或恢复已经受破坏的生态环境资源。Wunder（2005）[53] 则生态补偿理解成通过沟通协调方式来调整相关利益方生态效益的策略选择。Pagiola 等（2005）[54] 提出应将生态补偿理解为对生态资源供给者的一定补助，以此维持生态资源的可持续供给，并在 2008 年从水文服务、碳汇交易、景观体验和生物多样性保持四个方面对哥斯达黎加的国家生态补偿资金计划进行了总结与概括。流域是生态补偿内涵发展相对成熟的领域。Tonetti 等（2004）[55] 从市场化的角度入手，认为流域生态补偿可以理解为流域核心资源——水生态服务的交易。Pagiola 等（2002）[56] 和 Savy 等（2004）[57] 则倾向于将流域生态补偿界定为对水资源生态功能和生态价值的保护与损害恢复的补偿。

从补偿者与受偿者视角出发的主客体研究方面，西方学界在进行思辨的同时也积极借助其他学科的发展，展开跨学科的理论借鉴。随着博弈论的发展，国外学者对生态补偿进行了以环境科学、经济学及环境经济学视域下的交叉研究。Engel（2008）[58] 认为可以将环境服务提供方清晰界定为补偿客体，并指出补偿客体确定的关键是寻找保护成本的最低值，而补偿主体则应当界定是政府，因为生态资源是明显的公共物品，政府支付补偿具有明显的成本优势。与之相反的，Pagiola[59] 在 2007 年指出使用方能够更准确地判断环境服务是否如实提供，较之政府而言具有更大的信息优势。换言之，他认为补偿主体应以环境服务的使用方较为合适。在补偿客体确定上，Cranford 等（2011）[60] 认为应当按照先集体再个体的顺序，即将社区和内部居民都纳入补偿客体，并先补偿社区，再对个人进行补偿。不过，Clements（2010）[61] 在具体补偿项目的研究中则发现以个人作为补偿客体具有更高的补偿效率。从环保的宣教视角来看，以集体作为补偿客体虽然补偿效率较低，但是具有非常明显的宣传与引导作用，能明显弥补补偿个体过程中对环境保护行为的破坏。因此，Clements（2010）[61] 认为同样认为补偿客体应当包括集体，从而可以促进内生激励的产生。博弈是生态补偿主客体研究的另一个核心选题。与生态补偿概念相类似，博弈论是西方经济学的舶来品，对其研究最早可以追溯到 19 世纪初期的生产和交易行为的研究。1944 年，匈牙利学者 Von Neumann 和德国学者 Morgenstern[62] 合著的《博弈论和经济行为》的出版，使得博弈论的理论和方法论基础定形，并引起了十分强烈的反响。以此为基础，Nash（1950）[63] 提出了“纳什均衡”的概念，揭示了博弈论和经济均衡间的内在联系，为博弈理论的演进奠定了重要基础。此外，Smith（1974）[64] 提出“演化稳定策略”的重要概念，也为演化博弈的发展做出了突出贡献。And 等（1983）[65] 研究了博弈论在生态领域中的应用，扩展了博弈论的应用范围。Friedman（1992）[66] 则对演化博弈的应用范围进行了分析，并重点研究了其在环境治理领域的应用。Buckley 等（2011）[67] 指出运用博弈理论能够对居民行为和决策进行深入研究，以此提高生态修复的结果。Johansson 等（2012）[68] 利用博弈论研究了生态环境对气候变化的反应情况，对近些年由气候变化导致的物候现象进行了合理解释。Mcnickle 等（2013）[69] 研究了博弈理论在植物生态学中的应用，指出利用博弈理论的预测性能够进一步丰富植物生态学的研究方法。学者们在生态领域的博弈理实研究进一步促进了博弈理论的发展，使其在宏微观经济学、环境经济学等领域得到了广泛而深入的应用。

作为生态补偿研究的重点，补偿标准是海外学研的热点话题，技术手段和理实推演水平也随着社会发展不断精进。国外学者主要从生态足迹、机会成本和支付意愿三个方向对补偿标准的计算进行研究与探索。生态足迹法主要度量经济社会发展对生态资源的消耗程度，对补偿标准的计算具有重要的参考价值。Rees（1992）[70] 最早正式提出生态足迹的概念，并在不断改良的基础上率先在国家尺度上进行了生态足迹的核算。学者们在对生态足迹的方案制订中，制定的依据主要是地区代表性资源。有代表性的诸如水足迹法的广泛应用。另外，机会成本能够衡量生态资源保护建设者的保护总成本，因此学者们也认为应在补偿标准的计算中予以重点考虑。Pham（2009）[71] 认为补偿标准的计算应以补偿客体的实际机会成本为依据，这种情况下补偿效率最高。Munoz-Pina（2008）[72] 则认为补偿标准应介于补偿客体的机会成本和补偿主体的收益之间。Kosoy（2007）[73] 也认为补偿标准应通过机会成本来计算，并提出了易于计算的三个替代参数来估算机会成本，有效降低了机会成本的量化难度。支付意愿是补偿主客体可以接受的补偿水平，因此学者们同样认为在补偿标准的计算中要充分考虑支付意愿的因素，以保证相关利益方对补偿的接受与认可。Plantinga 等（2001）[74] 通过调查农民的退耕支付意愿，借用数学模型预测了退耕意愿下的补偿标准。Johst 等（2002）[75] 利用生态经济模型程序对生态补偿资金在时间和空间上的分布情况进行了研究，为补偿政策的实施提供了决策参考。Bienabe 等（2006）[76] 调查了哥斯达黎加居民和游客的补偿支付意愿，通过构建回归模型对不同人群的补偿支付意愿进行了分析。结果表明，不同人群都同意环境服务支付水平的提高，但同景观美感的支付意愿相比，人们对自然保护的支付意愿更大。Arlene 等（2007）[77] 通过条件价值评估法对居民补偿意愿进行了测算，并在此基础上统计了受访者中愿意接受相应补偿金额的比例。Moreno-Sanchez 等（2012）[78] 在对哥伦比亚 Andes 流域用水居民的调查中发现，可接受补偿标准受收入水平影响较大。除了上述三个方面对补偿标准进行研究外，国外学者还根据各自的研究背景与方向对补偿标准展开了各具特色的研究。Winkler（2006）[79] 提出一种涵盖社会、生态、经济系统的综合性动态评价方法来估算生态补偿标准。Veeren 等（2002）[80] 对莱茵河流域进行了生态与经济方面的分析和评价，运用管理策略相关理论构建出可以评估与测算生态经济效果的数学模型，以此来定量研究来自不同管理对象的成本与效益，并在此基础上对流域生态补偿标准进行了估算与研究。Martin（2002）[81] 则在美国密西西比河生态服务实施成本及回报相关研究的基础上，利用能值分析方法建立了一个用于比较生态经济效益与成本的方法，为后续生态补偿标准的研究奠定了基础。

海外在对补偿方式的研究中，Chomitz 等（1999）[51] 和 Tognetti（2001）[82] 均提出以政府购买作为主体的生态补偿方式在实践过程中存在着许多问题，其中有些问题在当前难以解决，而与此同时新的补偿方式则不断地涌现出来。Scherr 等（2004）[83] 则提出政府采购模式在全世界范围内依然是支付生态环境服务费用的主要方式。Moran 等（2007）[84] 将层次分析法和问卷调查法结合起来对苏格兰居民的生态补偿支付意愿进行了统计研究，结果显示居民以收入税的补偿方式进行生态付费的意愿较强。Falk 等（2006）[85] 对不同补偿方式进行了对比研究，分析了补偿客体对不同支付方式的信任程度，并在此基础上建议通过区域整合将资金集中至上游地区的方法促进上游区域生态环境保护。Pagiola（2007）[59] 在比较政府付费项目和使用者付费项目两种支付方式的研究中提出，相对政府付费项目而言，使用者付费项目效率更高，但是需要有明确界定的产权、相对较低的交易费用及比较完善的法律规章制度作为前提条件，否则依然只能选择政府付费项目。Wunder（2008）[86] 同样对上述两种补偿方式进行了实证，其观点也认为使用者付费项目由于规模更小、支付方式更加灵活多样，以及补偿目标相对更清晰，因此支付的条件性相对较优，而政府付费项目则恰好相反。Blackman 等（2010）[87] 对生态服务付费项目的资金来源进行了分析，结果表明由政府主导的补偿方式是生态服务项目最大的资金提供者，而来自于资源使用者的资金仅占总金额的 3% 不到。Vatn（2010）[88] 从制度理论的角度对生态补偿方式进行了对比分析，认为尽管在理论上生态服务付费是用市场化的补偿方式来解决环境问题，然而大量案例分析表明生态服务付费对政府参与的依赖程度非常高。原因主要有两点：一是土地的产权需要政府来界定，而这正是实现付费服务的关键所在。二是生态服务付费的交易成本通常比较高，非常需要政府为主导建立一个公平市场，在这种背景下生态服务付费的买方通常是政府公共机构。Ansink 等（2011）[89] 系统分析和研究了市场力量在水的萃取、交付和水价形成过程中的作用和影响，并表示市场化的生态补偿方式是未来生态补偿的重要发展方式。Milne 等（2012）[90] 在柬埔寨对社区一级的生态服务付费项目进行了研究，结果表明当地社区级的生态服务付费项目实质上仍然是以政府为主导，并没有真正地构建并发展市场机制。

科学的评价方法与合理的评价标准是生态补偿成功发挥作用的重要保证，国外学者对此进行了较深入的研究并积累了许多宝贵的经验。Wunscher 等（2012）[91] 认为在进行生态补偿评价时首先应关注补偿目标是否如期实现。Garciaa-Amado 等（2010）[92] 指出企业与政府在进行生态补偿时所追求的补偿效应并不完全一致，其中前者更关注补偿的直接经济效益，而后者除关注经济效益外，还关注减贫等社会目标。Persson 等（2013）[93] 通过构建博弈模型对补偿收益进行了分析，指出补偿参与者的决策倾向、利益相关方参与补偿的比例及补偿标准都会对补偿效果产生影响。Herzog 等（2005）[94] 评价了瑞士生态补偿区的生物多样性效果，结果表明经营强度对物种的丰富度影响非常强烈。Zbinden 等（2005）[95] 用计量经济分析方法对哥斯达黎加的农民和森林资源所有者的生态补偿行为进行了分析，认为农场规模、家庭状况、信息因素及人力资本非常明显地影响着生态补偿的参与，不同主体的补偿参与差异度非常大。Morris（2006）[96] 分析了英格兰东部农民土地使用情况受生态补偿的影响变化，结果表明生态补偿对不同农场农民产生不同的经济效应，农民出于经济目的所选择的土地利用偏好通常与政策所执行的补偿方式不同，要保证二者的一致与协调，需要具体情况具体分析，平均统一的政策效果往往不理想。Sierra 等（2006）[97] 从生态补偿效率的角度对生态补偿进行了研究，提出在森林生态补偿中由于森林资源的改变需要一定时间，补偿的直接效果通常并不明显，因此要想提高生态补偿的效率应该将补偿对象调整为人而不是待补偿的区域。Dietschia（2006）[98] 研究了瑞士生态补偿政策对区域植物多样性的具体影响，结果表明生态补偿确实对草场的植被覆盖情况有明显改善。Alix-Garcia（2008）[99] 等通过对比分析提出，与平均式付费或其他方式相比，风险式付费由于总体支付水平较低的原因，其对贫困对象的补偿效率还有很大提升空间。Ring（2008）[100] 在对流域生态补偿中生态转移支付的效果研究中，发现自生态转移支付实施以来，市州两级的流域生态保护区面积增长迅速，同时指出生态转移支付不仅激励地方政府开展生态保护活动，而且实现了对流域范围内土地使用限制的补偿。

3. 国内生态补偿研究综述

国内生态补偿研究始于 20 世纪 90 年代，尽管起步较晚，但发展十分迅速。依循海外进路，我国学者在补偿内涵、理论基础、补偿主客体、补偿标准、补偿方式和补偿评价等方面开展了卓有成效的研究。本章节依循上述分类，从六个方面就国内生态补偿研究进行综述。

在中国情境下开展生态补偿内涵研究，国内学者借鉴参考西方学界根据生态系统服务价值理论、公共物品理论、资源价值理论、外部性理论和产权理论作为补偿的理论基础。1995 年，章铮 [28] 与庄国泰 [29] 率先对中国生态补偿内涵进行阐释，他们将生态补偿上升到制度层面，认为生态补偿是一项环境管理制度，对造成了生态环境不利后果的负面行为进行整顿和校正。在方式上可采取征收生态补偿费的形式来赔偿因生态资源破坏行为而产生的利益受损者。叶文虎等（1998）[101] 也持有相似观点，其认为生态补偿扮演着缓释作用，是自然生态系统对人类经济社会活动所造成生态破坏的一种补偿。毛显强等（2002）[102] 进一步阐释了生态补偿的维度，提出对生态环境保护行为的收费是生态补偿的核心，此外还应涵盖对生态环境破坏的收费。吕忠梅（2003）[103] 分别从狭义角度和广义视角对生态补偿内涵进行了界定，并比较了二者的异同。张鸿铭（2005）[104] 认为，生态补偿是由生态环境受益者向生态环境的供给或保护者提供补偿的行为。张其仔等（2006）[105] 强调了建立多元化生态补偿机制的重要性。王金南等（2006）[106] 认为生态补偿是一种制度安排，凭借财政、税收和市场等各种方式对利益相关方的经济利益进行调节。李文华等（2010）[31] 提出可以把生态补偿理解成通过运用政府和市场手段，对生态环境保护领域内的相关利益主体如生态资源的破坏者、受益者和保护者之间利益关系进行调节的一种公共制度。在面向资源的生态补偿研究中，流域生态补偿是我国研究的热点，无论是新安江的流域生态补偿试点，抑或洞庭湖区的水资源补偿，学者们从各个维度揭示了生态补偿的理论意涵。李磊和杨道波（2006）[107]认为生态补偿在流域的实践是一种法律制度，这种法律制度的提出是基于流域上下游之间受损和收益的不公平现状。毛涛（2008）[108]从法学和社会学的角度入手，将生态补偿制度理解为用于资源环境的修复、治理及对流域生态环境资源保护者进行补偿的一种法律制度。常杪和邬亮（2005）[109]从产权的角度对流域生态补偿进行了界定，认为是发生在流域范围内的政府、个人和企业等产权主体间的一种补偿和收费行为。钱水苗等（2005）[110]认为流域生态补偿是在流域上下游间以实现社会公正为目的，以直接支付生态补偿金为内容的补偿行为。周大杰等（2005）[111]将流域生态补偿理解成是中央政府和下游发达地区对因为进行生态环境保护而失去发展机会的上游地区进行补偿的制度。综合来看，在流域生态补偿实证中最典型的实践是对新安江流域生态共建共享机制的探索。中国水利水电科学研究院“新安江流域生态共建共享机制研究”课题组认为，可以把流域生态补偿界定成流域内水生态效益的受益者对水生态保护主体或水生态服务提供者按照收益比例承担修复责任或补偿责任的一种体制机制。进而，周映华（2007）[112]、马莹等（2010）[113]及赵光洲等（2010）[114]国内学者的实证研究先后证实了流域生态补偿的必要性和可行性，并对上下游之间的相互补偿和流域生态环境资源的合理配置做出了学术支持。随着生态补偿成果的日渐丰富，体制机制的视角成为近年来的热点研究切入。其原因在于因此政府在机制中扮演了责无旁贷的角色（朱丹，2016[115]；柳荻等，2018[116]）。现实中几乎很难实现提供者与购买者之间的直接交易，并且生态补偿存在的价值是一定条件下对生态系统服务的提供者进行的正向激励，而此种激励往往需要额外的制度环境。这一框架下的代表性的研究成果诸如王军锋和侯超波（2013）[117]、刘薇（2014）[118]等对中国流域生态补偿机制实施框架与补偿模式，从市场角度分析了生态补偿机制的基本框架与运行模式。何国梅（2005）[119]以双向调节机制和对称机制为主对西部地区生态补偿机制的构建进行了比较深入的研究。王欧等（2005）[120]将农业生态补偿机制建设作为研究对象，构建出较为完整的生态补偿机制分析框架，并探究了建立健全生态补偿机制的途径和思路。赵雪雁等（2012）[121]提出在补偿实践中应充分考虑生态补偿的复杂性与约束性，重点关注生态服务的形成、供给、融资与支付等关键问题。刘春腊等（2019）[122]对生态补偿的地理学特征及内涵进行了研究，揭示了生态补偿在区域性、差异性、综合性和动态性方面的地理学特征表现。范明明等（2017）[123]则从生态与社会的关系角度入手，综述了当前生态补偿理论的讨论与争议，提出应当用“社会生态系统服务”代替当前常用的“生态系统服务”，以此更加重视社会系统与生态系统之间的关联。

在生态补偿的基础理论研究方面，国内学者同样将生态系统服务价值理论、资源价值理论、公共物品理论、外部性理论和产权理论作为生态补偿的理论基础。学者欧阳志云等（1999）[124]、李文华等（2002）[125]较早地按照直接使用价值、间接使用价值、选择价值和存在价值的四分类法将生态系统服务价值进行评价，并在长白山自然保护区的旅游价值估算中进行实证。在理论演进进程中，学者姜文来（1999）[126]进行水资源价值计算研究扮演着分水岭的作用，极大地推动了以水资源作为计量对象的生态补偿可操作性，使得理论反哺实践成为了可能。在公共物品理论的理实研究方面，王勇等（2009）[127]基于公共物品理论从人的行为和人口数量的角度对中国西北生态脆弱区资源环境退化的机制与过程进行了深入研究，并以此分析了公共资源的演化过程。谷国锋等（2010）[128]基于公共物品理论对主体功能区内的生态效益影响方式与范围进行了研究，并基于主体功能区的划分构建出相应的生态补偿模式。郑开元等（2012）[129]基于公共物品理论深入分析了农村水环境治理中存在的难点，并构建了相应的治理机制。就外部性理论应用来看，贾丽虹（2003）[130]在对环境制度及产权政策进行分析的基础上，就传统外部性理论及政策做了深入反思。王娜娜等（2015）[131]从环境保护正外部性的视角对我国生态补偿相关成果进行了梳理，并特别针对补偿立法、补偿方式选择和补偿效应持续评价等问题提出了建议。林建华（2006）[132]运用外部性理论分析了中国西部生态环境建设，并提出生态环境补偿制度建设和污染治理制度建设的政策建议。一个基本共识是，资源特性与生态资源旅游开发相辅相成，互为表里。资源的特征决定了以生态资源为主的旅游开发外部性，而外部性也成为生态资源开发的主要指征。某种程度上，旅游开发外部性的内化是生态经济可持续发展的关键节点。雷波等（2006）[133]、马永喜（2017）[134]从产权角度出发，分别对资源使用权和生态环境产权进行确权，进而明晰了生态补偿对象和内容。

补偿主客体的选择是近五年来我国生态补偿研究的热点话题，为提升生态补偿效果提供了政策依据。学者多从利益相关者视角就生态补偿的主客体属性进行分类研判，并寻求其可行策略。陈作成（2014）[135]在对国内前序成果总结基础上，凝练了我国生态补偿主要利益相关者，包括中央政府、地方政府和生态补偿微观实施主体，此外还有环境管理者等实施监督、管理和技术规划等的主体。杨丽韫等（2010）[136]、吕志贤等（2016）[137]、王爱敏等（2017）[138]的实证研究佐证了上述主体边界。戴其文（2009）[139]认为在生态补偿客体的确定中应考虑补偿对象的空间要素，并对生态补偿对象的空间选择方案进行了梳理总结和对比分析。王清军（2010）[140]认为生态补偿主体是抽象性和具体性的统一，补偿主体责任的建构应坚持责权利的统一，并重点考虑生态补偿利益相关方的界定范围。在反观我国政府生态补偿中的角色和职能中，学者潘佳（2016）[141]清晰地厘定了政府在生态补偿中的角色定位，即政策制定者、秩序维护者、服务提供者和利益再分配者。随着博弈理论的不断丰富，全球学界对生态补偿利益系统中的公平与绩效更为关注。曲富国等（2014）[142]利用博弈理论对上下游政府在流域生态补偿中的应对策略进行了系统分析，指出孤立的政府间横向财政转移支付并不能实现保护上游流域的效果，必须引入中央政府和政府间的约束力协议。徐大伟等（2012）[143]、胡振华等（2016）[144]也在生态补偿领域对流域的上下游政府之间的演化博弈进程做了研究，并持有相类似的观点，认为仅靠政府间的博弈无法实现最优策略，必须引入中央政府进行干预，并对我国当前流域管理机制的完善提供了政策建议。高文军等（2015）[145]在假定上下游政府间约束协议已经存在的前提下构建出流域生态补偿利益相关方决策行为的演化博弈模型，并分析了各种情况下演化稳定策略的决策过程。李昌峰等（2014）[146]以太湖流域为例，对政府间决策的演化博弈进行了分析，同样说明中央政府在流域生态补偿中不可缺少的重要性，同时对太湖流域单位化学含氧量的补偿金额进行了定量测算。

在补偿标准上，生态足迹法是相关研究的主要方向，在补偿标准的计算中得到了广泛应用。卢新海等（2016）[147] 利用生态足迹法构建了流域生态补偿量化模型，并对长江流域各省级行政区划之间的水资源生态服务价值差异进行了实证研究。肖建武等（2017）[148] 通过构建生态足迹模型定量分析了湖南省各地州的生态足迹和承载力，并以此计算了各区域相应的补偿标准。杨璐迪等（2017）[149] 运用生态足迹法对武汉城市圈生态承载力进行了定量分析，并从时间和空间角度对其变化趋势进行了研究，为生态补偿标准的测算提供了实证参考。肖建红等（2018）[150]、陈海鹰等（2018）[151] 分别运用生态足迹法构建了生态供给和生态需求模型，提出了大型水电工程建设与海岛型旅游目的地的补偿标准计算模型，并以三峡工程和舟山普陀山为案例进行实证分析。章锦河等（2005）[152] 对旅游生态足迹的内涵与计算方法进行了系统研究，构建出自然保护区的补偿标准计算模型，并以九寨沟为例对补偿标准的计算进行了定量研究。汪运波（2014）[153] 同样将生态足迹法应用到旅游生态补偿，以生态足迹模型为基础构建了补偿标准计算模型，并以山东省长岛县为案例，对海岛型旅游目的地生态补偿标准进行了定量研究。徐秀美等（2017）[154]、陈海鹰等（2017）[155] 也以旅游地生态补偿为研究对象，运用生态足迹法对拉萨次角林旅游地生态承载力和生态补偿标准进行了测算。基于生态足迹法发展而来的水足迹法在流域生态补偿标准的计算中具有重要的应用价值，国内学者对其进行了大量研究，空间范畴除了西北等相对干旱地区外，还基于国家地理大区划分对中国大陆水资源的区域差异和水资源自给率做了确认。代表性学者如蔡海生等（2010）[156]，他创新性地以生态足迹效率为基础对鄱阳湖生态补偿标准进行定量研究，提供了户均补偿标准和人均补偿标准的参考数据。傅春等（2011）[157] 对江西省环鄱阳湖区 1989—2008 年的水足迹进行了核算，指出虽然鄱阳湖区水资源使用状况良好，但是水足迹的快速增长也使得环鄱阳湖区面临的水资源压力不断增大。潘文俊等（2012）[158]、邵帅（2013）[159] 利用水足迹法评价了流域水资源盈亏情况，在对福流域的水足迹进行了定量计算的同时，构建出不同盈亏情况的补偿标准模型。胡小飞等（2016）[160] 运用水足迹法对生态补偿标准的计算进行了系统分析，并对江西省及 11 地市生态补偿标准的时空格局进行了实证研究。此外，基于机会成本的生态补偿标准计算也是国内学者的一个重要方向。周晓峰等（2002）[161]将环境保护成本和边际农业生产收入的均衡点作为参照，以此计算退耕还林补偿金的标准。钟瑜等（2002）[162]运用机会成本法计算了退田还湖农民的收益损失，运用市场价格法计算了生物多样性的存在价值，以此作为生态补偿标准的重要参考。李国平等（2015）[163]将实物期权理论引入农户收益测算中，模拟分析了不同区域成本收益等额补偿的转换边界，结果显示农户退耕还林的机会成本随着时间和地域的变化而变化。沈满洪（2019）[164]以生态保护投入和限制发展的机会成本作为主要依据，计算了杭州千岛湖地区的流域生态补偿标准。刘玉龙等（2006）[165]通过计算生态资源保护的总成本对新安江流域生态补偿标准进行了估算，并将水质、生态效益、水量等关键影响因素以修正系数的方式引入计算过程中，提高了计算的精度与准度。赵云峰（2013）[166]构建出基于受偿意愿和支付意愿的跨区域流域生态补偿支付行为模型，并运用实证分析的方法对辽河流域生态补偿意愿进行了定量分析。代明等（2013）[167]以广东漯江为研究对象，定量研究了机会成本与生态补偿的关系，将机会成本相关理论与生态补偿实践有机结合起来。高辉和姚顺波（2014）[168]提出三江源区的区域生态补偿标准应该包括三部分，分别是区域内私人提供生态服务的机会成本、直接成本及生态资源受益者支付的费用。另外，就支付意愿的视角，熊鹰等（2004）[169]在对湿地区域农民生态补偿标准的理实研究中根据农民实际情况，设计出以农民损失的机会成本为下限、生态系统服务价值为上限的动态补偿标准计算方法。郑海霞等（2006）[170]提出生态补偿标准应包括四部分内容，分别是生态补偿的成本和收益及利益相关方的支付意愿和能力。马爱慧等（2012）[171]在调查居民支付意愿的基础上，利用选择实验法对耕地生态补偿额度进行了测算，并指出居民更关注耕地周边景观与生态环境属性。郭文献等（2014）[172]通过支付意愿法对流域生态补偿标准进行了探讨，发现居民的个人支付意愿受到社会信任规则的正面影响。周晨等（2015）[173]对区域生态补偿中的支付意愿及影响因素进行了研究，并利用 Tobit 模型对南水北调中线工程受水区郑州市居民的水质和水量生态服务支付意愿进行了实证研究。李长健等（2017）[174]在对长江经济带居民生态补偿认知情况和受偿意愿实地调研的基础上，利用 Logistic 模型和回归分析法对长江经济带九省、二市的居民受偿意愿进行了实证分析。除了以上三个方向，学者们还从多个角度对补偿标准进行了核算。洪尚群等（2001）[175] 指出生态补偿标准核算的三个难点分别是损失量的核算、补偿期限的确定及民众社会心理的估计。金蓉等（2005）[176] 认为补偿标准应由损失额度、时间及社会道德规范等参数决定。吴晓青等（2002）[177]、鲍锋等（2005）[178] 及冯晓森等（2006）[179] 学者依次通过计算经济损失与收益总量的差额，在不同对象下的生态补偿标准进行核算，并建立了相对应的基础指标体系。顾岗等（2006）[180] 对水源地生态功能区补偿标准进行了研究，以生态功能区建设的外部正面效益最低估算值对补偿标准进行了确定。李怀恩等（2010）[181] 通过建立模糊数学模型计算了陕西省在 2010 年应获得的补偿标准。魏楚等（2011）[182] 对浙江飞云江流域水资源价值进行了核算，由此得到了上游城市应获得的来自下游城市的补偿标准。王家齐等（2012）[183] 对比分析了流域内主要入湖河流的水质和流量，并基于断面水质监测对流域水资源生态补偿标准进行了计算。

在政府补偿方式和市场补偿方式的选择与对比分析方面，洪尚群（2001）[175] 提出考虑到资源环境的外部性因素、市场自身的不足及生态建设的独特性，生态补偿方式应当以政府补偿为主导。万军等（2005）[184] 将我国的生态补偿方式分为政府补偿和市场补偿两类，并对两种方式的概念进行了界定。王军锋等（2011）[185] 对海河水系重要支流子牙河流域生态补偿的研究表明，在当前中国实际国情下，应当实施以政府为主导的流域生态补偿机制。付意成（2013）[186] 指出在区域生态补偿中政府更多的采用“一刀切”的粗放型补偿模式，极易产生补偿标准过高或过低的负面影响，进而打击生态保护者的积极性。因此，他认为应该借鉴国外模式采用市场化的生态补偿方式，从而大幅提高资金使用效率。李小云等（2007）[187] 认为尽管在当前区域生态补偿中政府补偿方式起主导作用，但是只要政府创造好的条件让市场充分发挥作用，未来在流域生态补偿领域市场的作用一定会超过政府。葛颜祥等（2007）[188] 从庇古理论和科斯理论入手对流域生态补偿方式进行了分析，指出政府补偿和市场补偿分别是两种理论的具体应用，其中政府补偿方式的主要形式有转移支付和优惠政策，市场补偿方式的主要形式则有产权交易、一对一交易及生态标记，同时还指出政府补偿形式的交易成本相对较低但制度运行成本较高，适用于规模较大、补偿主体相对分散且产权界定不清晰的情况，而市场补偿则正好相反。陈自娟等（2016）[189] 在深入分析水环境承载力和流域生态补偿关系的基础上，从补偿核算体系和实现途径入手，构建了流域生态补偿的准市场化模式。肖加元（2016）[190] 等则创新性地引入环境经济学的经典计量经济模型——碳排放交易理论，通过构建了流域水污染权交易市场，从理论层面探寻水资源排污权交易市场的运行机制，探索了市场化的流域生态补偿方式。尤艳馨（2007）[191] 指出，国家重点生态功能区的生态补偿是典型的混合补偿，应该将政府补偿和市场补偿有机结合起来，扬长避短，充分发挥二者的优势，以市场交易作为补偿途径，以政府作为交易主体，以政府财政资金作为补偿资金，形成生态补偿的混合补偿机制。耿言虎（2018）[192] 的观点与之类似，我国多元化、市场化的生态补偿机制应由点及面地拓展，从小范围积累（跨社区）到经验再到大范围（跨区域）逐步推广。在跨社区生态补偿应根据地方经验加强相关模式和类型研究，特别需要关注如何实现生态补偿中政府和市场的融合；社会组织如何有效参与生态补偿；补偿主体如何有效实现整合与动员等。谭秋成（2009）[193] 认为生态补偿方式除了传统的政府补偿和市场补偿之外，还应该包括社区内部补偿，因为生态服务可能仅仅发生在社区范围内，相关利益者只是社区成员。这种情况下，可以将生态资源的使用权作为交易对象在社区成员间进行市场化交易，以此提高生态服务的使用效率。吴萍等（2010）[194] 进一步提出包括社区参与的生态补偿方式，认为当前常用的政府补偿和市场补偿并不能把生态补偿“以人为本”和“协商资源”的基本要求完整体现出来。高玫（2013）[195] 提出社会补偿方式，认为社会补偿方式包括非政府组织参与型补偿和环境责任保险两种，并认为在流域生态补偿中，应该灵活运用政府补偿、市场补偿和社会补偿三种方式，有效提高生态补偿效率。杜万平（2001）[196] 从补偿方式的另一种分类法入手，认为尽管生态补偿具有资金补偿、智力补偿、实物补偿等多种方式，但是当前仍然应该将资金补偿方式作为主要方式。苏芳等（2013）[197] 在分析生态补偿方式对农户生计策略的影响时提出了倾向于选择物质和技术方式的生态补偿的方案。与之相对的，如果以非农业作为生计策略，则倾向于选择政策和资金方式的生态补偿。王青瑶等（2014）[198] 探讨了不同湿地保护模式下的湿地生态补偿方式，并重点研究了“输血型”和“造血型”两种方式对湿地生态补偿的影响。国家发改委宏观经济研究院在对比分析国内外横向生态补偿的研究与实践中发现横向生态补偿的作用积极且主动，应在相应视域下逐步拓展其使用范围和应用领域。与之策应的，苏明等（2013）[199] 以甘肃省为例研究了转移支付补偿方式，提出应当采用具有生态激励作用的一般性转移支付，并清晰界定中央与地方在环境保护领域的责权利。邓晓兰等（2013）[200] 认为虽然横向转移支付方式具有更高的执行效率，但是当前也面临诸多问题，还需要不断地研究与探索。杨晓萌（2013）[201] 提出在生态补偿领域中应当进一步强调横向转移支付在整个支付体系中的地位，突破地区限制。杨中文等（2013）[202] 建议流域内政府利用财政资金建立区际生态补偿转移支付基金，构建起流域横向转移支付体系。秦尊文（2014）[203] 提出应探索统一的流域生态补偿和生态支付制度，促进长江中游城市群生态文明建设一体化。王金南等（2017）[204] 认为应建立横向生态保护补偿机制，调节生态环境密切相关但是彼此不具备行政隶属关系的区域间的利益关系。

在补偿评价领域，国内学界尚处于学习阶段。吴学灿等（2005）[205] 率先就如何识别和评价生态补偿的效果与进展，探讨了补偿失灵的原因、机制和表现，并在此基础上进一步研究了补偿有效的因素、特征和功能机制。喻光明等（2008）[206] 以递阶层次综合评价法为基础，选择 17 个指标对土地整理规划中的自然生态补偿进行评价。孙思微（2011）[207] 通过政策绩效评估指标体系构建了农业生态补偿评估机制，促进了农业生态补偿政策的落实，为农业生态补偿政策的可持续性打下了良好基础。郭玮等（2014）[208] 将因子分析法和聚类分析法有效结合起来，通过建立生态补偿评价指标体系研究了我国各省区之间生态补偿的内在特征。邓远建等（2015）[209] 运用层次分析法与模糊综合分析法，设计了生态补偿政策的三级评价指标体系。陈磊等（2016）[210] 构建了森林生态补偿评价体系，并以海南生态公益林为例从森林的组成、效用与变化三个方面对森林生态补偿进行了分析。马庆华等（2015）[211] 运用成本效益分析法构建流域生态补偿政策评价指标和效益评价指标，并对新安江流域生态补偿效果进行实证研究。佟长福（2017）[212] 对农业节水领域生态补偿的评价进行了深入研究，运用层次分析法从多个角度对影响补偿的因素进行了分析。徐大伟等（2015）[213] 对区域生态补偿绩效评估的重要性和意义进行了深入阐述，并对绩效评估的常用方法进行了系统研究。并以此为基础，以辽东山区补偿项目为案例，对区域生态补偿绩效评估进行了实证分析。张涛等（2017）[214]以补偿目的为中心，构建包含11个指标的二级指标体系，对湖北省重点生态功能区的补偿绩效进行了定量分析。岳思羽（2012）[215]以汉江流域为对象，构建了包含4个方面、28项指标的补偿效益评价指标体系，并运用层次分析法对汉江流域生态补偿效益进行了评价。虞慧怡等（2016）[216]系统梳理了生态补偿绩效的相关研究，指出对绩效影响因素的研究相对不多，而学者们更倾向于研究如何进行绩效评估。石英华等（2011）[217]对中国流域水污染防治专项资金投入与实施状况进行了深入分析，提出一套包括18个具体指标，能够对投入绩效、使用绩效、产出绩效和管理绩效进行评估的流域水污染防治投资项目绩效评估指标体系。陈祥有（2014）[218]对南水北调中线工程生态补偿情况进行了研究，运用数据包络分析方法定量计算了相应省级行政区划补偿资金使用效率，指出湖北和河南等中部地区的生态补偿资金使用效率较高，而北京、天津及河北的生态补偿资金使用效率还有较大的提升空间。申开丽等（2017）[219]选取生态屏障地区作为研究区域，对其补偿资金的使用绩效进行了研究，并基于关联分析对影响绩效的关键因素进行了分析。杨晓晨（2017）[220]对生态补偿资金绩效审计的概念和内涵进行了阐述，从五个方面对绩效审计评价指标体系的构建进行了系统研究，进一步丰富与扩展了补偿评价的内容和范围。李波（2015）[221]对森林生态补偿资金使用绩效评价的流程与方式进行了研究，选取四项一级指标构建出绩效评价体系，并对广州市森林生态补偿资金绩效进行了实证分析。

4. 国内外生态补偿成果的评述

纵观全球学研，国内外学者在补偿理论、补偿内涵、补偿主客体、补偿标准、补偿方式、补偿评价六个方面做了定性与定量相结合的研究[222-227]。具体来看，全球学界对补偿内涵的认识与研究是一个渐进发展的过程。最开始，学者们主要从对环境破坏而导致的经济损失进行补偿这个角度来理解补偿内涵[228]。随着认知的不断深入，补偿内涵也从单纯因生态环境破坏导致的损失补偿延展至整个生态系统范围内，对由于进行生态建设与保护而失去发展机会的个人和集体进行补偿[229]。近几年，越来越多的学者趋向于把生态补偿理解为一种综合性的制度安排。总体上看，国内外学者对生态补偿形成了趋于近似的共识，即生态补偿的内涵已经从最开始的单纯补偿行为逐渐演化为以生态环境保护和生态资源可持续利用为目的的社会经济手段[230-232]。

在补偿理论基础方面，国内外学者对补偿理论基础的看法比较一致，均认为生态系统服务价值理论、水资源价值理论、公共物品理论、外部性理论和产权理论共同构成了生态补偿的理论基础，但是在研究方向上则有所差异[234]。国外学者对理论本身进行了深入研究，在对传统理论提出质疑的基础上提出全新的观点与研究思路，不断丰富理论基础和研究方向。国内学者则对理论的具体应用进行了大量研究，积累了较丰富的实践经验。

在补偿的主客体方面，国内外学者都优先对集体和个人作为补偿客体时各自的优势与不足进行分析，并提出了对集体和个人进行补偿客体界定的思路与方法。在对补偿主体的界定上，国内外学者都提出了将政府作为补偿主体的观点，其中国内学者根据我国实际还认为政府应当在补偿中扮演更多角色，承担更多责任。同时，国内外学者都对博弈理论在环境科学和生态补偿领域的应用进行了涉略，其中国外学者对博弈理论本身进行了大量研究，提出许多新的博弈模型并不断延展至其他应用领域，而国内学者则对博弈理论在补偿领域的具体应用做了嫁接使用[235-238]。特别是在流域生态补偿领域，国内学者受到浙江—安徽两省执行的新安江流域生态补偿的启迪，基于博弈理论对政府间的决策行为进行了深入与系统的研究。

在补偿标准方面，国外学者最先提出生态足迹的相关概念，在此基础上发展出水足迹的相关理论与方法，并率先在全球和国家尺度进行水足迹的计算。国内学者在国外相关研究的基础上，运用水足迹法对补偿标准的计算进行了深入研究，积累了丰富的实践经验[239]。同时，国内外学者已就在补偿标准的计算中考虑机会成本和支付意愿的方式达成共识，并分别从这两个方面对补偿标准的计算进行了实证探究。除此之外，国内外学者还根据各自的研究背景和各地区的补偿实际对补偿标准进行了多维度的探究。

在补偿方式方面，国内外学者均认为政府补偿方式和市场补偿方式是最主要的两种补偿方式，国内学者还认为应当将两种补偿方式有机结合起来，充分发挥二者的优势，并结合当前补偿实际提出了社区内部补偿的补偿方式，作为对政府补偿和市场补偿的补充。同时，国内学者还从补偿方式的另一种分类法入手，对资金补偿、智力补偿、实物补偿等补偿方式进行了实证，并对资金补偿中的横向转移支付进行了重点研究。

在补偿评价方面，国内外学者对补偿评价的相关文献梳理主要集中在近五年。毋庸置疑的是，补偿评价的研究是生态补偿相关学研中相对来说是一个新兴领域。国内外学者的工作主要是在具体补偿实践的基础上展开，对如何进行补偿评价的研究较多，而对补偿评价影响因素的研究则比较缺乏。在评价方法的选择上，国内外学者也主要运用层次分析法进行补偿评价[240]。此外，国内学者还将补偿资金的使用绩效作为补偿评价的一部分，并对其进行了较多研究[241-242]。总的来看，国内外学者对生态补偿及流域生态补偿的相关研究思路基本一致，都进行了大量、深入和系统的研究，积累了丰富的经验与成果，对流域生态补偿机制的构建具有重要的参考与借鉴价值。

四、旅游生态补偿

1. 旅游生态补偿定义

在概念内涵上，国外尚未对“旅游生态补偿”形成专业的术语，较为接近的是生态环境服务付费（Payment for Ecological Services，PES）和生物多样性补偿（Biodiversity Offset）。国外研究总体上围绕人（不只是旅游者）与具体生态环境要素之间关系的调节，研究较为宽泛，即对人为因素造成的生物多样性损失及生态环境功能受损的补偿，不只是针对旅游发展利益相关者。较之西方学界，国内对旅游生态补偿概念界定比较有针对性，认为旅游生态补偿既是对旅游业对所依赖的生态系统反哺的一种补偿，也可指以发展旅游业作为补偿途径的生态补偿。国内在旅游生态补偿概念上更加强调对旅游业各利益相关者及生态环境之间关系的协调。

PES更多地在海外旅游生态补偿的研究中使用，其认为景观和娱乐文化服务与生物多样性服务相互重叠。但从本质上讲，旅游者购买的是欣赏景观的权利，而不是生物多样性。尽管早期西方学界对生态补偿的认知主要集中在对生态环境的功能或质量受损的补偿，这种补偿更偏重于对人地关系的调节，但后期更为明确的定义是减少或消除行为人作为主体对生态环境的影响，因此生态补偿必须考虑行为主体即生态环境的使用者和保护者。随着国外生态补偿理论与实践的发展，学者们给出了较为全面的定义。目前，国外生态环境服务付费大致的研究领域大致可以分为 4 类：生物多样性服务付费、景观与娱乐付费、流域生态服务付费及碳捕获与森林碳汇付费。

相比于国外，虽然国内关于旅游生态补偿内涵的研究成果较为丰富，但也存在一定的差异，而这种差异主要源于研究者研究领域与学科背景的不同。在旅游生态补偿的概念研究方面，国内最早是从生态系统服务价值的角度进行界定。莫延芬（2010）[243] 认为，旅游生态补偿实质上是一种基于交换的支付行为，是生态系统服务的提供方与受益方之间进行的交换。而蒋依依等（2013）[13] 认为，旅游生态补偿的定义有狭义和广义之分，狭义上的旅游生态补偿是 指生态系统服务提供方与受益方之间的一种利益博弈行为，而广义上的旅游生态补偿是指用政府调控与市场化运作方式，将旅游资源开发产生的外部成本内部化，调整利益相关者保护或破坏旅游资源活动产生的环境效益及其经济分配关系的制度安排。吴耀宇（2011）[244] 同样从生态系统服务价值的角度出发，但他更偏向于将旅游生态补偿定义为以经济手段调节利益相关者彼此间关系，且以保护和可持续利用旅游地生态系统为目的的一种制度安排。除从生态系统服务价值角度界定旅游生态补偿外，杨桂华等（2012）[245] 认为，旅游生态补偿可以从“主体说”和“途径说”两个角度来定义，基于“主体说”的旅游生态补偿，是指以旅游业发展对环境和生态系统的影响为补偿依据，以旅游业发展的获益者、因旅游开发方式不合理而对生态环境造成破坏者作为补偿主体的生态补偿。而基于“途径说”的旅游生态补偿，是指以发展旅游业作为实施补偿途径的生态补偿。这两种视角的侧重点不同，“主体说”侧重于旅游系统对所依赖的生态系统的反哺，“途径说”则侧重于将旅游作为市场化生态补偿的重要途径。虽然国内对旅游生态补偿的研究尚不成熟，且学者们对旅游生态补偿的概念还没达成一致，但在旅游生态补偿内涵特征认识上，李淑娟与高宁（2018）[246] 在《旅游生态补偿研究现状及趋势》一文中总结了国内学者的共识，本书述如下。

首先，旅游生态补偿的依据是旅游业发展对生态环境及人的影响，其根本目的在于保护旅游地生态系统、调和旅游业发展与生态保护之间的矛盾，以促进旅游业可持续发展。其次，经济手段是补偿的主要手段，旅游生态补偿的实质是一种调节旅游业中各利益相关者及环境之间关系的制度安排。

2. 旅游生态补偿机制

由上述分析可知，旅游生态补偿机制建设的研究进路肇自西方学界对机会成本的认知。1970 年，代表性学者 Thurn[247] 等通过计算森林旅游的直接成本、机会成本、利润及损失等问题来讨论旅游生态补偿问题，并提出把对居民的补偿通过补贴或税收优惠的方式转化为公共福利。倘若在机制设计中仅以居民的机会成本作为旅游生态补偿的维度，十分容易陷入片面的拘囿，因而后期学者在补偿机制的设计中多将生物多样性保护考虑其中。如 Johst 等（2002）[248]、Min 等（2013）[249] 对生物多样性保护的生态补偿机制进行研究，采用跨学科的方法设计一套生态经济建模程序，并提出生态资源的价值补偿机制的制度和安全保障方案。在生物多样性保护方案及补偿计划的实施中，两位学者一致指出，为了保证旅游生态补偿机制的公平性与合理性，应综合考虑旅游利益相关者的利益分配及利益相关者之间的博弈问题，并建立相应的监督机制及保障制度调整利益相关者关系，用以保证环境效益和经济效益的公平及提高、维护和恢复生态系统功能。Cao（2013）[250] 采用非对称演化博弈模型对生态补偿机制进行研究，认为必须建立一个具备社会监督和评价功能的长期的生态补偿机制。Bos 等（2014）[251] 认为，生态补偿是弥补自然资源开发对生态系统影响的基本手段，但其补偿的适宜性和有效性是需要深入探讨的主题，并以澳大利亚大堡礁世界遗产地为例，提出应建立更为有效的生态补偿机制以弥补大堡礁生物多样性的损失。Ortiz 等（2018）[252] 采用价值评估方法，对巴西的帕拉伊巴地区居民进行了关于森林生态补偿的意愿调查，发现农民参加该补偿计划的决定不仅取决于他们的机会成本，还取决于他们的环境知识或意识及对补偿计划的理解程度等。

所谓旅游生态补偿模式，其实质就是补偿的方式与途径。张理英等（2007）[253] 认为，旅游生态补偿的补偿模式可以分为直接、间接及混合赔偿三种。米姗姗（2007）[254] 从政府主导的角度提出财政转移型、异地开发、公益性、反哺式等多种补偿方式。马勇等（2010）[255-256] 将旅游生态补偿方式分为直接和间接两种类型，直接型补偿方式是由各级政府给当地居民和生态环境，而间接型补偿方式是由各级政府通过补偿旅游业，然后通过旅游业的发展对当地居民和生态环境进行补偿。易艳（2011）[257] 将生态补偿模式分为效用补偿和成本补偿，成本补偿是指为维持旅游资源和居民效用不变所产生的成本，而效用补偿主要指对居民自身损失进行的其他非经济形式的补偿，如提供就业、技能培训等以维持原有生活水准。李静等（2010）[258] 学者在效用补偿的基础上进一步细化为实物补偿、技术补偿及奖励补偿等补偿方式。连坤等（2018）[259] 以福建青云山景区为例，提出景区经营企业、居民及政府是旅游生态补偿的三大利益主体，经过对三种补偿模式的比较，得出政府应扮演着监督及实施奖惩的角色及景区经企业应向当地居民进行生态补偿的结论。吴耀宇（2011）[260]、胡孝平等（2011）[261] 提出了旅游生态补偿多样性的思想，认为不仅可以财政投入、实物和基础设施建设为主要投入方式，亦可采取技术培训、就业指导和信息赋权等形式展开，实现政府主导、市场推动、区域联动、项目带动的旅游生态补偿新形态。

综合来看，国外更加注重补偿模式的建立，包括制订各种方案、补偿计划及监督机制。国内对旅游生态补偿模式的针对性较强，大体可分为对社区居民的生态补偿模式和对自然生态系统的补偿模式两种。前者较多采用输血式、造血式及两种形式兼有的补偿形式（直接发放资金、发放实物或增强旅游地社区内生动力），后者可以直接投入生态补偿资金或是间接地投入人力及物力等。但是，纵观国内外补偿方式，全球的旅游生态补偿均以政府为主导，辅以市场运作的途径进行补偿，社会参与方面涉及较少。随着大众旅游时代在全球的兴起，社会捐赠、义务劳动、旅游彩票等更新的形式都可以成为旅游生态补偿模式的选择。

3. 旅游生态补偿的主流认知

学界对旅游生态补偿的认知历程仅十余年，旅游生态补偿作为一个舶来品，其研究视角迅速实现了由点及面的拓展。我国旅游生态补偿研究肇自旅游业属性由计划事业转向市场产业。直至 2009 年，多数研究聚焦于具体目的地的生态补偿必要性与建构上，业态涵盖森林旅游（神农架）、山地旅游（哈尼梯田）及都市遗产旅游等，且以森林旅游类型被关注较多。自然生态调节是这一时期的研究主旨，只不过强调了旅游情境下生态群落或生态功能恢复的意涵。2010 年后，作为生态环境使用者和维护者，人的要素作用不断强化。围绕着减少行为主体（人）对生态环境的影响，海内外研究视角进一步扩大，人地关系调节开始占据主流位置，并持续至今。内外有别的是，海外学者总体上更强调对人与具体生态环境要素之间关系的调节，就人的定义上较为宽泛，跨过了旅游利益相关者范畴。国内研究就人的界定更为精密，紧紧围绕着旅游链上的所有利益相关体，探寻与生态环境之间的关系协调。此外，目的地的空间域也迅速演进，由景点景区向以国家公园为代表的全域综合旅游目的地扩张。

在应用场景上，实现了从物到事的延展。目前海外并无“旅游生态补偿”一说，较为接近的专业术语是生物多样性补偿和生态环境服务付费（PES），且以 PES 应用更广。十余年来，生物多样性服务付费、景观与娱乐付费、流域生态服务付费及碳捕获（森林碳汇付费）的西方补偿实践粗具规模。我国旅游生态补偿研究依循海外进路，在绿色增长的催化下，实现了从旅游本体价值向旅游发展的社会绩效转向，“生态系统的服务价值”观念渐入人心，形成了以资源维护费形式的旅游资源有偿使用（凤凰古城）、环境补偿费形式的旅游破坏收费（三江源）和机会成本补偿费形式的旅游开发补偿（三峡、鄱阳湖）的三类实践。概言之：尽管旅游生态补偿研究尚处于初期探索阶段，少量研究仍以具体物质管理为对象，但以流域为代表的应用场景屡见实证。补偿主客体范围扩大、补偿途径多样发展及评价的不断精进使得旅游生态补偿的学术脉络更具社会公共事务的研究性质。

从学术认识视角，中国生态功能区的旅游生态补偿的研究大体从三个进路展开。

一是旅游生态补偿的时空分配。“琴瑟和谐”几乎不是区域发展的主基调。随着旅游生态补偿理实水平的精进，马勇等（2010）[256]、Levrel（2012）[262]、刘敏等（2013）[263]、李宁（2018）[264] 试图从效益视角解决旅游生态补偿中的空间选择、资金与资源的时空配置等科学问题。此外，李宁（2018）[264] 还认为应进行严谨的空间决策，以提高补偿资金在空间分配上的科学性、合理性和公平性。既有研究不仅证实了旅游活动对生态环境的影响有着显著差异，更佐证了社区居民因生态保护损失的机会成本也具备鲜明的空间差异（Hemson 等，2009[265]；Nyaupane，2011[266]；张一群，2012[24]）。简而言之，时空分异下的旅游生态补偿研究日臻完善，在补偿主体的界定上，海内外学研层面已形成鲜明共识。不过，面向补偿客体（生物多样性、环境、人）的时空分异研究尚显薄弱，就数量而言，国内成果积累远少于西方经济体。在我国，既有文献一般将研究区域视为均质，多根据景区范围和行政区划框定补偿对象（李淑娟等，2018）[246]。这一方法的短板显而易见，对空间的模糊处理往往导致旅游生态补偿主客体的界定不精准。因此，在明确旅游生态补偿空间范围及等级区划之前，应充分分析相关利益主体的发展需求和承担能力（张奥佳等，2016）[267]。此外，环境的时变性扩大了目的地经济和旅游发展的波动性，致使旅游生态补偿的测度和评估也并非持续稳定。非线性的旅游产业和多维的补偿机制催生了不同时空维度下的旅游生态补偿实证研究。

二是旅游生态补偿的核算与评价。绩效评估是旅游生态补偿研究的攻坚方向（Min 等，2013[249]；胡欢等，2017[268]）。与生产制造领域不同，旅游生产由一系列“效用”组成。旅游产品的无形性意味着对其测定是困难的，加之多数旅游产品的易逝性、异质性、过程性及游客参与性，使得旅游生态补偿的管理更为复杂（章锦河等，2018）[269]。国内外文献就旅游生态补偿后控问题（补偿效果）的研究仅为前控和中控问题的 1/4。大多成果仅止步于补偿评估的必要性，少数学者对补偿资金使用后生态环境变化的定期评估提出了建言（戴其文等，2015[270]；Ortiz 等，2018[252]）。方法上，海外研究已实现了进阶，从早期生态经济模型建构来计算生态补偿数额（Ohl 等，2008[271]；Wu 等，2009[272]；Belote 等，2011[273]），到更为精良的生态系统服务价值核算（Jeannert，2003；Levrel，2012；Wang 等，2017[262，274-275]）。海外研究在确定补偿标准的方法上并不唯一，但上述方案得出的补偿标准对于补偿的主客体均具参考价值。国内现有研究同样侧重旅游生态补偿核算方法，不同之处在于，我国学者除采用生态效益核算、成本核算及意愿调查法外，生态足迹核算法的使用是近些年的亮点。一个明显的研究趋势是精密的技术组合正成为客观评价基础。

三是对区域或流域旅游与生态发展认知。源于宏观视角的平衡说，突出旅游产业发展与资源环境利用间的可接受的平衡，强调规避不可逆的资源环境损害（陆大道，2012）[276]。从该视角出发的乡村振兴、全域旅游等政策研究，重视生态的“可能性约束”，探究不可复制的自然资本如何内生于旅游发展的全过程（徐红罡等，2015[277]；保继刚，2017[278]；吴必虎等，2017[279]）。另一内涵说源自实证，初步辨析了增长的根本驱动力（武春友等，2014）[280]。赵磊等（2017）[281]、黄震方等（2017）[282]、张政等（2018）[283]借鉴“增长协同—资源约束”的成熟框架，先后在长三角、长江三峡、湖北汉江流域和长江中游等不同空间下展开实证，试图破解长江流域旅游发展的不平衡、不充分。我国学者继统于流域经济、生态经济、人地关系等学说，推动了旅游生态补偿学研的“立新”进程。美中不足的是，既有成果的呈现多以案例或叙述性研究为主，旅游生态补偿的空间刻画欠深细，鲜见就区域或者流域的全景性、系统性研究。此外，区域旅游生态补偿的测度欠精密，对要素机制缺乏动态阐释的实证，契合国家重点生态功能区的“政策工具包”尚未成型。

第四章　理实进展

一、旅游生态补偿对生计资本的结构化推演

DFID 的可持续生计框架源于经验观察。在本书主旨的视域范围内，仅 6 篇文献对旅游生态补偿影响可持续生计机制进行了相对客观的数理推导。追本溯源地看，现代主流微观经济学的研究目标主要是如何利用稀缺资源以满足人们需要，研究内容是如何配置生产要素。因此，基于资本积累和资源配置理论，从微观视角理论分析居民可持续生计框架不失为成熟理论框架的应用延展。根据《牛津英语词典》的解释，资产指代占有丰富，使得某些要求得到满足。如果从经济学中的资本是流动中的资产、是可以增殖的资产出发来理解，资产与资本有着天然而紧密的联系，资产的积累主要通过资本的积累来实现。组织理论之父、西方古典管理理论奠基人马克斯·韦伯指出，资产是家庭或其他单位中的财富积存，研究经济增长的目的即是研究一国财富的积累过程，其路径是资本积累。从旅游产业的经济属性考量，结合国家重点生态功能区居民可持续生计问题的现实情境，本书认为生计资产本身是由诸多资本构成的，而旅游生态补偿必然离不开对其家庭生计资产的考察。那么，对资本和资产的界定本书更倾向资本也包含一定的资产意义，两者呈现相对近似的观点。

众多学者对宏观经济学领域资本积累的丰富研究成果，为研究居民微观视角的生计资本积累和配置提供了思路和借鉴。下面结合居民可持续生计框

架，介绍资本积累和资源配置的理论，为以下的生计资本组合和配置的数理分析提供基础。季建林（2006）[284]认为，资本或者资产就是指居民收入减去消费之后剩余部分的积累。而资本积累也是未来消费的储蓄（迈克尔·谢若登，2005）[285]。资产也可以划分为有形资产和无形资产，有形资产包括物质财产和在很大程度上具有与物质财产相同功能的权利，如储备物和资源等。其中，土地是非常重要的资产，土地因其不同用途产生的收入形式也不一样，因而划归的范畴也不尽相同；无形资产主要指要求权和可获得权。Chambers 和 Conway（2002）[286]在构建可持续生计分析框架中，也将生计资本界定为有形生计资产和无形生计资产两类。阿玛蒂亚·森更是以农户资产为基础，构建了包含能力和功能的福利指标体系，为以农户资本为基础的理论研究和实证考察提供了新思路[287–288]。资本积累会受到两方面的影响：一是制度因素的影响，迈克尔·谢若登通过分析美国各类家庭资本的分配状况指出，家庭资本将近50%（不包括社会保障权益福利）表现为私人占有的住房和养老金，税收政策直接和有力地促进了这些形式的积累。二是居民自身的资本选择、资本组合和资本建设行为的影响，资本选择是指居民根据各类生计资本的性质和本身的消费投资需求，对可供选择和可利用的资本进行的选择和排列；资本配置是资本选择的结果，资本配置的出发点是为家庭资本积累提供路径和方法；资本建设就是指地方政府和非政府组织为引导贫困地区居民有目的和高效的资本积累而进行的指导和政策建议（黄进，2009）[289]。阿玛蒂亚·森的社会选择理论和迈克尔·谢若登[290]的专著《资产与穷人》都对此进行了理论阐述，提出了增强居民福利的政策建议。

本书认为，基于资本积累和资本配置视角研究国家重点生态功能区居民可持续生计问题，实质上就是研究如何实现生计资本的增殖和优化配置，以最终达到提高居民的可持续生计水平的目标。细分来看，从资本配置效率视角来看国家重点生态功能区居民可持续生计研究，不难发现研究的重点是生计资本如何配置才能达到可持续生计水平的提高，实现生计的“帕累托改进”。前序研究指出，居民生计资本配置效率高低的影响因素主要包括两方面：一是资本自身状况，也即资本的数量、质量、性质、动态变化及与其他资本的契合度等因素。二是影响资本配置的制度因素，最主要的是资本的产权制度和交易成本制度。既然帕累托改进的一个重要标准就是边际成本等于边际收益，那么，是否实现了生计资本的边际收益和边际成本相等就会实现居民可持续生计水平的最大化，这是本书实证分析的重要基点。

本部分研究借鉴学者崔晓明（2018）[8] 的公式化框架，拟采用泰勒展开式、线性规划等数理分析方法，在分析国家重点生态功能区居民可持续生计水平最大化同时，寻求生计资本的最优增殖程度和组合状况，为可持续生计框架下旅游生态补偿的最优政策方案提供理论基础。

1. 模型构建

假设某一国家重点生态功能区由 N 个家庭（个体）组成，本地区的可持续生计水平即由所有家庭可持续生计水平相加得到。本书接下来将采用泰勒展开式对居民可持续生计最大化进行数理分析，变量的增加会成倍地增加计算工作量，因此为简化分析，仅分析国家重点生态功能区居民的消费水平、自然资本、人力资本和社会资本对可持续生计水平的影响，并假设可持续生计水平随四者的增加而增加，但影响程度递减。在此基础上进行分析，得到的结论并不会发生改变，具有一般性，也适用于其他生计资本状况。消费（c）是由物质资本（k）和收入（y，金融资本要素）决定的并记为 $c=y-k$。记本地区的总可持续生计为 SL，本地区总的家庭数为 N，第 i 个家庭的消费水平 c_i，第 i 个家庭的人力资本为 h_i，第 i 个家庭的社会资本为 s_i，第 i 个家庭的自然资本为 r_i。则本地区总的可持续生计函数为：

$$SL=\sum_{i=1}^{N}\left[f(c_i)+v(h_i,\ s_i,\ r_i)\right] \quad \text{（式4-1）}$$

将国家重点生态功能区居民总的可持续生计水平 SL 在 c、h、s、r 的均值点处进行泰勒展开，其泰勒展开式为：

$$SL\approx Nf(\bar{c})+\sum_{i=1}^{N}f'(\bar{c})(c_i-\bar{c})+\frac{1}{2}\sum_{i=1}^{N}f''(\bar{c})(c_i-\bar{c})^2+Nv(\bar{h},\ \bar{s},\ \bar{r})$$

$$+\sum_{i=1}^{N}v_h(\bar{h},\ \bar{s},\ \bar{r})(h_i-\bar{h})+\sum_{i=1}^{N}v_s(\bar{h},\ \bar{s},\ \bar{r})(s_i-\bar{s})$$

$$+\sum_{i=1}^{N} v_r(\bar{h}, \bar{s}, \bar{r})(r_i-\bar{r})+\frac{1}{2}\sum_{i=1}^{N} v_{hh}(\bar{h}, \bar{s}, \bar{r})(h_i-\bar{h})^2$$

$$+\frac{1}{2}\sum_{i=1}^{N} v_{ss}(\bar{h}, \bar{s}, \bar{r})(s_i-\bar{s})^2+\frac{1}{2}\sum_{i=1}^{N} v_{rr}(\bar{h}, \bar{s}, \bar{r})(r_i-\bar{r})^2$$

$$+\sum_{i=1}^{N} v_{hs}(\bar{h}, \bar{s}, \bar{r})(h_i-\bar{h})(s_i-\bar{s})+\sum_{i=1}^{N} v_{hr}(\bar{h}, \bar{s}, \bar{r})(h_i-\bar{h})(r_i-\bar{r})$$

$$+\sum_{i=1}^{N} v_{sr}(\bar{h}, \bar{s}, \bar{r})(s_i-\bar{s})(r_i-\bar{r}) \qquad （式4-2）$$

其中，$\bar{c}$表示国家重点生态功能区所有家庭的消费水平均值，$\bar{h}$、$\bar{s}$ 和 $\bar{r}$ 分别表示国家重点生态功能区所有家庭的人力资本、社会资本和自然资本均值。$f^{'}(\bar{c})$ 和 $f^{''}(\bar{c})$ 表示在 $\bar{c}$ 处的一阶导数和二阶导数，$v_h(\bar{h}, \bar{s}, \bar{r})$、$v_s(\bar{h}, \bar{s}, \bar{r})$ $v_r(\bar{h}, \bar{s}, \bar{r})$ 表示 $\bar{h}$、$\bar{s}$ 和 $\bar{r}$ 处的一阶偏导数，$v_{hh}(\bar{h}, \bar{s}, \bar{r})$、$v_{ss}(\bar{h}, \bar{s}, \bar{r})$、$v_{rr}(\bar{h}, \bar{s}, \bar{r})$ 表示 $\bar{h}$、$\bar{s}$ 和 $\bar{r}$ 处的二阶偏导数，$v_{hs}(\bar{h}, \bar{s}, \bar{r})$、$v_{hr}(\bar{h}, \bar{s}, \bar{r})$、$v_{sr}(\bar{h}, \bar{s}, \bar{r})$ 表示在相关生计资本均值点处的混合偏导数。

对变量 $\sum_{i=\iota}^{N} f^{'}(\bar{c})(c_i-\bar{c})$ 进行交换可得：

$$\sum_{i=1}^{N} f^{'}(\bar{c})(c_i-\bar{c})=f^{'}(\bar{c})\sum_{i=1}^{N}(c_i-\bar{c})=f^{'}(\bar{c})\left(\sum_{i=1}^{N} c_i-\sum_{i=1}^{N}\bar{c}\right)=0 \qquad （式4-3）$$

同理可得：

$$\sum_{i=1}^{N} v_h(\bar{h}, \bar{s}, \bar{r})(h_i-\bar{h})=0、\sum_{i=1}^{N} v_s(\bar{h}, \bar{s}, \bar{r})(s_i-\bar{s})=0、\sum_{i=1}^{N} v_r(\bar{h}, \bar{s}, \bar{r})(r_i-\bar{r})=0 \qquad （式4-4）$$

通过求解可持续生计水平 *SL* 的期望值，可以得到国家重点生态功能区第 *i* 居民家庭的平均可持续生计水平为：

$$\mathrm{E}(SL)=\mathrm{f}(\bar{c})+\frac{1}{2}\sum_{i=1}^{N} f^{''}(\bar{c})\,\sigma_c^2+v(\bar{h}, \bar{s}, \bar{r})+\frac{1}{2}\sum_{i=1}^{N} v_{hh}(\bar{h}, \bar{s}, \bar{r})\,\sigma_h^2+\frac{1}{2}\sum_{i=1}^{N} v_{ss}(\bar{h}, \bar{s}, \bar{r})\,\sigma_s^2$$

$$+\frac{1}{2}\sum_{i=1}^{N} v_{rr}(\bar{h},\ \bar{s},\ \bar{r})\,\sigma_r^2+\sum_{i=1}^{N} v_{hs}(\bar{h},\ \bar{s},\ \bar{r})\,\sigma_{hs}^2+\sum_{i=1}^{N} v_{sr}(\bar{h},\ \bar{s},\ \bar{r})\,\sigma_{hr}^2$$

$$+\sum_{i=1}^{N} v_{sr}(\bar{h},\ \bar{s},\ \bar{r})\,\sigma_{sr}^2 \qquad \text{（式4-5）}$$

其中，σ_c^2、σ_h^2、σ_s^2、σ_r^2 为消费、人力资本、社会资本、自然资本均值在本地区总家庭中的分布方差，σ_{hs}^2、σ_{hr}^2、σ_{sr}^2 为人力资本与社会资本均值、人力资本与自然资本均值、社会资本与自然资本均值的分布协方差。又结合 h、s 和 r 相互独立的假设可以得到 σ_{hs}^2、σ_{hr}^2、σ_{sr}^2 的期望值为零，因此国家重点生态功能区居民家庭的可持续生计水平均值可简化为：

$$\mathrm{E}(SL)=\mathrm{f}(\bar{c})+\frac{1}{2}\sum_{i=1}^{N} f''(\bar{c})\,\sigma_c^2+v(\bar{h},\ \bar{s},\ \bar{r})+\frac{1}{2}\sum_{i=1}^{N} v_{hh}(\bar{h},\ \bar{s},\ \bar{r})\,\sigma_h^2+\frac{1}{2}\sum_{i=1}^{N} v_{ss}(\bar{h},\ \bar{s},\ \bar{r})\,\sigma_s^2$$

$$+\frac{1}{2}\sum_{i=1}^{N} v_{rr}(\bar{h},\ \bar{s},\ \bar{r})\,\sigma_r^2 \qquad \text{（式4-6）}$$

由函数 f 和 v 为凹函数的性质假设可知：$f''\leqslant 0$、$v''_{hh}\leqslant 0$、$v'_{ss}\leqslant 0$、$v_{rr}''\leqslant 0$，因此，本地区总的可持续生计水平随着 $\bar{c}$、$\bar{h}$、$\bar{s}$、$\bar{r}$ 的增加而增加，而随着 σ_c^2、σ_h^2、σ_s^2、σ_r^2 的降低而降低。为便于分析，进一步将国家重点生态功能区居民总的可持续生计水平函数作为目标函数，同时令 $\bar{c}$、$\bar{h}$、$\bar{s}$、$\bar{r}$ 为时 t 的函数，分布方差 σ_c^2、σ_h^2、σ_s^2、σ_r^2 的值为零。基于此，可以得到目标函数为：

$$\int_0^{\infty} E(SL)e^{-\rho t}dt=\int_0^{\infty}\left[f(\bar{c})+v(\bar{h},\ \bar{s},\ \bar{r})\right]e^{-\rho t}dt \qquad \text{（式4-7）}$$

式中，ρ为国家重点生态功能区居民可持续生计水平的时间折现因子。

根据前面关于可持续生计函数的假设及其他学者的相关研究假设和思路，本书假定 $f(\bar{c})$ 的函数形式为：$f(\bar{c})=\frac{\bar{c}^{\,1-\theta}-1}{1-\theta}$，$0<\theta<1$ 式中，θ 表示国家重点生态功能区居民家庭对相关风险厌恶程度的系数，进一步假定人力资本均值 $\bar{h}$、社会资本均值 $\bar{s}$ 和自然资本均 $\bar{r}$ 之间是可以相互替代的，因此可以认为 $v(\bar{h},\ \bar{s},\ \bar{r})$ 是一个线性函数，假设该函数的表达式为：

$$v(\bar{h},\ \bar{s},\ \bar{r})=\omega(\bar{h}+\bar{s}+\bar{r}) \qquad \text{（式4-8）}$$

式中，ω 是三类资本均值的边际效用。

假定政府对人力资本部门、自然资本部门和社会资本部门的投资分别为

I_H^g、I_R^g 和 I_S^g；私人不投资自然资本部门，对人力资本部门和社会资本部门的投资分别为 I_H^p 和 I_S^p。则可以得到三类生计资本的积累方程为：

$$\bar{k} = \bar{y} - \bar{c} - I_H^g - I_H^p - I_R^g - I_S^g - I_S^p \quad (式4-9)$$

$$\bar{h} = I_H^g + I_H^p \quad (式4-10)$$

$$\bar{r} = I_R^g \quad (式4-11)$$

$$\bar{s} = I_S^g + I_S^p \quad (式4-12)$$

其中，$\bar{k}$ 为国家重点生态功能区居民家庭物质资本均值，为便于分析假定其不存在折旧状况，$\bar{y}$ 为国家重点生态功能区居民家庭的生产函数均值，函数为：$\bar{y} = \mathrm{A}\bar{k}^{\alpha}\bar{h}^{\beta}\bar{r}^{\gamma}\bar{s}^{1-\alpha-\beta-\gamma}$，式中 $0<\alpha$，β，$\gamma<1$，$0<\alpha+\beta+\gamma<1$，A 为技术水平常数。

假定国家重点生态功能区居民家庭消费水最低值为 $\bar{c}_{mi\mathrm{h}}$，则国家重点生态功能区居民家庭的平均消费水平 $\bar{c}$ 要大于其最低值，即存在 $\bar{c} < \bar{c}_{mi\mathrm{h}}$。

因此，国家重点生态功能区居民人均可持续生计水平最大化方程及约束条件可表示为：

$$\max \int_0^{\infty} \left[f(\bar{c}) + v\left(\bar{h},\ \bar{s},\ \bar{r}\right)\right] e^{-\rho t} dt$$

$$\text{s.t.}\ \bar{k} = \bar{y} - \bar{c} - I_H^g - I_H^p - I_R^g - I_S^g - I_S^p$$

$$\bar{h} = I_H^g + I_H^p$$

$$\bar{r} = I_R^g$$

$$\bar{s} = I_S^g + I_S^p$$

$$\bar{c} < \bar{c}_{mi\mathrm{h}} \quad (式4-13)$$

根据上式可以得到求解国家重点生态功能区人均可持续生计水平最大化的 Hamilton 函数为：

$$\mathrm{H} = f(\bar{c}) + v\left(\bar{h},\ \bar{s},\ \bar{r}\right) + \lambda\left(\bar{y} - \bar{c} - I_H^g - I_H^p - I_R^g - I_S^g - I_S^p\right) + \lambda_2\left(I_H^g + I_H^p\right) + \lambda_3 I_R^g + \lambda_4\left(I_S^g + I_S^p\right) + \lambda_5\left(\bar{c} + \bar{c}_{mi\mathrm{h}}\right) \quad (式4-14)$$

对 Hamilton 函数对相关自变量求偏导，可以得到其一阶必要条件为：

$$\partial H/\partial \bar{c} = \bar{c}^{-\theta} - \lambda_1 + \lambda_5 = 0 \quad (式4-15)$$

$$\partial H/\partial I_H^g = \partial H/\partial I_H^p = \lambda_1 - \lambda_2 = 0 \quad (式4-16)$$

$$\partial H/\partial I_R^g = \lambda_1 - \lambda_3 = 0 \quad (式4-17)$$

$$\partial H/\partial I_S^g = \partial H/\partial I_S^p = \lambda_1 - \lambda_4 = 0 \quad (式4-18)$$

$$\partial H/\partial \bar{k} = \lambda_1 \alpha A \bar{k}^{\alpha-1} \bar{h}^{\beta} \bar{r}^{\gamma} \frac{1}{s}^{-\alpha-\beta-\gamma} = \rho\lambda_1 - \dot{\lambda}_1 \quad (式4-19)$$

$$\partial H/\partial \bar{h} = \lambda_1 \alpha A \bar{k}^{\alpha} \bar{h}^{\beta-1} \bar{r}^{\gamma} \frac{1}{s}^{-\alpha-\beta-\gamma} = \rho\lambda_2 - \dot{\lambda}_2 \quad (式4-20)$$

$$\partial H/\partial \bar{r} = \lambda_1 \alpha A \bar{k}^{\alpha} \bar{h}^{\beta} \bar{r}^{\gamma-1} \frac{1}{s}^{-\alpha-\beta-\gamma} = \rho\lambda_3 - \dot{\lambda}_3 \quad (式4-21)$$

$$\partial H/\partial \bar{s} = \lambda_1 (1-\alpha-\beta-\gamma) A \bar{k}^{\alpha} \bar{h}^{\beta} \bar{r}^{\gamma} \bar{s}^{-\alpha-\beta-\gamma} = \rho\lambda_4 - \dot{\lambda}_4 \quad (式4-22)$$

$$\lambda_5(\bar{c} - \bar{c}_{mih}) = 0 \quad (式4-23)$$

由于$\bar{c} < \bar{c}_{mih}$，因此要使式（4–23）成立，必有$\lambda_5 = 0$，此时，由式（4–15）至式（4–18）可得：$\bar{c}^{-\theta} = \lambda_1 = \lambda_2 = \lambda_3 = \lambda_4$，将其分别带入式（4–19）至式（4–22）式中，可得式（4–24）与式（4–25）：

$$\frac{h^*}{\beta} = \frac{\bar{r}^*}{\gamma} = \frac{\bar{s}^*}{1-\alpha-\beta-\gamma} \quad (式4-24)$$

$$\bar{c}^{\theta}\omega\left(\frac{\bar{k}^*}{\bar{h}^*}\right)^{1-\alpha} + T\beta\frac{\bar{k}^*}{\bar{h}^*} = T\alpha \quad (式4-25)$$

其中，$T = \mathrm{A}\left(\frac{\gamma}{\beta}\right)^{\gamma}\left(\frac{1-\alpha-\beta-\gamma}{\beta}\right)^{1-\alpha-\beta-\gamma}$，式（4–24）和（4–25）均为本地区每个家庭可持续生计水平最大化的必要条件。

2. 最优的资本组合条件

第一，由式（4–24）可得，在某一时刻，要使得本地区总的可持续生计最大化，即国家重点生态功能区居民的家庭可持续生计水平最大化，三类生计资本均值之间的比值要与其对可持续生计水平的产出弹性相等，即存在式（4–25）：

$$\frac{\bar{h}^*}{\bar{r}^*} = \frac{\beta}{\gamma}，\quad \frac{\bar{h}^*}{\bar{s}^*} = \frac{\beta}{1-\alpha-\beta-\gamma}$$

第二，由式（4–25）可知，国家重点生态功能区居民的家庭物质资本投资和人力资本投资是一个动态变化值，并且随着国家重点生态功能区居民家庭消费的提高，二者之间的比值减小，关系如图 4–1 所示。

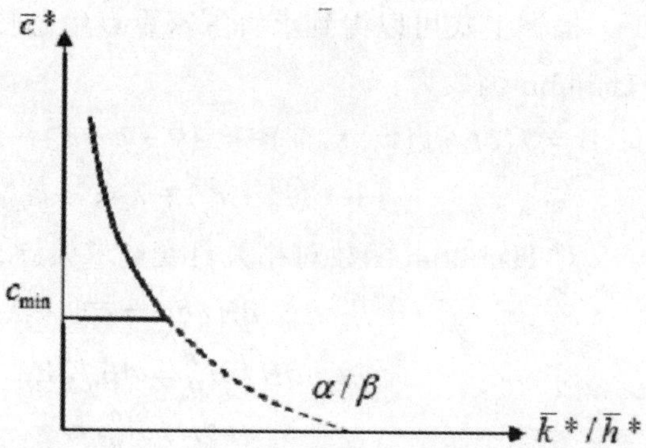

图4–1　物质与人力资本均值比值与消费均值的函数关联

基于上述分析可知，国家重点生态功能区居民家庭人力资本、自然资本和社会资本均值之间互成比例，因此在总的可持续生计最大化时，$\bar{k}^*/\bar{r}^*$、$\bar{k}^*/\bar{s}^*$ 与家庭消费均值也会呈现图 4–1 中的相关关系。

第三，由式（4–25）可以得到，国家重点生态功能区居民可持续生计水平最大时，消费均值的数理表达式为：

$$\bar{c}^* = \left[A\left(\frac{\beta}{\gamma}\right)^{\gamma}\left(\frac{1-\alpha-\beta-\gamma}{\beta}\right)^{1-\alpha-\beta-\gamma}\frac{\alpha-\beta(\bar{k}^*/\bar{h}^*)}{\omega(\bar{k}^*/\bar{h}^*)^{-\alpha}}\right]^{\frac{1}{\theta}} \quad \text{（式4–26）}$$

由式（4–26）可知，可持续生计水平最大化时，国家重点生态功能区居民家庭消费均值是物质资本与人力资本投资之比（$\bar{k}^*/\bar{h}^*$）的减函数。将 $\bar{c}^*$、h^*、$\bar{s}^*$、$\bar{r}^*$带入中，可得国家重点生态功能区居民最大化的可持续生计水平均值为：

$$\mathrm{E}(SL^*) = f(\bar{c}^*) + v(\bar{h}^*,\ \bar{s}^*,\ \bar{r}^*) \quad \text{（式4–27）}$$

由前两部分的分析可知：式（4–27）可改写为如下形式：

$$\mathrm{E}(SL^*) = f\left(\frac{\bar{k}^*}{\bar{h}^*}\right) + v(\bar{h}^*) \quad \text{（式4–28）}$$

若家庭物质资本投资均值为$\bar{k}^*$，当存在 $\bar{h}'$使得 $\bar{k}'>\bar{k}^*$成立时，存在$\bar{c}'>\bar{c}^*$，此时$f\left(\frac{\bar{k}^*}{\bar{h}'}\right) > f\left(\frac{\bar{k}^*}{\bar{h}^*}\right)$，且$v(\bar{h}',\ \bar{s}^*,\ \bar{r}^*) > v(\bar{h}^*,\ \bar{s}^*,\ \bar{r}^*)$，从而$\mathrm{E}(SL')>\mathrm{E}(SL^*)$可持续生计水平增加。若家庭人力资本投资均值为$\bar{h}^*$，当存在$\bar{h}'$ 使得$\bar{k}' > \bar{k}^*$，也即（$\bar{k}'/\bar{h}^*$）>（$\bar{k}^*/\bar{h}^*$）成立时，存在$\bar{c}' > \bar{c}^*$，此时，$f\left(\frac{\bar{k}'}{\bar{h}^*}\right) > f\left(\frac{\bar{k}^*}{\bar{h}^*}\right)$，且$v(\bar{h}^*,\ \bar{s}^*,\ \bar{r}^*)$保持不变，从而 $\mathrm{E}(SL') > \mathrm{E}(SL^*)$，可持续生计水平无法得到进一步的提高。

由此可知，促进可持续生计水平进一步提高的途径是实现生计资本值的整体统一提高，而不是某单一生计资本的提高。根据生计资本组合视角下，国家重点生态功能区居民可持续生计最大化必要条件的讨论，并结合本书的模型设定，可以得到第一个理论推断：对国家重点生态功能区居民可持续生计提升而言，自然资本、物质资本、人力资本、金融资本、社会资本、环境资本和心理资本七类生计资本的合理培育和增值是关键，应及时根据各类生计资本的产出弹性由大到小确定生计资本的增值顺序，七类生计资本的最佳增值比例应和其产出弹性匹配。

二、生态补偿政策对生计资本和可持续生计的影响机制分析

本部分在分析生态补偿政策对生计资本影响之后，分析生态补偿政策对居民可持续生计的直接影响和间接影响，为实证研究提供理论基础。

1. 生态补偿政策对生计资本影响机制分析

生态补偿政策对居民可持续生计的影响途径主要体现在两方面：一是直接对可持续生计的影响，二是通过增殖部分生计资本间接影响可持续生计。在技术手段的推演和影响因素分析方面，我国学者有关生态补偿政策对生计资本影响的研究取得了较为丰硕的前序成果。王立安等（2012）[291] 以甘肃省陇南市武都区为例，分析了生态补偿对贫困地区居民生计能力的影响，结果表明生态补偿能够显著提高金融资本，显著降低社会资本。张丽等（2012）[292]、赵雪雁等（2013）[293] 通过调查退牧还草工程前后甘南黄河水源补给区农户生计资本的变化，分析了生态补偿项目对农户生计的影响，结果表明生态补偿在整体上会增殖生计资本，但对五种传统生计资本的影响存在差异性，可以增殖人力资本、物质资本、金融资本和社会资本，但在一定程度上也会降低自然资本，此外，生态补偿政策对半农半牧区、农区和纯牧区农户的生计资本的影响还存在空间的差异性。陈源泉等（2007）以农户为研究样本，量化了实施生态补偿政策对农户生计资本的影响，结果表明技术补偿对物质资本具有显著的提升作用，物质补偿对物质资本和社会资本也具有显著的提升作用；可以通过优化生态补偿政策充分发挥研究区域的经济优势，提高居民物质资本、人力资本和金融资本水平，带动整体生计资本水平提升[198，294]。郝文渊等（2013）[295] 以藏东南农牧民为调研对象，量化分析了生态补偿政策对可持续生计的影响，结果表明，生态补偿政策可以扩展生计资本五边形，提升农牧民可持续生计水平。张磊磊和支玲（2014）[296] 以丽江市玉龙县农户为研究样本，量化了生态补偿政策对农户生计资本的影响，结果表明生态补偿政策对物质资本和金融资本具有正向影响，对自然资本具有负向影响，对人力资本和社会资本影响不大。

借鉴上述学者的研究和本书有关生态补偿政策和生计资本的设定，有关生态补偿政策对生计资本的影响设定如下：第一，根据国务院出台和改进的《国家重点生态功能区转移支付实施办法》的有关规定，生态补偿政策实施的目的就是保护自然生态环境和提高民生水平，同时根据本书对生态补偿政策和生计

资本的界定，生态补偿政策必然会对物质资本、人力资本、金融资本、自然资本产生影响。第二，本书设定的社会资本主要是从当地居民与亲戚朋友的关系方面进行测度，生态补偿政策基本不会对这一类的生计资本产生影响，因此本书不考虑生态补偿政策对社会资本的影响。第三，现阶段有关生态补偿政策对环境资本和心理资本的专门研究较少，但生态补偿政策会提高公共服务水平和生活便利性以及增强居民心理韧性和主观幸福感的结论已被证实（钟海燕等，2014[297]；徐筱越，乔冠宇，2015[298]；王益彬，张静，2017[299]）。因此，考虑到生态补偿政策会对环境资本和心理资本产生的影响，本书假定生态补偿政策（ec）会对物质资本（P）、人力资本（H）、金融资本（F）、自然资本（N）、环境资本（E）和心理资本（M）产生直接影响，并进一步假定生态补偿政策对生计资本的影响为正，且这种正向的作用在边际上是递减的，即存在：

$\frac{\partial P}{\partial ec}>0$，$\frac{\partial^2 P}{\partial ec^2}>0$；　$\frac{\partial H}{\partial ec}>0$，$\frac{\partial^2 H}{\partial ec^2}>0$；　$\frac{\partial F}{\partial ec}>0$，$\frac{\partial^2 F}{\partial ec^2}>0$；

$\frac{\partial N}{\partial ec}>0$，$\frac{\partial^2 N}{\partial ec^2}>0$；　$\frac{\partial E}{\partial ec}>0$，$\frac{\partial^2 E}{\partial ec^2}>0$；　$\frac{\partial M}{\partial ec}>0$，$\frac{\partial^2 M}{\partial ec^2}>0$

2. 生态补偿政策对可持续生计影响机制分析

文献综述部分已详细综述，这里不再赘述。基于生态补偿政策对可持续生计的直接影响和通过增殖部分生计资本对可持续生计的间接影响，本书构建了生态补偿政策影响居民可持续生计途径的路径示意图，如图 4–2 所示。

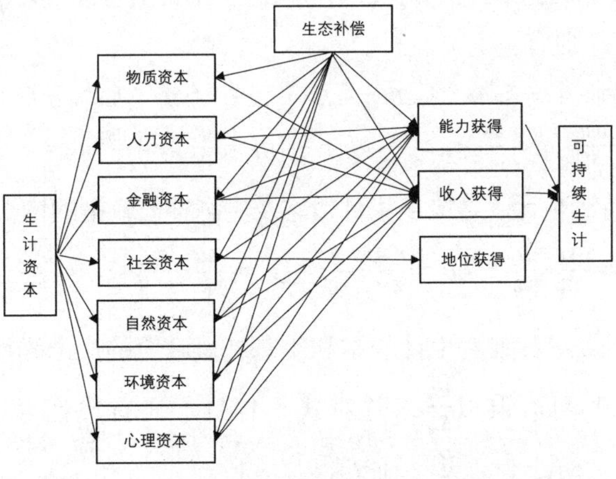

图4–2　生态补偿政策对可持续生计的影响路径示意

基于图 4-2 和生态补偿政策对生计资本影响的理论分析，可将 DFDI 的数理化表达公式进一步改写为：

$$SL = \mathrm{ec} \cdot \mathrm{g}[N(ec),P(ec),H(ec),F(ec),S,E(ec),M(ec)] \quad (式4\text{-}29)$$

假定生计资本、生态补偿政策增加会促进可持续生计水平的提高，但提高程度是递减的，即当N > 0、P > 0、H > 0、F > 0、S > 0、E > 0、M > 0、和 ec > 0 时，存在：

$$\frac{\partial SL}{\partial N}>0,\ \frac{\partial^2 SL}{\partial N^2}>0;\quad \frac{\partial SL}{\partial P}>0,\ \frac{\partial^2 SL}{\partial P^2}>0;\quad \frac{\partial SL}{\partial H}>0,\ \frac{\partial^2 SL}{\partial H^2}>0;$$

$$\frac{\partial SL}{\partial F}>0,\ \frac{\partial^2 SL}{\partial F^2}>0;\quad \frac{\partial SL}{\partial S}>0,\ \frac{\partial^2 SL}{\partial S^2}>0;\quad \frac{\partial SL}{\partial E}>0,\ \frac{\partial^2 SL}{\partial E^2}>0;$$

$$\frac{\partial SL}{\partial M}>0,\ \frac{\partial^2 SL}{\partial M^2}>0;\quad \frac{\partial SL}{\partial ec}>0,\ \frac{\partial^2 SL}{\partial ec^2}>0$$

分别对 SL 求全微分可得：

$$dSL=\frac{\partial SL}{\partial N}\times dN+\frac{\partial SL}{\partial P}\times dP+\frac{\partial SL}{\partial H}\times dH+\frac{\partial SL}{\partial F}\times dF+\frac{\partial SL}{\partial S}\times dS+\frac{\partial SL}{\partial E}\times dE+\frac{\partial SL}{\partial M}\times dM+\frac{\partial SL}{\partial ec}\times dec \quad (式4\text{-}30)$$

$$\frac{\partial SL}{\partial ec}=g+ec\left(\frac{\partial g}{\partial N}\times\frac{dN}{dec}+\frac{\partial g}{\partial P}\times\frac{dP}{dec}+\frac{\partial g}{\partial H}\times\frac{dH}{dec}+\frac{\partial g}{\partial F}\times\frac{dF}{dec}+\frac{\partial g}{\partial E}\times\frac{dE}{dec}+\frac{\partial g}{\partial M}\times\frac{dM}{dec}\right)$$
$$=g+\left(\frac{\partial SL}{\partial N}\times\frac{dN}{dec}+\frac{\partial SL}{\partial P}\times\frac{dP}{dec}+\frac{\partial SL}{\partial H}\times\frac{dH}{dec}+\frac{\partial SL}{\partial F}\times\frac{dF}{dec}+\frac{\partial SL}{\partial E}\times\frac{dE}{dec}+\frac{\partial SL}{\partial M}\times\frac{dM}{dec}\right) \quad (式4\text{-}31)$$

在式（4–30）两边同乘以$\frac{1}{SL}$，并对右边各式分别乘以$\frac{N}{N}$，$\frac{P}{P}$，$\frac{H}{H}$，$\frac{F}{F}$，$\frac{S}{S}$，$\frac{E}{E}$，$\frac{M}{M}$，$\frac{ec}{ec}$，则有：

$$g_{SL}=\xi_N g_N+\xi_P g_P+\xi_H g_H+\xi_F g_F+\xi_S g_S+\xi_E g_E+\xi_M g_M+\xi_{ec} g_{ec} \quad (式4\text{-}32)$$

其中，$g_{SL}=\frac{dSL}{SL}, g_N=\frac{dN}{N}, g_P=\frac{dP}{P}, g_H=\frac{dH}{H}, g_F=\frac{dF}{F}, g_S=\frac{dS}{S}, g_E=\frac{dE}{E}, g_M=\frac{dM}{M}, g_{ec}=\frac{dec}{ec}$，分别表示居民可持续生计、各维度生计资本及生态补偿政策的增长率；$\xi_N=\frac{\partial SL}{\partial N}\cdot\frac{N}{SL}$，$\xi_P=\frac{\partial SL}{\partial P}\cdot\frac{P}{SL}$，$\xi_H=\frac{\partial SL}{\partial H}\cdot\frac{H}{SL}$，$\xi_F=\frac{\partial SL}{\partial F}\cdot\frac{F}{SL}$，$\xi_S=\frac{\partial SL}{\partial S}\cdot\frac{S}{SL}$，$\xi_E=\frac{\partial SL}{\partial E}\cdot\frac{E}{SL}$，$\xi_M=\frac{\partial SL}{\partial M}\cdot\frac{M}{SL}$，$\xi_{ec}=\frac{\partial SL}{\partial ec}\cdot\frac{ec}{SL}$ 分别表示各维度生计资本和生态补偿政策的产出弹性。

对式（4–31）两边乘以$\frac{ec}{SL}$，并对式（4–31）式右边括号中各项分别乘以$\frac{N}{N}$，$\frac{P}{P}$，$\frac{H}{H}$，$\frac{F}{F}$，$\frac{S}{S}$，$\frac{E}{E}$，$\frac{M}{M}$，则有：

$$\xi_{ec}=1+\xi_N\cdot\xi_N^{ec}+\xi_P\cdot\xi_P^{ec}+\xi_H\cdot\xi_H^{ec}+\xi_F\cdot\xi_F^{ec}+\xi_E\cdot\xi_E^{ec}+\xi_M\cdot\xi_M^{ec} \quad \text{（式4-33）}$$

其中，$\xi_N^{ec}=\frac{\partial N}{\partial ec}\cdot\frac{ec}{N}$，$\xi_P^{ec}=\frac{\partial P}{\partial ec}\cdot\frac{ec}{P}$，$\xi_H^{ec}=\frac{\partial H}{\partial ec}\cdot\frac{ec}{H}$，$\xi_F^{ec}=\frac{\partial F}{\partial ec}\cdot\frac{ec}{F}$，$\xi_E^{ec}=\frac{\partial E}{\partial ec}\cdot\frac{ec}{E}$，$\xi_M^{ec}=\frac{\partial M}{\partial ec}\cdot\frac{ec}{M}$，分别表示自然资本、物质资本、人力资本、金融资本、环境资本及心理资本对生态补偿政策的产出弹性。将式（4–33）代入式（4–32）可得：

$$\begin{aligned}g_{SL}&=\xi_N g_N+\xi_P g_P+\xi_H g_H+\xi_F g_F+\xi_S g_S+\xi_E g_E+\xi_M g_M\\&\quad(1+\xi_N\cdot\xi_N^{ec}+\xi_P\cdot\xi_P^{ec}+\xi_H\cdot\xi_H^{ec}+\xi_F\cdot\xi_F^{ec}+\xi_E\cdot\xi_E^{ec}+\xi_M\cdot\xi_M^{ec})g_{ec}\\&=\xi_N(g_N+\xi_N^{ec}\cdot g_{ec})+\xi_P(g_P+\xi_P^{ec}\cdot g_{ec})+\xi_H(g_H+\xi_H^{ec}\cdot g_{ec})+\xi_F(g_F+\xi_F^{ec}\cdot g_{ec})\\&\quad+\xi_E(g_E+\xi_E^{ec}\cdot g_{ec})+\xi_M(g_M+\xi_M^{ec}\cdot g_{ec})+\xi_S g_S+g_{ec}\end{aligned} \quad \text{（式4-34）}$$

从式（4–34）可以看出，自然资本、物质资本、人力资本、金融资本、社会资本、环境资本和心理资本对可持续生计的直接影响分别为$\xi_N g_N$、$\xi_P g_P$、$\xi_H g_H$、$\xi_F g_F$、$\xi_S g_S$、$\xi_E g_E$、$\xi_M g_M$，而生态补偿政策除了对可持续生计有直接影响 g_{ec} 外，还通过影响自然资本、物质资本、人力资本、金融资本、环境资本和心理资本间接对可持续生计产生影响，其大小分别为 $\xi_N\cdot\xi_N^{ec}\cdot g_{ec}$、$\xi_P\cdot\xi_P^{ec}\cdot g_{ec}$、$\xi_H\cdot\xi_H^{ec}\cdot g_{ec}$、$\xi_F\cdot\xi_F^{ec}\cdot g_{ec}$、$\xi_E\cdot\xi_E^{ec}\cdot g_{ec}$、$\xi_M\cdot\xi_M^{ec}\cdot g_{ec}$，因此，可以得到生态补偿政策的间接效应之和为：

$$(\xi_N\cdot\xi_N^{ec}+\xi_P\cdot\xi_P^{ec}+\xi_H\cdot\xi_H^{ec}+\xi_F\cdot\xi_F^{ec}+\xi_E\cdot\xi_E^{ec}+\xi_M\cdot\xi_M^{ec})g_{ec}$$

而生态补偿政策的总效应为：

$$(1+\xi_N\cdot\xi_N^{ec}+\xi_P\cdot\xi_P^{ec}+\xi_H\cdot\xi_H^{ec}+\xi_F\cdot\xi_F^{ec}+\xi_E\cdot\xi_E^{ec}+\xi_M\cdot\xi_M^{ec})g_{ec}$$

最终，可以通过上述分析得到另一个结论。生态补偿政策对居民可持续生计的影响体现在两方面：一是生态补偿政策直接促进居民可持续生计的提升；二是生态补偿政策通过增殖自然资本、物质资本、人力资本、金融资本、环境资本和心理资本间接促进居民可持续生计的提升。

参考文献

[1] Chambers R，Conway G R. Sustainable rural livelihoods：Practical concepts for the 21st century[R]. Ids Brighton，Institute of Development Studies，1992.

[2] 苏芳，徐中民，尚海洋 . 可持续生计分析研究综述 [J]. 地球科学进展，2009，24（1）：61–69.

[3] Ellis F. Household strategies and rural livelihood diversification[J].The Journal of Development Studies，

1998，35（1）：1-38.

[4] 中国社会科学院社会政策研究中心课题组 . 失地农民“生计可持续”对策 [N]. 经济参考报，2004-12-22.

[5]Chambers R. Vulnerability，coping and policy（Editorial Introduction）. IDS Bulletin，1989，20（2）：1-7.

[6]Martha G，杨国安 . 可持续发展研究方法国际进展——脆弱性分析方法与可持续生计方法比较 [J]. 地理科学进展，2003，22（1）：11-21.

[7] 孙九霞，保继刚 . 从缺失到凸显：社区参与旅游发展的研究脉络 [J]. 旅游学刊，2006，2（7）：63-68.

[8] 崔晓明 . 基于可持续生计框架的秦巴山区旅游与社区协同发展研究——以陕西安康市为例 [D]. 西北大学，2018.

[9] 袁梁 . 生态补偿政策、生计资本对可持续生计的影响研究——以陕西秦巴生态功能区为例 [D]. 西北农林科技大学，2018.

[10] 童磊，郑珂，苏飞 . 生计脆弱性概念、分析框架与评价方法 [J]. 地球科学进展，2020（3）：76-84.

[11] 李广东，邱道持，王利平，王平，骆东奇 . 生计资产差异对农户耕地保护补偿模式选择的影响——渝西方山丘陵不同地带样点村的实证分析 [J]. 地理学报，2012，67（4）：504-515.

[12] 张佰林，杨庆媛，苏康传，王兆林，冯应斌 . 基于生计视角的异质性农户转户退耕决策研究 [J]. 地理科学进展，2013，32（2）：170-180.

[13] 蒋依依，宋子千，张敏 . 旅游地生态补偿研究进展与展望 [J]. 资源科学，2013，35（11）：2194-2201.

[14]DFID. Sustainable livelihoods guidance sheets[M]. London：Department for International Development，2000：68-125.

[15]Frankenberger T D，Maxwell M. Operational household livelihood security：a holistic approach for addressing poverty and vulnerability[R].CARE，2000.

[16]Lasse K. The sustainable livelihood approach to poverty reduction[M]. Stockholm：Swedish International Development Cooperation Agency，2001：4298.

[17]Ashley C，Carney D. Sustainable lively hoods：Lessons from early experience[M]. London，Department for International Development UK，1999：125-139.

[18]Krantz L.The sustainable livelihood approach to poverty Reduction[J]. Division for Policy and Socio-Economic Analysis，2001（02）：13-17.

[19] 李小云，董强，饶小龙，赵丽霞 . 农户脆弱性分析方法及其本土化应用 [J]. 中国农村经济，2007（4）：32-39.

[20] 汤青 . 可持续生计的研究现状及未来重点趋向 [J]. 地球科学进展，2015，30（7）：823-833.

[21] 何仁伟，刘邵权，陈国阶，谢芳婷，杨晓佳，梁岚 . 中国农户可持续生计研究进展及趋向 [J]. 地理科学进展，2013，32（4）：657-670.

[22]Scoones I. Sustainable livelihood：a framework for analysis[R]. IDS Working Paper72. Brighton：IDS，1998.

[23] 苏芳，宋妮妮，马静，阚立娜，冯俊华．生态脆弱区居民环境意识的影响因素研究——以甘肃省为例 [J]. 干旱区资源与环境，2020（5）：9–14.

[24] 张一群，杨桂华. 对旅游生态补偿内涵的思考 [J]. 生态学杂志，2012，31（2）：477–482.

[25] 丁士军．深度贫困地区的贫困特征与脱贫道路思考 [J]. 人民论坛，2019（19）：48–54.

[26] 赵延东，罗家德．如何测量社会资本：一个经验研究综述 [J]. 国外社会科学，2005（2）：18–24.

[27] 胡晨成．基于农户生计视角的三峡库区农村土地流转问题研究 [D]. 中国矿业大学，2016.

[28] 章铮．生态环境补偿费的若干基本问题 [M]. 北京：中国环境科学出版社，1995：81–87.

[29] 庄国泰，高鹏，王学军．中国生态环境补偿费的理论与实践 [J]. 中国环境科学，1995（6）：413–418.

[30] 杨光梅，闵庆文，李文华，甄霖中国科学院地理科学与资源研究所．我国生态补偿研究中的科学问题 [J]. 生态学报，2007（10）：4289–4300.

[31] 李文华，刘某承．关于中国生态补偿机制建设的几点思考 [J]. 资源科学，2010，32（5）：791–796.

[32] 罗俊，赵弘，赵燕霞．大城市周边生态抑制型贫困研究综述 [J]. 生态经济，2015，31（10）：34–40.

[33]Westman W.How much is nature' s services worth? [J].Science，1977（197）：960–964.

[34]WRI（World Resources Institute）.World resources：a guide to the global environment [M].Oxford：Oxford University Press，1994，87–90.

[35]Pearce D M，Moran D. The economic value of biodiversity[R].IUCN Cambridge，1994.

[36]Daily G C. What are ecosystem services? [M]//In：Daily G. C.（ed.）。Nature' s seances：societal dependence on natural ecosystems [M].Island Press，Washington，DC，1997：1–10.

[37]Costanza R，Arge R，et al. The value of the world' s ecosystem services and natural capital[J]. Nature，1997（387）：253–260.

[38]Hansen W J，Badger D D.National economic development procedures manual–recreation. Volume 4[J].Evaluating Changes in the Quality of the Recreation Experience，1991.

[39]Wilson M A，Carpenter S R. Economic valuation of freshwater ecosystem services in the United States：1971–1997[J].Ecological Applications，1999，9（3）：772–783.

[40] Samuelson P A. The Pure Theory of public expenditure [J].The Review of Economics and Statistics，1954，36（4）：387–389.

[41]Sandler T，Tschirhart J. Club theory：Thirty years later [J].Public Choice，1997，93（3）：335–355.

[42]Olson M. The logic of collective action [M]（Chen Yu，Guo Yufeng，Li Chongxin，Trans.）Shanghai：Shanghai People' s Publishing House，1994.

[43]Hardin G. The tragedy of the commons [J].Science，1968，162（3859）：1243–1248.

[44]Marshall A. Principles of economics [M]. London：Macmillian，1920.

[45]Pigou A C. The economics of welfare [M].London：Macmillian，1962.

[46]Coase R. The problem of social cost [J].Journal of Law and Economics，1960（13）：1–44.

[47]Williamson E.Markets and hierarchies：analysis and antitrust implications [M].New York：The Free

Press，1975.

[48]Larson J S.Rapid assessment of wetlands：history and application to management [J].Global Wetlands：Old World and New，1994：623–636.

[49] Cuperus R，Canters K J，Piepers A A G. Ecological compensation of the impacts of a road. Preliminary method for the A50 road link（Eindhoven–Oss，The Netherlands）[J].Ecological Engineering，1996，7（4）：327–349.

[50] Allen A 0，Feddema J J. Wetland loss and substitution by the permit program in Southern California，US[J].Environmental Management，1996，20（2）：263–274.

[51]Chomitz K M，Brenes E，Constantion L. Financing environmental services：the Costa Rican experience and its implications [J].The Science of the Total Environmental，1999，240（1–3）：157–169.

[52]Cowell R.Environmental compensation and the mediation of environmental change：making capital out of Cardiff Bay [J].Journal of environmental Planning and Management，2000，43（5）：689–710.

[53]Wunder S. Payments for environmental services：some nuts and bolts[R]. Occasional Paper No. 42.Center for International Forestry Research，Nairobi，Kenya，2005：3–8.

[54]Pagiola S，Areenas A，Platais G.Can payments for environmental services help reduce poverty? An exploration of the issues and the evidence to date from Latin America [J].World Development，2005，33（2）：237–253.

[55]Tonetti S，Mendoza G，Ayward B，etal. A knowledge and assessment guide to support the development of payments arrangements for watershed ecosystem services（PWES）[R].Report prepared for the World Bank Environment Department，2004.

[56]Pagiola，S. Bishop.Landell Mills.Paying for water services in central America：learning from costa rica [M].Londres（RU）.Earth scan.2002：37–61.

[57]Savy C E，Turpie J K. Payments for ecosystem services：a review of existing programmers and payment systems[R].Anchor Environmental Consultants CC，2004.

[58]Engel S，Pagila S，Wunder S. Designing payments for environmental services in theory and practice：an overview of the Issue [J].Ecological Economics，2008，65（4）：663–674.

[59]Pagiola S，Platais G. Payments for environmental services：from theory to practice [M].Washington：World Bank，2007.

[60]Cranford M，Mourato S. Community conservation and a two–stage approach to payments for ecosystem services[J].Ecological Economics，2011，71（15）：89–98.

[61]Clements T，John A，Nielsen K，etal.Payments for biodiversity conservationin the context of weak institution：comparison of three programs from Cambodia [J]. Ecological Economics，2010，69（6）1283–1291.

[62]Von Neumann J，Morgenstern O.Theory of games and ecomomic behavior [M]. Princeton University Press，1944.

[63]Nash J F.Equilibrium Points in N–Person Games [J].Proceedings of the National Academy of Sciences of the United States of America，1950，36（1）：48.

[64]Smith J M.The theory of games and the evolution of animal conflicts [J].Journal of Theoretical Biology，1974，47（1）：209–221.

[65] And S E R, Hammerstein P. Game theory in the ecological context [J}.Annual Review of Ecology & Systematics, 1983, 14 (1): 377–409.

[66]Friedman D.Theory and misbehavior of first–price avctions: comment[J]. American Economic Review, 1992 (82): 1374–1378.

[67]Buckley M, Holl K. Game theory tools for improving ecological restoration outcomes [M].Human Dimensions of Ecological Restoration. Island Press/Center for Resource Economies, 2011: 239–253.

[68]Johnnsson J, Jonzen N. Game theory sheds new light on ecological responsesto current climate changewhen phonology is historically mismatched [J].Ecology Letters, 2012, 15(8): 881–888.

[69]Mcnickle G G, Dybzinski R.Game theory and plant ecology[J].Ecology Letters, 2013, 16 (4): 545–555.

[70]Rees W E. Ecological footprint and appropriated carrying capacity: what urban economics leaves out [J].Environment and Urbanization, 1992, 4 (2): 121–130.

[71]Pham T T, Campbell B M, and Garnett S.Lessons for pro–poor payments for environmental services: an analysis of projects in Vietnam [J].The Asia Pacific Journal of Public Administration, 2009, 31 (2): 117–133.

[72]Munoz–Pina C, Guevara A, Tomes J M, etal. Paying for the hydrological services of Mexico' s forest: analysis, negotiations and results[J]. Ecological Economics, 2008, 65 (4): 725–736.

[73]Kosoy N, Martines–Tuna M, Muradian R, etal. Payments for environmental services in watersheds: Insights from a comparative study of three cases in Central America [J].Ecological Economics, 2007 (61): 446–455.

[74]Plantinga A J, Conservation Alig R, Cheng H. The supply of land for conservation uses: evidence from the reservation reserve programmer[J].Resource, Conservation and Reeyeling, 2001 (31): 199–215.

[75]Johst K, Drechsler M, Watzeld F. An ecological economic modeling procedure to design compensation payments for the efficient spatio temporal allocation of species protection measures [J].Ecological Economics, 2002 (41): 37–49.

[76]Bienabe E, Hearne R R. Public preferences for biodiversity conservation and scenic beauty with in a framework of environmental services payments [J].Forest Policy and Economics, 2006 (9): 335–348.

[77]Arlene J, Amponin R, Ma E, etal. Willingness to pay for watershed protection by domestic water users in Tuguegarao City, Philippines [J]. PREM Working Paper, 2007, No. 07/06. Amsterdam: IES.

[78]Moreno–Sanchez R, Maldonado J H, Wunder S, etal.Heterogeneous users and willingness to pay in an ongoing payment for watershed protection initiative in the Colombian Andes[J].Ecological Economics, 2012, 75 (3): 126–134.

[79]Winkler R. Valuation of ecosystem goods and ices [J].Part 1: An integrated dynamic approach. Ecological Economics, 2006 (59): 82–93.

[80]Van der Veeren, Lorenz C M. Integrated economic–ecological analysis and evaluation of management strategies on nutrient abatement in the Rhine Basin [J].Journal of Environmental Management, 2002 (4): 361–376.

[81]Maxtin J F. Emergy valuation of diversions of river water to marshes in the Mississippi River Delta [J]. Ecological Engineering, 2002 (18): 265–286.

[82] Tognetti，S. Creating incentives for River Basin management as aconservation strategy：A survey of the literature and existing initiatives [J].U. S. World wildlife Fund，Ecoregion Conservation Strategies Unit. Washington，D. C.，U. S. A.，2001.

[83]Scherr S，White A，Khare A， et al. For services rendered. The current status and future potential for the ecosystem services provided by tropical forests [J].Acta Orthopaedica Scandinavica，2004，18（4）：436–476.

[84]Moran D，Mc Vittie A，Allcroft D J，etal.Quantifying public preferences for agri–environmental policy in Scotland：a comparison of methods[J].Ecological Economics，2007，63（1）：42–53.

[85]Falk A，Ichino A . Clean Evidence on Peer Effects[J]. Journal of Labor Economics，2006，24（1）：19.

[86]Wunder S，Engel S，and Pagiola S. Taking Stock：A comparative analysis of payments for environmental services programs in developed and developing countries [J].Ecological Economic，2008，65（5）：834–852.

[87]Blackman A，Woodward R T.User financing in a national payments for environmental services program：Costa Rican Hydropower[J]. Ecological Economic，2010，69（8）：1626–1638.

[88]Vatn A. An institutional analysis of payments for environmental services [J].Ecological Economic，2010，69（6）：1245–1252.

[89]Ansink E; Houba H. Market power in water markets [J].Journal of Environmental Economics and Management; 2011（2）：1–16.

[90]Milne S，Adams B. Market masquerades：Uncovering the polities of community–level payments for environmental services in Cambodia [J].Developmeand Change，2012，43（1）：133–158.

[91]Wunscher T，Engel S.International payments for biodiversity services：review and evaluation of conservation targeting approaches[J].Biological Conservation，2012（152）：222–230.

[92]Garciaa–Amado L R，Perez M R，Ini：esta–Arandia I，etal.Building ties：social capital network analysis of a forest community in a biosphere reserve in Chiapas，Mexico[J].Ecology and Society; 2010，17(3)：23–38.

[93]Persson U M，Alpizar F.Conditonal cash transfers and payments for environmental services：a conceptual frameword for explaining and judging differences inoutcomes [J].World Development，2013,43（3）：124–137.

[94] Herzog F，Dreier S，Hofer G，etal.Effect of ecological compensation areas on floristic and breeding bird diversity in Swiss agricultural land scapes Agriculture Ecosystems and Environment，2005（108）：189–204.

[95]Zbinden S，Lee D R.Paying for environmental services：An analysis of participation in costa rica' s PSA program [J].World Development，2005，33(2)：255–272.

[96]Morris，M O.Integrating local ecological services into intergovernmental fiscal transfers：The case of the ecological ICMS in East England Land Use Policy [J].Ecological Economics，2006(25)：485–497.

[97]Sierra R，Russman E.On the efficiency of environmental service payments：A forest conservation assessment in the Os a Peninsula，Costa Rica [J].Ecological Economics，2006(59)：131–141.

[98]Dietschia R. Public preferences for hiodiversity conservation and scenic beauty with in a framework of

environmental services payments [J].Forest Policy and Economics，2006(9)：335–348.

[99]Alix–Garcia J，Janvry A D，Sadoulet E. The role of deforestation risk and calihrated compensation in designing payments for environmental services[J]. Environment and Development Economics，2008，13（3）：375–394.

[100]Ring I. Integrating local ecological services into intergovernmental fiscal transfers：The case of the ecological ICMS in Brazil [J].Land Use Policy，2008(25)：485–497.

[101] 叶文虎，魏斌，仝川 . 城市生态补偿能力衡量和应用 [J]. 中国环境科学，1998，18（4）：298–301.

[102] 毛显强，钟瑜，张胜 . 生态补偿的理论探讨 [J]. 中国人口・资源与环境，2002，12（4）：38–41.

[103] 吕忠梅 . 超越与保守——可持续发展视野下的环境法创新 [M]. 北京：法律出版社，2003.

[104] 张鸿铭 . 建立生态补偿机制的实践与思考 [J]. 环境保护，2005（2）：41–45.

[105] 张其仔，郭朝先 . 建立和完善生态补偿机制是实现十一五环保目标的重要保证 [J]. 经济研究参考，2006（77）：29–30.

[106] 王金南，万军，张惠远 . 关于我国生态补偿机制与政策的几点认识 [J]. 环境保护，2006（10A）：24–28.

[107] 李磊，杨道波 . 流域生态补偿若干问题研究 [J]. 山东科技大学学报：社会科学版，2006（1）：50–53.

[108] 毛涛 . 中国流域生态补偿制度的法律思考 [J]. 环境污染与防治，2008，30（7）：100–103.

[109] 常杪，部亮 . 流域生态补偿机制研究 [J]. 环境保护，2005(12)：66–68.

[110] 钱水苗，王怀章 . 论流域生态补偿机制的构建——从社会公正的视角 [J]. 中国地质大学学报，2005(9)：80–84.

[111] 周大杰，董文娟，孙丽英，等 . 流域水资源管理中的生态补偿问题研究 [J]. 北京师范大学学报（社会科学版），2005(4)：131–135.

[112] 周映华 . 流域生态补偿及其模式初探 [J]. 四川行政学院学报，2007(6)：82–85.

[113] 马莹，毛程连 . 流域生态补偿的经济内涵及政府功能定位 [J]. 商业研究，2010(8)：127–131.

[114] 赵光洲，陈妍竹 . 我国流域生态补偿机制探讨 [J]. 经济问题探索，2010(1)：6–11.

[115] 朱丹. 我国生态补偿机制构建：模式、逻辑与建议 [J]. 广西社会科学，2016（9）：108–112.

[116] 柳荻，胡振通，靳乐山. 生态保护补偿的分析框架研究综述 [J]. 生态学报，2018，38（2）：380–392.

[117] 王军锋，侯超波. 中国流域生态补偿机制实施框架与补偿模式研究——基于补偿资金来源的视角 [J]. 中国人口・资源与环境，2013（2）：23–29.

[118] 刘薇. 京津冀大气污染市场化生态补偿模式建立研究 [J]. 管理现代化，2015（2）：64–65+120.

[119] 何国梅 . 构建西部全方位生态补偿机制保障国家生态安全 [J]. 贵州财经学院学报，2005（4）：4–9.

[120] 王欧，宋洪远 . 建立农业生态补偿机制的探讨 [J]. 农业经济问题，2005(6)：22–28.

[121] 赵雪雁，李巍，王学良．生态补偿研究中的几个关键问题 [J]. 中国人口·资源与环境，2012，22（2）：1–7.

[122] 刘春腊，龚娟，徐美，刘沛林．文化生态补偿的理论内涵及框架探究 [J]. 经济地理，2019（9）：12–16.

[123] 范明明，李文军．生态补偿理论研究进展及争论——基于生态与社会关系的思考 [J]. 中国人口·资源与环境，2017（3）：130–137.

[124] 欧阳志云，王如松，赵景柱，生态系统服务功能及其生态经济价值评价 [J]. 应用生态学报，1999, 10(5)：635–639.

[125] 李文华，欧阳志云，赵景柱．生态系统服务功能研究 [M]. 北京：气象出版社，2002：10–20.

[126] 姜文来．水资源价值论 [M]. 北京：科学出版社，1999.

[127] 王勇，肖洪浪．基于公共物品理论的中国西北生态脆弱区资源退化分析 [J]. 干旱区资源与环境，2009. 23（5）：37–42.

[128] 谷国锋，黄亮，李洪波，等．基于公共物品理论的生态补偿模式研究 [J]. 商业研究，2010（3）：33–36.

[129] 郑开元，李雪松．基于公共物品理论的农村水环境治理机制研究 [J]. 生态经济（中文版）.2012(3)：162–165.

[130] 贾丽虹．外部性理论及其政策边界 [D]. 华南师范大学，2003.

[131] 王娜娜，武永峰，胡博，等．基于环境保护正外部性视角的我国生态补偿研究进展 [J]. 生态学杂志，2015, 34（11）：3253–3260.

[132] 林建华．基于外部性理论的西部生态环境建设的基本思路 [J]. 西北大学学报（哲学社会科学版）.2006, 36(4)：42–46.

[133] 雷波，姜文来，刘枉．流域水资源配置中水资源使用权的界定及其作用研究 [J]. 水利发展研究，2006, 6(9)：19–23.

[134] 马永喜，王娟丽，王晋．基于生态环境产权界定的流域生态补偿标准研究 [J]. 自然资源学报，2017，32（8）：1325–1336.

[135] 陈作成．新疆重点生态功能区生态补偿经济效应研究 [J]．西南民族大学学报（人文社科版），2015（12）：162–167.

[136] 杨丽温，甄霖，吴松涛．我国生态补偿主客体界定与标准测算方法分析 [J]. 生态经济：学术版，2010（1）：298–302.

[137] 吕志贤，石广明，彭小丽．基于污染物来源的洞庭湖水环境生态补偿主客体研究 [J]. 中国环境管理，2016，8（6）：25–31.

[138] 王爱敏，葛颜祥，接玉梅．水源地保护区生态补偿主客体界定及其利益诉求研究 [J]. 山东农业大学学报（社会科学版），2017，19（3）：35–41.

[139] 戴其文，赵雪雁，徐伟，等．生态补偿对象空间选择的研究进展及展望 [J]. 自然资源学报，2009, 24（10）：1772–1784.

[140] 王清军．生态补偿主体的法律建构 [J]. 中国人口·资源与环境，2009，19（1）：139–145.

[141] 潘佳．政府在我国生态补偿主体关系中的角色及职能 [J]. 西南政法大学学报，2016，18（4）：68–78.

[142] 曲富国，孙宇飞．基于政府间博弈的流域生态补偿机制研究 [J]. 中国人口・资源与环境，2014，24（11）：83–88.

[143] 徐大伟，涂少云，常亮，等．基于演化博弈的流域生态补偿利益冲突分析 [J]. 中国人口・资源与环境，2012，22（2）：8–14.

[144] 胡振华，刘景月，钟美瑞，等．基于演化博弈的跨界流域生态补偿利益均衡分析——以漓江流域为例 [J]. 经济地理，2016，36（6）：42–49.

[145] 高文军，郭根龙，石晓帅．基于演化博弈的流域生态补偿与监管决策研究 [J]. 环境科学与技术，2015，38（1）：183–187.

[146] 李昌峰，张娈英，赵广川，等．基于演化博弈理论的流域生态补偿研究——以太湖流域为例 [J]. 中国人口・资源与环境，2014，24（1）：171–176.

[147] 卢新海，柯善淦．基于生态足迹模型的区域水资源生态补偿量化模型构建——以长江流域为例 [J]. 长江流域资源与环境，2016，25（2）：334–341.

[148] 肖建武，余璐，陈为，等．湖南省区际生态补偿标准核算——基于生态足迹方法 [J]。中南林业科技大学学报（社会科学版），2017，11（1）：27–33.

[149] 杨璐迪，曾晨，焦利民，等．基于生态足迹的武汉城市圈生态承载力评价和生态补偿研究 [J]. 长江流域资源与环境，2017，26（9）：1332–1341.

[150] 肖建红，王敏，于庆东，等．基于生态足迹的大型水电工程建设生态补偿标准评价模型——以三峡工程为例 [J]. 生态学报，2015，35（8）：2725–2740.

[151]CHEN Haiying，HE Linsi，LI Peng，ZENG Xiaohong，YOU Changjiang.Relationship of stakeholders in protected areas and tourism ecological compensation：A case study of sanya coral reef national nature reserve in China[J]. Journal of Resources and Ecology，2018，9（2）：164–173.

[152] 章锦河，张捷，梁明琳，等．九寨沟旅游生态足迹与生态补偿分析 [J]. 自然资源学报，2005，20（5）：735–744.

[153] 汪运波，肖建红．基于生态足迹成分法的海岛型旅游目的地生态补偿标准研究 [J]. 中国人口・资源与环境，2014，24（8）：149–155.

[154] 徐秀美，郑言．基于旅游生态足迹的拉萨乡村旅游地生态补偿标准——以次角林村为例 [J]. 经济地理，2017，37（4）：218–224.

[155] 陈海鹰，杨桂华，曾小红，李鹏，游长江．旅游生态补偿标准：类别构成及核算模型 [J]，旅游科学，2017，31（4）：15–31.

[156] 蔡海生，肖复明，张学玲．基于生态足迹变化的都阳湖自然保护区生态补偿定量分析 [J]. 长江流域资源与环境，2010，19（6）：623.

[157] 傅春，欧阳莹，陈炜．环都阳湖区水足迹的动态变化评价 [J]. 长江流域资源与环境，2011，20（12）：1520–1524.

[158] 潘文俊，曹文志，王飞飞，等．基于水足迹理论的九龙江流域水资源评价 [J]. 资源科学，2012，34（10）：1095–1912.

[159] 邵帅．基于水足迹模型的水资源策略研究 [J]. 科技进步与对策，2013，32（14）：116–119.

[160] 胡小飞，傅春，陈伏生，等．基于水足迹的区域生态补偿标准及时空格局研究 [J]. 长江流域资源与环境，2016，25（9）：1430–1437.

[161] 周晓峰，张洪军．生态系统的服务功能，森林生态系统的服务功能 [M]. 北京：科学出版

社，2002.

[162] 钟瑜，张胜，毛显强 . 退田还湖生态补偿机制研究——以都阳湖区为案例 [J]. 中国人口 · 资源与环境，2002，12（4）：46–50.

[163] 李国平，石涵宇 . 退耕还林生态补偿标准、农户行为选择及损益 [J]. 中国人口 · 资源与环境，2015, 25（5）：152–161.

[164] 沈满洪 . 习近平生态文明体制改革重要论述研究 [J]，浙江大学学报（人文社会科学版），2019（6）：5–15.

[165] 刘玉龙，许凤冉，张春玲，等 . 流域生态补偿标准计算模型研究 [J]. 中国水利，2006（22）：35–38.

[166] 赵云峰 . 跨区域流域生态补偿意愿及其支付行为研究 [[D]. 大连理工大学，2013：53–61.

[167] 代明，刘燕妮，江思莹 . 主体功能区划下的生态补偿标准——基于机会成本和佛冈样域的研究 [J]. 中国人口 · 资源与环境，2013，23（2）：18–22.

[168] 高辉，姚顺波 . 中国三江源地区生态补偿标准研究 [J]. 云南财经大学学报，2014（4）：10–14.

[169] 熊鹰，王克林，蓝万炼，等 . 洞庭湖区湿地恢复的生态补偿效应评估 [J]. 地理学报，2004，59（5）：772–780.

[170] 郑海霞，张陆彪 . 流域生态服务补偿定量标准研究 [J]. 环境保护，2006（1）：42–46.

[171] 马爱慧，蔡银莺，张安录 . 基于选择实验法的耕地生态补偿额度测算 [J]. 自然资源学报，2012，27（7）：1154–1163.

[172] 郭文献，付意成，张龙飞 . 流域生态补偿社会资本模拟 [J]. 中国人口 · 资源与环境，2014，24（7）：18–22.

[173] 周晨，李国平 . 流域生态补偿的支付意愿及影响因素——以南水北调中线工程受水区郑州市为例 [J]. 经济地理，2015，35（6）：38–46.

[174] 李长健，孙富博，黄彦臣 . 基于 CVM 的长江流域居民水资源利用受偿意愿调查分析 [J]. 中国人口 · 资源与环境，2017，27（6）：110–118.

[175] 洪尚群，马丕京，郭慧光 . 生态补偿制度的探索 [J]. 环境科学与技术，2001（5）：40–43.

[176] 金蓉，石培基，王雪平 . 黑河流域生态补偿机制及效益评估研究 [J]. 人民黄河，2005，27（7）：4–7.

[177] 吴晓青，驼正阳，杨春明，等 . 我国保护区生态补偿机制的探讨 [J]. 国土资源科技管理，2002（2）：18–21.

[178] 鲍锋，孙虎，延军平 . 森林主导生态价值评估及生态补偿初探 [J]. 水土保持通报，2005，25（6）：101–104.

[179] 冯晓森，石培基，于江海 . 西部生态补偿额度的估算方法及指标体系初探 [J]. 甘肃科技，2006, 22（4）：4–7.

[180] 顾岗，陆根法，蔡邦成 . 南水北调东线水源地保护区建设的区际生态补偿研究 [J]. 生态经济，2006（2）：43–45.

[181] 李怀恩，庞敏，肖燕，等 . 基于水资源价值的陕西水源区生态补偿量研究 [J]. 西北大学学报（自然科学版），2010，40（1）：149–154.

[182] 魏楚，沈满洪 . 基于污染权角度的流域生态补偿模型及应用 [J]. 中国人口 · 资源与环境，

2011，21（6）：135–141.

[183] 王家齐，郑宾国，刘群，等 . 红枫湖流域生态补偿断面水质监测与补偿额测算 [J]. 环境科学，2012，31（6）：917–918.

[184] 万军，张惠远，王金南，等 . 中国生态补偿政策评估与框架初探 [J]. 环境科学研究，2005，18（2）：1–8.

[185] 王军锋，侯超波，闫勇 . 政府主导型流域生态补偿机制研究——对子牙河流域生态补偿机制的思考 [J]. 中国人口・资源与环境，2011，21（7）：101–106.

[186] 付意成 . 流域治理修复型水生态补偿研究 [D]. 中国水利水电科学研究院，2013：7.

[187] 李小云，靳乐山，左停，等 . 生态补偿机制：市场与政府的作用 [M]. 北京：社会科学文献出版社，2007.

[188] 葛颜祥，吴菲菲，王蓓蓓，梁丽娟 . 流域生态补偿：政府补偿与市场补偿比较与选择 [J]. 山东农业大学学报（社会科学版），2007（4）：48–53+125–126.

[189] 陈自娟，施本植 . 以水环境承载力为基础的流域生态补偿准市场化模式研究 [J]. 青海社会科学，2016（5）：70–76.

[190] 肖加元，潘安 . 基于水污染权交易的流域生态补偿研究 [J]. 中国人口・资源与环境，2016，26（7）：18–26.

[191] 尤艳馨 . 我国国家生态补偿体系研究 [D]. 河北工业大学，2007：59–60.

[192] 耿言虎 . 跨社区生态补偿机制的实践困境与构建策略 [J]. 河海大学学报（ 哲学社会科学版），2018，20（3）：57–63.

[193] 谭秋成 . 关于生态补偿标准和机制 [J]. 中国人口・资源与环境，2009，19（6）：1–6.

[194] 吴萍，栗明 . 社区参与生态补偿探析 [J]. 江西社会科学，2010（10）：172–175.

[195] 高玫 . 流域生态补偿模式比较与选择 [J]. 江西社会科学，2013（11）：44–48.

[196] 杜万平 . 完善西部区域生态补偿机制的建议 [J]. 中国人口・资源与环境，2001（3）：119–120.

[197] 苏芳，尚海洋 . 生态补偿方式对农户生计策略的影响 [J]. 干旱区资源与环境，2013，27（2）：58–63.

[198] 王青瑶，马永双 . 湿地生态补偿方式探讨 [J]. 林业资源管理，2014（3）：27–32.

[199] 苏明，刘军民 . 推进甘肃省生态补偿的财政转移支付机制创新 [J]. 财会研究，2013（4）：5–11.

[200] 邓晓兰，黄显林，杨秀 . 积极探索建立生态补偿横向转移支付制度 [J]. 经济纵横，2013（10）：47–51.

[201] 杨晓萌 . 中国生态补偿与横向转移支付制度的建立 [J]. 财政研究，2013（3）：19–23.

[202] 杨中文，刘虹利，许新宜，等 . 水生态补偿财政转移支付制度设计 [J]. 北京师范大学学报（自然科学版），2013（11）：326–332.

[203] 秦尊文，陈丽媛 . 推进长江中游城市群生态文明建设一体化 [J]. 理论月刊，2014（9）：5–9.

[204] 王金南，刘桂环，文一惠 . 以横向生态保护补偿促进改善流域水环境质量——《关于加快建立流域上下游横向生态保护补偿机制的指导意见》解读 [J]. 环境保护，2017，7（45）：14–18.

[205] 吴学灿，洪尚群，李凤歧 . 生态补偿的评价 [J]. 资源开发与市场，2005，21（6）：534–

535.

[206] 喻光明，鲁迪，林小薇，等 . 土地整理规划中的自然生态补偿评价方法探讨 [J]. 生态环境，2008，17（4）：1702–1706.

[207] 孙思微 . 基于 AHP 法的农业生态补偿政策绩效评估机制研究 [J]. 经济视角，2011（5）：177–178.

[208] 郭玮，李炜 . 基于多元统计分析的生态补偿转移支付效果评价 [J]. 经济问题，2014（11）：92–97.

[209] 邓远建，肖锐，严立东 . 绿色农业产地环境的生态补偿政策绩效评价 [J]. 中国人口 · 资源与环境，2015, 25（1）：120–126.

[210] 陈磊，李际平，唐宪等 . 三亚市生态补偿区森林生态评 [J]. 林业资源管理，2016（3）：92–97.

[211] 马庆华，杜鹏飞 . 新安江流域生态补偿政策效果评价研究 [J]. 中国环境管理，2015, 7（3）：63–70.

[212] 佟长福，李和平，郭永瑞，等 . 基于 DPSIR 模型的农业节水生态补偿机制评价研究——以甘肃省酒泉地区为例 [J]. 中国农学通报，2017，33（21）：160–164.

[213] 徐大伟，李斌 . 基于倾向值匹配法的区域生态补偿绩效评估研究 [J]. 中国人口 · 资源与环境，2015, 25（3）：34–42.

[214] 张涛，成金华 . 湖北省重点生态功能区生态补偿绩效评价 [J]. 中国国土资源经济，2017，30（5）：37–41.

[215] 岳思羽 . 汉江流域生态补偿效益的评价研究 [J]. 环境科学导刊，2012，31（2）：42–45.

[216] 虞慧怡，许志华，曾贤刚 . 生态补偿绩效及其影响因素研究进展 [J]. 生态经济（中文版），2016，32（8）：170–174.

[217] 石英华，程瑜，闫嘉韬，等 . 流域水污染防治投资绩效评估研究 [J]. 经济研究参考，2011（8）：45–56.

[218] 陈祥有 . 我国生态补偿资金的财政绩效评估 [J]. 中南财经政法大学学报，2014（3）：66–71.

[219] 申开丽，王晓艺，林广，等 . 生态屏障地区的生态补偿资金绩效评估研究 [J]，环境保护科学 .2017. 43（6）：71–77.

[220] 杨晓晨 . 生态补偿资金绩效审计评价指标体系构建 [J]. 商业会计，2017（8）：73–75.

[221] 李波 . 广州市森林生态效益补偿专项资金第三方绩效评价 [J]. 广西大学学报（哲学社会科学版），2016，38（5）：116–124.

[222] 李晓燕，黄宇帆 . 污染足迹视角下区域生态补偿标准研究 [J]. 华北水利水电大学学报（社会科学版），2020（1）：19–25.

[223] 谢高地，鲁春霞，成升魁．全球生态系统服务价值评估研究进展 [J]. 资源科学，2001（6）：5–9.

[224] 余波，彭燕梅．基于生态足迹法的云南省禁止开发区生态补偿标准研究 [J]. 安徽农学通报，2017, 23（10）：24–26.

[225] 吴晓青，洪尚群，段昌群．区际生态补偿机制是区域间协调发展的关键 [J]．长江流域资源与环境，2003（1）：13–16.

[226] 耿翔燕，葛颜祥．生态补偿式扶贫及其运行机制研究 [J]. 贵州社会科学，2017（4）：149-153.

[227] 耿翔燕，葛颜祥，王爱敏．水源地生态补偿综合效益评价研究：以山东省云蒙湖为例 [J]. 农业经济问题，2017，38（4）：93-101+112.

[228] 陈传明．福建武夷山国家级自然保护区生态补偿机制研究 [J]. 地理科学，2011，31（5）：594-599.

[229] 孟召宜，朱传耿，渠爱雪．我国主体功能区生态补偿思路研究 [J]. 中国人口·资源与环境，2008（2）：139-144.

[230] 谷学明，曹洋，赵卉卉．主体功能区生态补偿标准研究 [J]．水利经济，2011，29（4）：28-32+72.

[231] 樊辉，赵敏娟，史恒通．选择实验法视角的生态补偿意愿差异研究：以石羊河流域为例 [J]. 干旱区资源与环境，2016，30（10）：65-69.

[232] 郑德凤，臧正，苏琳．基于突变级数法的吉林省生态补偿标准核算 [J]. 生态与农村环境学报，2013，29（4）：537-540.

[233] 乔蕻强，程文仕，刘学录．基于条件价值评估法的农业生态补偿意愿及支付水平评估：以甘肃省永登县为例 [J]. 水土保持通报，2016，36（4）：291-297.

[234] 胡振通，柳荻，孔德帅．基于机会成本法的草原生态补偿中禁牧补助标准的估算 [J]. 干旱区资源与环境，2017，31（2）：63-68.

[235] 赵海霞，徐颂军．基于污染足迹的区域内生态补偿标准研究：以广州市为例 [J]．华南师范大学学报（自然科学版），2015，47（4）：116-121.

[236] 焦雯珺，闵庆文，成升魁．污染足迹及其在区域水污染压力评估中的应用：以太湖流域上游湖州市为例 [J]．生态学报，2011，31（19）：5599-5606.

[237] 靳乐山．中国生态补偿实践的法律规则需求 [J]. 北京航空航天大学学报（社会科学版），2019（6）：6-7.

[238] 张成福，聂国良．环境正义与可持续性公共治理 [J]. 行政论坛，2019，26（1）：93-100.

[239] 湖北省人民政府．关于建立健全生态保护补偿机制的实施意见 [EB/OL].（2018-02-12）[2019-06-30].http：//www.hubei.gov.cn/govfile/ezbf/201803/t20180306_1259441.shtml.

[240] 杨璐迪，曾晨，焦利民．基于生态足迹的武汉城市圈生态承载力评价和生态补偿研究 [J]. 长江流域资源与环境，2017，26（9）：1332-1341.

[241]Beh E，Tran D，Hudson I. A reformulation of the aggregate association index using the odds ratio[J]. Computational Statistics & Data Analysis，2013（68）：52-65.

[242] 陈强．高级计量经济学及 Stata 运用 [M]. 2 版，北京：高等教育出版社，2014.

[243] 莫延芬．生态旅游中的社区利益补偿机制研究——以大山包国家级自然保护区为例 [J]. 重庆理工大学学报（社会科学版），2010，24（12）：49-53+58.

[244] 吴耀宇．浅论盐城海滨湿地自然保护区旅游生态补偿机制的构建 [J]. 特区经济，2011，265（2）：167-168.

[245] 杨桂华，张一群．自然遗产地旅游开发造血式生态补偿研究 [J]. 旅游学刊，2012，27（5）：8-9.

[246] 李淑娟，高宁．旅游生态补偿研究现状及趋势 [J]. 生态学杂志，2018，37（8）：2515-

2523.

[247]Thurn V P. As certaining the costs to forestry arising from tourism, and methods of compensation[J].Wald und Holz, 1970（52）: 138–45.

[248]Johst K, Drechsler M, Wtzoldb F. An ecological–economic modelling procedure to design ompensation payments for the efficient spatio–temporal allocation of species protection measures[J]. Ecological Economics, 2002（41）: 37–49.

[249]Min W, Feng LC. The institutional guarantee of ecotourism resources value compensation mechanism[J].Applied Mechanics and Materials, 2013（291）: 1467–1470.

[250]Cao H. Evolution mechanism of ecological compensation and its stable strategy research[J]. Information Management, 2013（2）54–57.

[251]Bos M, Pressey R L, Stoeckl N. Effective marine offsets for the Great Barrier R eef World Heritage Area[J].Environmental Science & Policy, 2014（42）: 1–15.

[252]Ortiz R A, Seroa da Motta R .Costs and perceptions conditioning willingness to accept payments for ecosystem services in a Brazilian case[J].Ecological Economics, 2018（147）: 333–342.

[253] 张理英，薛跃规．生态旅游开发中生态补偿机制初探——阳朔龙颈河案例研究 [J]. 桂林旅游高等专科学校学报，2007，18（2）：231–234.

[254] 米姗姗，阎友兵．试论生态旅游与生态补偿机制的构建 [J]. 企业家天地下半月刊（理论版），2007，299（1）：18–19.

[255] 马勇，胡孝平．鄂西生态文化旅游圈生态补偿模式创新对策研究 [J]．湖北社会科学，2010a，332（10）：73–76.

[256] 马勇，胡孝平．神农架旅游生态补偿实施系统构建 [J]. 人文地理，2010b，25（6）：120–124.

[257] 易艳．森林旅游资源开发中的外部环境成本补偿机制研究 [J]. 旅游论坛，2011，4（2）：37–40.

[258] 李静，黄远水．都市自然遗产旅游资源的生态补偿机制研究 [J]. 乐山师范学院学报，2010，25（12）：57–61.

[259] 连坤，叶琪 . 自然景区生态补偿相关利益主体博弈分析——基于福建永泰青云山景区实地调查 [J]. 四川旅游学院学报，2018，135（2）：77–81.

[260] 吴耀宇 . 浅论盐城海滨湿地自然保护区旅游生态补偿机制的构建 [J]．特区经济，2011，265（2）：167–168.

[261] 胡孝平，马勇，史万震．基于旅游产业发展视角的生态补偿模式创新研究 [J]．江苏商论，2011，318（4）：129–131.

[262]Levrel H, Pioch S, Spieler R. Compensatory mitigation in marine ecosystems: Which indicators for assessing the "no net loss" goal of ecosystem services and ecological functions?[J]. Marine Policy, 2012（36）: 1202–1210.

[263] 刘敏，刘春凤，胡中州．旅游生态补偿：内涵探讨与科学问题 [J]. 旅游学刊，2013，28（2）：52–59.

[264] 李宁 . 长江中游城市群流域生态补偿机制研究 [D]. 武汉大学出版社，2018.

[265]Hemson G, Maclennan S, Mills G, et al.Community, lions, livestock and money: A spatial

and social analysis of attitudes to wildlife and the conservation value of tourism in a human-carnivore conflict in Botswana[J].Biological Conservation，2009（142）：2718-2725.

[266]Nyaupane G P，Poudel S.Linkages among biodiversity，livelihood，and tourism[J]. Annals of Tourism R esearch，2011（38）：1344-1366.

[267] 张奥佳，程占红. 中国旅游生态补偿研究现状与展望 [J]. 资源开发与市场，2016，32（2）：226-229.

[268] 胡欢，章锦河，刘泽华，等. 国家公园游客旅游生态补偿支付意愿及影响因素研究——以黄山风景区为例 [J]. 长江流域资源与环境，2017，26（12）：2012-2022.

[269] 章锦河，汤国荣，胡欢，于鹏，赵琳 . 文化全球化背景下地理学视角的文化间性研究 [J]，地理研究，2018（10）：2011-2023.

[270] 戴其文，徐伟，肖刚. 基于游客视角的城市旅游生态补偿分析 [J]. 城市问题，2015，234（1）：41-48.

[271]Ohl C，Drechsler M，Johst K，etal.Compensation payments for habitat heterogeneity：Existence，efficiency，and fairness considerations[J]，Ecological Economics，2008（67）：162-174.

[272]Wu F F，Ge Y X，Wang B B. Study on mechanism of ecological compensation of tourism industry to industries on upper reaches[J].Research of Agricultural Modernization，2009（30）：683-687.

[273]Belote RT，Prisley S，Jones R H，etal. Forest productivity and tree diversity relationships depend on ecological context within mid-Atlantic and Appalachian forests（USA）[J]. Forest Ecology and Management，2011（261）：1315-1324.

[274]Jeanneret P，Schüpbach B，Pfiffner L，etal.The Swiss agri-environmental programme and its effects on selected biodiversity indicators[J].Journal for Nature Conservation，2003（11）：213-220.

[275]Wang P，Poe GL，Wolf SA. Wolf，payments for ecosystem services and wealth distribution[J]. Ecological Economics，2017（132）：63-68.

[276] 陆大道 . 建设经济带是经济发展布局的最佳选择 [J]. 地理科学，2014（7）：1.

[277] 徐红罡，唐香姐 . 流动性视角下打工旅游者行为特征研究——以大理古城为例 [J]. 人文地理，2015（4）：129-134.

[278] 保继刚 . 理论—实践—再理论—再实践 [J]. 旅游学刊，2017（12）：3-4.

[279] 吴必虎 . 中国乡村发展的三重困境 [J]. 中国乡村发现，2017（4）：38-45.

[280] 武春友，陈兴红，匡海波 . 基于 Rough-DEMATEL 的企业绿色增长模式影响因素识别 [J]. 管理评论，2014（8）：74-81.

[281] 赵磊，张晨 . 旅游业会影响城镇化经济增长效应吗 ?——基于中国的实证检验 [J]. 旅游学刊，2017（10）：57-66.

[282] 黄震方，孙黄平，徐冬冬，施雪莹，刘欢，谭林胶，葛军莲 . 泛长三角城市群城镇化与生态环境耦合的空间特征与驱动机制 [J]. 经济地理，2017（2）：163-170+186.

[283] 张政，孙博文 . 湖北汉江生态经济带绿色增长效率的影响机制与实证研究——基于经济—社会—环境—创新子系统的视角 [J]. 生态经济，2018（9）：67-74.

[284] 季建林 . 执政成本与穷人有产论 [J]. 中国党政干部论坛，2006（12）：29-31.

[285] 迈克尔 · 谢若登 . 美国及世界各地的资产建设 [J]. 山东大学学报（哲学社会科学版），2005（1）：23-29.

[286]Chambers R，Conway G R. Sustainable rural livelihoods：practical concepts for the 21st century[R]. IDS Discussion Paper 296，2020.

[287]Calvo C. Vulnerability to multidimensional poverty：peru，1998—2002[J]. World Development，2008，36（6）：1011–1020.

[288]Azeem M M，Mugera A W，Schilizzi S . Vulnerability to multi–dimensional poverty：an empirical comparison of alternative measurement approaches[J]. Journal of Development Studies，2017，54（2）：1–25.

[289] 黄进 . 资本建设：农民工政策范式的新走向 [J]. 农村经济，2009（6）：117–120.

[290] 迈克尔 · 谢若登 . 资产与穷人 [M]. 北京：商务印书馆，2005.

[291] 王立安，刘升，钟方雷 . 生态补偿对贫困农户生计能力影响的定量分析 [J]. 农村经济，2012（11）：99–103.

[292] 张丽，赵雪雁，侯成成，江进德 . 生态补偿对农户生计资本的影响——以甘南黄河水源补给区为例 [J]. 冰川冻土，2012，34（1）：186–195.

[293] 赵雪雁，张丽，江进德，侯成成 . 生态补偿对农户生计的影响——以甘南黄河水源补给区为例 [J]. 地理研究，2013，32（3）：531–542.

[294] 陈源泉，高旺盛 . 基于生态经济学理论与方法的生态补偿量化研究 [J]. 系统工程理论与实践，2007，27（4）：165–170.

[295] 郝文渊，尼玛曲珍，张小龙，曲珍拉姆 . 西藏农业可持续发展研究 [J]. 冰川冻土，2012，26（9）：10–11.

[296] 张磊磊，支玲 . 生态补偿对农户生计资本影响的定量分析——以云南省丽江市玉龙县为例 [J]. 森林工程，2014，30（5）：175–180.

[297] 海燕，韩琳玉，陈彦如 . 公共服务均等化与川、甘、青结合部藏区绿色包容性发展 [J]. 民族学刊，2014，5（6）：18–25.

[298] 徐筱越，乔冠宇 . 西部主体功能区生态补偿的均等化财政转移支付研究——以广西北部湾经济区三区县为例 [J]. 广西财经学院学报，2015，28（6）：42–45.

[299] 王益彬，张静 . 心理资本视角下贫困户心理脱贫对策研究 [J]. 现代交际，2017（24）：68–69.

[300] 杨晓军 . 城市公共服务质量对人口流动的影响 [J]. 中国人口科学，2017（2）：104–114+128.

第三篇　国际比较

“到 2020 年，构建起由自然资源资产产权制度、国土空间开发保护制度、空间规划体系、资源总量管理和全面节约制度、资源有偿使用和生态补偿制度、环境治理体系、环境治理和生态保护市场体系、生态文明绩效评价考核和责任追究制八项制度构成的产权清晰、多元参与、激励约束并重、系统完整的生态文明制度体系，推进生态文明领域国家治理体系和治理能力现代化，努力走向社会主义生态文明新时代。”这是我国在生态文明领域擘画的清晰时代蓝图。

他山之石可以攻玉。在第三篇，本书首先对旅游生态补偿的国际典型案例展开比较分析，希冀通过对全球代表性案例的梳理与整理，明晰中国与海外实践的异同。其次，本书在对中国生态补偿演进、中国生态补偿总体评价及中国生态补偿实施局限的综合分析、研判的基础上，深入分析了国内实践的得失经验。在国际比较和国内分析的过程中，读者可以直观且全面地了解旅游生态补偿的实践成果。

第五章　旅游生态补偿的国际典型案例

一、美国国家公园体系与“保护储备”计划

美国生态补偿肇自国家公园（United States National Parks）体系。美国国家公园是美国的自然保护区体系，亦是全球国家公园模式的起源地。国家公园体系是美国最宝贵的历史遗产，作为美国人的公共财产得到了规范且妥善的管理。美国利用国家公园保护国家的自然、文化和历史遗产，并让全世界通过这个视窗了解美国的壮丽风貌、自然和历史财富及国家的荣辱忧欢。在美国，所有国家公园管理机构都是联邦政府的非营利机构，专注于资源的保护和管理。究其资金来源，美国国家公园的资金来源分为三部分：国会拨款、门票收入和商业收入[1]。其中，国会拨款在总运营资金中的比例超过 90%；门票收入在公园预算中的比例非常低，主要用于环境和资源保护建设及环保宣传教育等，实行收支两条线的资金管理制度；商业收入主要指国家公园管理局对在国家公园内开展的商业性活动如摄影、电影拍摄、声音录制及特许经营活动等收取的费用。门票收入和商业收入的 80% 留给公园自主支配，其余 20% 用于支持整个国家公园系统的活动。1965 年颁布的《特许经营法案》（Concession Policies Act）规定了国家公园要在保护生态旅游资源的前提下进行授权经营，并规范经营企业的行为。法案指出，保护国家公园资源的价值，需要对其中的公共住宿、娱乐设施和服务设施等进行严格的控制，以防止无管制、随意地使用这些设施[2]。不过，受制于特朗普政府的改革，2020 年，美国财政用于国家公园的保护、科研和管理的预算为 27.4 亿美元，较 2019 年和 2018 年预算分别减少 5 亿美元和 7 亿美元[3]。

极负盛名的黄石国家公园是世界首个国家公园，于 1872 年建立。黄石国家公园地处“美洲脊梁”的落基山脉，位于美国中西部怀俄明州的西北角，并向西北方向延伸到爱达荷州和蒙大拿州。黄石国家公园大约 96% 的占地面积位于怀俄明州内，另外 3% 与 1% 分别隶属于蒙大拿州和爱达荷州。公园从北到南 101 公里，从西到东 87 公里，占地约 898317 公顷，面积比罗德岛州或特拉华州都要大。公园的自然地貌中，河流和湖泊占了土地面积的 5%。海拔约

2357 米的黄石湖是北美最大的高海拔湖泊，亦是公园内最大的水体。黄石湖占地 35220 公顷，水深达 120 米，并拥有长达 180 公里的湖岸线。此外，公园 80% 的土地面积被森林覆盖，剩下的区域大部分是草地。在管办分离的原则下，以黄石公园为代表的美国国家公园系统实行严格的特许经营制度。管理机构专注于资源的保护与管理，只管理、不经营。换言之，黄石国家公园的运转主要依靠财政拨款。保护运营资金主要源于国家财政拨款，仅小部分来源于私人或财团捐赠、门票收入及特许经营费等。由于公园内部没有居民，不存在社区参与的问题，管理机构也不承担发展社区经济的职能。公园内的住宿、餐饮和娱乐等商业设施严格按照规划建设，通过特许经营的方式经营。

在美国国家公园的生态补偿实践中，非营利性组织的贡献不可小觑。以著名的德尔塔水禽协会承包沼泽地计划为蓝本，非营利性组织提供的经费成为除政府经费外的重要补充，为生态涵养和生态保护奠定了相对扎实的物质基础。德尔塔水禽协会是美国的一个私人性质的非营利性组织，主要致力于保护北美野鸭。1991 年，协会开始了一项创新计划——让动物爱好者和环境保护人士承包沼泽地。协会认为，只有使农场主有积极性保留沼泽地，才能使野鸭得到生存。这项计划由该协会与农场主约定，以支付租金的形式让动物爱好者和环境保护人士承包农场主私有土地中的沼泽地，从而保护沼泽地周围的巢穴，使野鸭繁殖增长。按照规定，承包人按每年每公顷约 17 美元付给农场主沼泽地保护费，同时还需支付 74 美元的野鸭栖息地修复费。合同约定的支付方式是按照野鸭的产量来定额，这样就给了农场主保护沼泽地，特别是野鸭巢穴的动力。这一项目在执行 4 年后取得了令人惊叹的效果，承包点的数量从 1991 年的 40 个增加迅速扩容至 1994 年的 1400 个，农场主土地上的沼泽为各种野鸭提供了安全的栖息地，这些地区很快恢复为北美的野鸭产地。追本溯源地看，这一案例并不是严格意义上的公共支付，之所以把它列入这一范畴，主要是因为德尔塔水禽协会并不是保护沼泽地的直接利益相关者，它实际上是一个公共利益的代言人，承担了部分政府应当承担的责任。

在政府层面，美国生态补偿实践不得不提“保护储备计划”（CRP）。保护储备计划作为全美最庞大、执行最彻底的生态补偿计划，是推进全美水土保持、环境保护、农业可持续发展等一揽子生态补偿措施的总称。保护储备计划以农业生产中的土地休耕为主要载体，提供以年度租金、特定活动的激励金以及在农耕土地种植被批准的保护层的成本补贴为主要物质补偿形式，运作过程分为国家层次、州层次和土地所有者层次[4]。在国家层面上，保护储备计划由农业服务局负责实施，保护储备计划的全部政策也由农业服务局根据计划运行情况进行统筹制定。在农民租金、管理招投标选择、保护成本的支付和共享等核心环节，美国的一个可资借鉴的做法是引入由自然资源保护服务机构为代表的第三方技术支持机构，对所申请的土壤的自然状况和侵蚀状况是否符合进入保护储备计划的要求进行甄别研判，并应农民的要求帮助农民制订工作计划并实施保护措施，检查土地保护层的进展情况。此外，积极联合联邦政府、高校科研单位，将生态补偿进程中的相关业务机构（如州合作研究机构和教育推广服务机构、森林服务机构、美国鱼类和野生动物服务机构）纳入利益相关者视域，以资金支持捆绑的形式一并提供教育和推广服务、技术援助和实施保护储备计划的专业知识。在州政府层面，农业服务局和自然资源保护服务机构在各州和地方办公室均设有办公机构（办公室），负责实施有关土地休耕保护计划。在州一级层面，农业服务局与州政府联合成立了州技术委员会，专司负责为农民是否参与土地休耕计划提供专业、客观、精准的指导规划工作。此外，由地方选举产生的县农业委员会和水土保持区对保护计划在县级水平的实施提供支持，有时水土保持区直接雇用工作人员参与保护计划的工作。在土地所有者层面，土地所有者和农场经营者通过提供用来休耕的特定土地来参与保护储备计划。选自十余年前 2002 年 1 月的数据，全美保护储备计划登记的土地有 1363.8 万公顷，有超过 37 万农民的 56 万多份的合同有效，每年的租金大约为 15 亿美元，每英亩的平均租金是 47 美元。保护储备计划土地面积的约 60% 用于种草，16% 用于种树或为野生物种的木科植物，5% 作为湿地恢复。

以土地休耕实施为主的“保护储备”计划为美国生态补偿的贯彻执行提供了可资借鉴的经验参考。具言之，以下五方面的关键节点保障了美国国家生态补偿方案的切实可循。

一是客观的确定保护空间域。为实现多重环境目标并加强成本最大效益化，由美国农业部牵头制定了评估所申报的每块土地的环境属性的“环境收益指数”。在农业部下辖的农业服务局执行过程中，其标准也一并进行了量化，主要包括下述七项内容：地下水质的改善；地表水质改进；土壤生产力的持续性；水质危机认定区域内的土地面积；植树土地覆盖面积；对实施保护储备计划有潜在问题的利益相关者的援助；由国会指定的保护优先区域内的土地面积。

二是以政府为主体获得租用权力。在对农场经营者的生态补偿过程中，美国经验是对停止利用土地进行农作物生产农户给予直接的物质补偿，通过对机会成本的经济补偿以调动农场经营者参与美国土地休耕计划积极性。某种程度上，若是没有以物质补偿为基础的方案，并且没有管制利用土地进行农作物生产的法律规定，基本不可能出现农场经营者参与土地休耕的活动。所以，政府与土地所有者就最高可接受租金进行谈判作为补偿的标准的实施方案自 1985 年就被批准施行了。

三是精准的合同条款设置。一个生态补偿过程中的共性问题是，政府在购买农场经营主精耕生产的权利的过程中，购买周期应如何界定？如何精准地实现环境脆弱土地的休耕？在美国保护储备计划实施的细则中，精准多样的条款设置为不同情境下的补偿方案提供了政策参考，模式主要有三：一是重复租地，合同周期以 10~15 年为主；二是永久性退耕，政府永久性购买农场经营主的土地使用权后综合安排退耕土地的使用方向，如退耕还林、退耕还湿地等模式；三是在地保护，农场经营者根据与政府协商结果，将自己的土地储备在特定年份不种植庄稼，改为在土地上培植如草皮等类型的保护层。

四是立法实现休耕土地的"耕地反弹"。1985 年，美国国会通过的《食品安全法案》中对生态补偿进程起到了显著的推进作用。其原因在于，法案中涉及的保护遵守条款在实施保护储备计划上能积极调节农业土地商业利益，通过市场化手段放大了环境效益杠杆，进而有效刺激了各利益相关者对土地休耕和水土涵养的积极性，避免了高度侵蚀土地的扩大。遵照保护遵守条款，农场经营者如果在没有制定防治土壤侵蚀方案的情况下，在高度侵蚀土地上耕种或改变土地用途，如改变湿地开垦为耕地，他们将不能享受农业政策的惠益。

五是量化保护储备计划的成本和收益。1996 年《公平法案》12866 号执行令要求对保护储备计划的经济重要性进行评估，收益—成本和环境风险被同时用于分析储备计划在经济、环境和预算方面的影响。据公开资料显示，休耕土地评估后每年产生的环境净收益介于 20 亿 ~27 亿美元，每年增加的净农业收入介于58亿~76亿美元。综合来看，休耕土地的净经济成本按照农业影响成本的总和计算每年在9亿~15亿美元。

二、欧盟生态补偿的探索

1. 欧盟生态补偿体系

欧盟启动生态补偿政策的一个重要的历史背景是日渐凸显的环境问题。半世纪来，欧盟的农业生产力因农业技术革新和市场化发展得到了长足发展，但相伴相生而来的生态危机使得社会各界注意力渐渐转移至生态修复领域。大量农药化肥的施用以及生产过程中对自然资源的过度消耗使得欧盟的生态系统不堪重负，境内多国的土壤与水源污染严重，莱茵河、多瑙河流域生态退化明显。除此之外，社会经济环境也助推了欧盟生态补偿体系的建立。具言之，一是较低的农民收入和相对低的农村就业率赋予了生态补偿弥合城乡发展鸿沟的重任；二是自20世纪70年代中期以来，欧盟成员国大多出现了农业生产过剩问题，启动补偿政策实则在增加农民收入的同时也间接调整了经济结构。

就执行机构而言，欧盟内部构建了一整套覆盖制定、选择、修改、组织、执行与反馈的执行机制，成立了专职农业环境政策执行机构。根据其在立法和执行方面的集权程度，可将欧盟执行机构细分为联邦政府形式、区域分管形式和中央集中管理三类。来自2018年欧盟委员会的公开资料显示，在目前已经执行的68个农村发展计划中，有超过80个国家性的专业机构涉及其中。

在补偿对象的选择上，持开放性的欧盟生态补偿项目占到了绝大多数。不过，也有小部分专业性较强的项目并不完全对申请者开放。一个完备的生态补偿申请包括两个部分：申请表的A部分是为申请做准备，验证相关计划、优先权、措施并提供一些与所有的申请相关的信息，但不包括补助金的类型信息。申请表的B部分则要填写所要申请的项目的详细信息。一个申请者只有当A部分和B部分都被执行机构接收到以后才会被视为完成状态。换言之，申请人必须同时完成两个部分后才能进入审核环节。在欧盟，生态补偿项目的申请往往存在激烈的竞争，申请者的申请一旦被接收，将服从于一个评选的过程，评选过程遵循完全地公平、公开。执行机构会与申请者联系并对他的申请进行讨论，解决申请过程中的任何疑问。与美国相类似的，执行机构往往会邀请第三方机构介入进行独立评聘。

就补偿标准而言，欧盟执行的生态补偿标准因地区、当地环境条件、具体措施等的不同而存在异同。现阶段，对于究竟如何确定补偿标准这一议题，欧盟内部还存在种种争议。举例而言，欧洲北部和中西部的一些成员国和机构提倡按一项环境措施所提供的生态服务进行补偿，德国巴伐利亚州农业景观项目的补偿标准即是这一思路的实践载体。还有以成本为基础，计算各种投入的。在这种计算中，关于基础设施投入是通过市场来确定的。然而，在对于农场主投入的劳动力成本计算中，往往参照难度、任务期限及农业环境措施占用的专用时间的百分比来确定成本。对机会成本的评价通常以主要农产品的价格指数为基础。

在补偿范围和目标确定上，欧盟的政策制定相对宽泛。1991 年 11 月 7 日，包括法国、德国、奥地利、意大利、列支敦士登和瑞士在内的阿尔卑斯国家在奥地利签署了《阿尔卑斯协定》，其目的是保护阿尔卑斯地区的生态环境和实现可持续发展，其生态补偿范围不仅涵盖了流域、森林、生物多样性等维度，还包括了矿产开发、自然保护区发展和水土涵养等领域。但是在欧盟内部，不同成员国因国情差异也存在一定区别。以前成员国英国为例，生物多样性维持和景观保护是其主要实践方式。除了自然环境支持外，还包括历史文化遗迹保护和小区域保护项目等多种类型。而德国的生态补偿范围界定则围绕生态涵养展开，大体可分为下述四类：鸟类及生物多样性区域保护、沼泽地与湿地管理、林地和灌木区域保护、农田及农田边缘区域管理。不过，信息公开是欧盟在生态补偿范围框定和目标选择中的优势做法。欧盟各国对补偿大类做了细致的分类，对所有子项目均提供详尽的情况公示。有意向参加生态补偿项目的人员可以从政府官网、行业机构、群团组织中获得必要且详尽的信息，大幅度提高了公众参与度和知晓率。

在对生态破坏的制裁方面，欧盟采取的层层回溯制度为严格测度生态补偿绩效提供了强有力的制度保障。成功申请生态补偿项目的欧盟申请者必须确保其有能力执行农业环境计划。如果申请者意识到他不能够完成生态补偿计划合约的任一部分或全部，就应该以书信的方式立即通知当地的政府，给出一个对情况的完整解释并附带任何支持性的信息。倘若在回溯检查中被发现其不能按计划进行且申请者没有事先通知，专业机构就会动用至少一种手段对违约者进行制裁，手段包括但不局限于：终止任务、对申请者应付的支付额预扣所得税、返回支付额及利息、按照补助金的10%作为额外的惩罚、限定两年之内不准参加其他的环境项目。当然在制度设定中，欧盟也充分考量了不可抗力因素的影响，对于自然灾害、强制购买订单以及建筑物的意外破坏、农户突然死亡或者永久丧失劳动能力等特殊的情况，执行部门可以考虑不采取制裁措施。

在评估和监测中，欧盟建立了一份翔实可用、覆盖各个成员国的综合中期评估报告。欧盟要求每一个成员国以年度为单位提交各国对农业环境措施的评估报告，以便于欧盟总部对于政策的制定、计划和预算分配进行及时的调整。在报告中，成员国需要提供报告的评估机构并对区域性的生态补偿政策实施效果做一个完整的环境评价。报告内容集中在区域性措施的上限调整、合约的数量、受益人的数量、覆盖的区域面积以及财政的支出、撤销、结账、超支、支出的调整、基金之间的转移。在监测回溯中，欧盟现行的规则规定所有的申请100%地要进行行政上的核查，并且每年随机抽查5%的申请者，这一工作是由农业和环境保护领域的专业调查者完成的。欧盟对每项工程都设定有具体的监测指标，包括财政和非财政的指标，按此指标搜集到的所有信息都要报到欧盟、监测委员会、管理和执行机构及其他的组织。

值得一提的是，在欧盟实践中，为减缓政府在补偿资金上的压力，进一步提高公众对生态保护的参与度和受众面，欧盟采取了生态标记法。生态标记法是间接支付生态环境服务的价值实现方式。作为一项自愿性的制度，其设立的目的是在生态保护领域挑选出高质量的绿色产品，并给予其一定奖励，借此来增强欧盟各类消费品生产者实施环境保护的动力，促使从产品生产及消费等整个过程对符合环保的要求。生态标签制度还能起到提示作用，消费者可以从标签了解到，该产品是否合乎欧盟环保标准。生产商如果想获得生态标签，则须向欧盟各成员国指定的管理机构提出申请，并接受各项检查，在通过检测后，才可以获得生态标签。对于每种产品，欧盟都规定了相应的环境保护标准，这些标准主要集中于自然资源与能源的使用以及废弃物的排放等领域，最典型的是欧盟汽车尾气的排放标准。欧盟通过授予生产厂家各类生态标签，由此可以起到积极的引导作用，消费者需支付比一般商品稍高的价格进而获得更好的产品与服务，商家借此获得了额外收益的同时也通过生态标签提高了自己产品的知名度，而最大的受益者就是计划的实施者欧盟。

换言之，推行生态标记的关键是要建立起能赢得消费者信赖的认证体系。因此认证制度常常被当作一种对生产者和消费者的激励机制来使用。1992年，为鼓励在欧洲地区生产及消费“绿色产品”，欧盟于1992年出台了生态标签体系，初衷是希望选出各类产品中在生态保护领域的优秀者，予以肯定和鼓励，从而逐渐推动欧盟各类消费品的生产商进一步加强生态保护，使产品从设计、生产、销售到使用，直至最后处理的整个生命周期内都不会对生态环境带来危害。生态标签同时提示消费者，该产品是欧盟认可的并鼓励消费者购买的“绿色产品”，符合欧盟规定的环保标准[5-6]。生产商希望获得欧盟生态标签需要经过严苛的环保认证。必须向欧盟各成员国指定的管理机构提出申请，完成规定的测试程序并提交规定的环保性能测试数据，如自然资源与能源节省情况、三废排放情况及废物和噪声排放情况等，证明产品达到了生态标签的授予标准[6]。在调研机构对欧盟消费者的第三方调研结果中显示，即使获得生态标签认证产品的价格稍高于常规产品，75%的消费者仍倾向于购买具有生态标签的产品[5]。

2. 荷兰生态基金

荷兰政府在20世纪80年代和90年代初围绕生态补偿确立了几项影响深远的政策，进一步深化了以生态基金为调节变量的国家环境政策计划和国家自然政策计划。在交通框架第二规划（The Second Transport Structure Plan）中，荷兰政府对国境内的建设项目予以法制上的生态植入和开发控制，提出了“短期防止栖息地碎裂，长期减少栖息地碎裂”的目标，旨在通过实施缓解措施或补偿措施来实现减少或替代给定项目带来生态损害。上述政策的实施背景在于，荷兰的高速公路建设计划对动植物栖息地影响很大，直接造成了栖息地退化、隔离和动植物的受伤、死亡。荷兰政府要求公路项目生态补偿应该在获得、设计和管理土地之前就考虑到受破坏的栖息地情况和所选地区的实际栖息地质量以及按照当今的政策标准所选的地区长期的质量情况。其补偿方式取决于两个方面：一是栖息地和物种的状况；二是补偿地点的定位与项目开发地点的关系。不过，直至1993年，在荷兰是否实施生态补偿措施还是可选择的。

具有里程碑意义的是荷兰政府推出的国家农村区域结构规划（The Publication of the National Structure Plan for the Rural Areas），该规划首次将因自然环境破坏而采取的补偿措施列入强制性规定。当中央政府作为发展建设项目发起者时，补偿措施的实施实质是建立在"自我承诺"基础之上的。一方面，荷兰政府要求补偿原则与空间规划法的基本条件一致，禁止在任何官方保护区内进行开发活动，除非其他国家紧急利益超过了自然保护利益。在特例情况下，各级政府也应根据国家框架计划在其规划中遵守补偿原则。目前，荷兰的实践均是通过不规则的方式实施的，以生态补偿中的利益相关各方谈判来实施。另一方面，补偿行为实现的一个重要载体是以每年计划的形式对整个生态补偿过程进行监督。在荷兰，这种全覆盖式的监管能够及时发现计划执行中的各种问题，并对发生的新情况进行补偿方案的微调。就生态补偿基金的定额而言，如果开发地域中涉及下述指定类型的任何一项，则谈判进程必须启动生态基金补偿机制。

（1）荷兰国家生态网的核心区域。

（2）作为国家生态网一部分的自然发展区域。

（3）尽管地处国家生态网以外，但在地方规划、区域规划中的自然区域或自然保护法条款涵盖的自然区域。

（4）在国家物种保护计划下地方规划或区域规划中的栖息地。

（5）林业法涵盖的树木和植被的生态价值。

除了上述五类型的区域外，荷兰还为生态基金启用制定了实施准则，涵盖下述六大原则。

（1）发展项目的发起人负责执行补偿原则。

（2）在着手补偿措施之前，必须首先确定发展项目的合法性。

（3）尽可能避免产生负面影响，采取所有适宜的缓解措施，只有万不得已才采取补偿措施。

（4）补偿意味着面积或质量无净损失。

（5）对栖息地的影响应该以相同条件进行补偿，如果不可行，再以等价的替代方案进行补偿。

（6）如果自然补偿不可行，必须进行经济补偿。

在经济补偿中，荷兰政府充分考量了不确定性费用的支出情境，通过包括购买土地在内的设计个性化方案和对补偿地征收“质量补助费”形式，用以支付在补偿地实现目标生态质量的其他不确定费用。以“质量补助费”为例，荷兰政府在特定的、非标准性的设计和管理工作中使用“质量补助费”补贴繁重的土方工程和表土清除工作，以加快土地熟化过程。“质量补助费”的费率（按公顷计算）取决于栖息地质量损失的可替代性，并以货币形式计算。“质量补助费”征收按照土地使用年限界定。一般来说，当设计补偿地的发展时间小于25年，“质量补助费”占购置土地和设计成本的1/3。当设计补偿地的发展时间介于25年至100年时，“质量补助费”则应占购置土地和设计成本的2/3。在发展时间超过100年的补偿地，“质量补助费”则需要根据具体案例确定。政府在收到项目发起者交纳的质量补助费后，即通过“绿色基金”拨付给相关的保护基金。截至目前，荷兰中央政府根据132个自然目标类型，起草了荷兰自然政策的框架，根据非生物过程和不同空间范围的目标种类界定了全国生态补偿的目标类型。2018年，受国家生态网保护的生态补偿国土面积达到7000平方公里，占荷兰陆地总面积的近20%。

3. 德国、捷克在易北河施行的流域生态补偿机制

位于欧洲境内的易北河贯穿两个国家，其上游位于捷克共和国境内，中下游则归属于德意志联邦共和国。1980年以前，易北河从未开展过流域整治工作，水质逐年下降，全流域整体处于严重污染水平。1990年，德国和捷克达成双边协议，共同采取措施整治易北河。

为持续减少流域两岸排放的污染物，进而改良和保持农用水灌溉质量和流域生物多样性，两国成立了由双边国家专业人士共同参加的双边合作组织。具体而言，组织内部架构紧密围绕水资源管理展开，由以下8个行动小组组成。

（1）行动计划组负责确定、落实目标计划。

（2）监测管理组负责确定监测参数目录、监测频率，建立数据网络。

（3）研究组负责制定研究方案，确定采用何种经济、技术、法律等手段保护流域环境。

（4）沿海保护组负责解决易北河入海口的环境保护工作，制定物理方案减缓污染水体对德国境内的环境影响。

（5）灾害组负责预警污染事故（如化学污染事故），使危害减少到最低限度。

（6）水文组负责收集水文资料数据，为决策制定提供方案支撑。

（7）公众组负责宣传工作，通过定期出公告、提高公众认知等工作及时传递双边工作组织的工作情况和研究成果。

（8）法律政策组负责建立法律保障机制。

就经费来源来看，易北河流域整治的经费来源主要由四方面组成。一是财政贷款形式的补偿；二是德国作为下游地区对处于流域上游的捷克共和国支付的经济补偿款；三是开展联合研究的津贴；四是排污费。就排污费而言，居民和企业的排污费统一交给污水处理厂，污水处理厂按一定的比例保留一部分后上交两国的环保部门。在建章立制和明晰费用后，德捷双边合作组织制定了覆盖短期、中期和长期的分步实施目标。其短期目标可以归纳为下述三个方面，即制订并落实近期整治计划、及时降低易北河上游水质污染程度和筹集拟建的 7 个国家公园的启动资金。在实现了短期目标后，双边机构进一步明晰了中远期发展目标，即在 2000 年易北河上游的水质经过滤后符合饮用水标准。此外，河内有害物质均达标，易北河水可作为农业灌溉使用。易北河水质达到不影响捕鱼业要求，河内鱼类能达到食用标准。在 2010 年实现易北河管理的远期目标，即易北河生物实现多样化的同时，河底淤泥可用作农业用料。时至今日，这一分阶段、分步走战略在历时 30 年的不间断努力下得以全面实现。目前易北河水质已大大改善，基本达到饮用水标准。200 个自然保护区和 7 个国家公园占地面积超过 1500 平方公里，散落在易北河流域两侧。保护区和国家公园内实施最严规格的保护管理，禁止从事集约农业生产、办厂、建房等影响生态环境的非自然活动。近十年，德国开始在易北河中投放鱼苗，鱼苗放流工作业已取得了可喜的成绩，绝迹多年的三文鱼再次重回易北河。由此案例申言之，生态补偿不但可以在一国内实施，还可以将其空间域延展至国与国之间，甚至置于全球空间格局下。德国与捷克的跨国生态补偿机制之所以能够确立并实施，离不开资金的大力支持。其资金的支付的主要形式是横向转移支付，这种由富裕地区直接向贫困地区转移支付方式，改变了区域间的既得利益格局，实现了区域之间的公平发展。在德国国内，易北河流域的转移支付的另一个重点是以基金为主的州际之间的横向财政转移支付，该基金主要由两部分资金组成，一部分是将预扣了 25% 的销售税后将剩余部分按各州的居民人数平均分给各州，另一部分是由财政比较富裕的州按照联邦的统一计算标准将部分财政转移给不富裕的州的补助金。综合来看，易北河的流域生态保护和生态补偿实践为跨境生态补偿提供了鲜活的政策参考。

4. 法国毕雷矿泉水公司水质付费实践

毕雷矿泉水公司对当地农户不当农业活动的补偿是法国生态补偿的典范式案例。20 世纪 80 年代，由于当地农民不当的农业活动，法国 Rhin–Meuse 河流域水质受到了严重影响。法国毕雷矿泉水公司的纯净水取水口正处于 Rhin–Meuse 流域，面对水质快速下降的威胁，摆在公司管理层面前的战略抉择尖锐且急迫，即另选厂址抑或选择保护地区水源。经过多方权衡，最终毕雷矿泉水公司选择了以最经济的方式以达到保持水质目的。由公司出资购买农户的农业行为，直接为该流域腹地 40 平方米的奶牛场提供补偿。20 世纪 90 年代初期，毕雷公司与当地农民协商，给予农民一定资金，作为农民减少使用化学除虫、除草剂的补偿。作为一份长期的私人之间生态补偿合同，毕雷公司与农民之间签署了长达 18~20 年的补偿合同，以此尽可能弥补农户可能遭受的周期波动风险以及利益损失。农民在领取补偿款后则减少放牧以及农作物的种植并减少化学药剂的使用，以此来保障水质。在此过程中，政府仅支付很少的费用。合同约定，法国国家农业部仅为研究费用承担 20% 的费用。就补偿金额而言，公司支付给农民的费用数额相对较高，每个农场连续 7 年调价一次，每年可以获得每公顷至少 230 欧元的补偿款。此外，公司在合约期间，还为农民提供高新农业技术以及高科技设备的支持。

三、澳大利亚国家公园

与美国相异的是，澳大利亚联邦政府对大多数国家公园的土地并无直接管理权。根据澳大利亚宪法，各州承担本州范围内的国家公园建立和保护职责，这就形成了由州政府直管的国家公园行政管理架构。与美国不同，澳大利亚的多数原野区有原住民分布，因而社区问题较早地进入了保护地的管理与治理领域，社区共同治理也成为澳大利亚国家公园治理模式中鲜明的 IP[7]。以卡卡杜国家公园（Kakadu National Park，KNP）为例，1978 年，卡卡杜原住民土地信托基金（Kakadu Aboriginal Land Trust）和 KNP 管理局局长签署了《租借协议》，协议承认了原住民对卡卡杜地区的所有权和使用权。具体规定是：卡卡杜原住民有权依据《原住民法》继续从事在公园内的传统活动，如狩猎、采集等活动，但不能出售；有权在公园从事继续为纪念或宗教目的而进行的传统活动，并有权居住在公园内。卡卡杜原住民要求澳大利亚政府归还原住民的传统土地，但附带条件是原住民必须将此土地租给澳大利亚政府成立 KNP，并由传统地主和澳大利亚自然保育局共同管理。于此同时，双方还共同出台了保护传统土地所有者的权利、雇用传统地主和训练土著等方面的实施细则。1991 年，卡卡杜和贾比卢卡原住民土地信托基金（Kakadu and Jabiluka Aboriginal Land Trusts）与管理局重新签署了《租借协议》，内容主要涉及租借支付额度、收益分割以及土著居民的利益保护等问题。根据协议，公园管理局向原住民租用土地用于建立国家公园，租期 99 年，租金为 15 万澳元，每年返还 25% 的经营性收入给原住民。之后，KNP 内的主要原住民群体基本都与公园管理方签订了租借协议 [8]。除了保障社区居民的所有权，卡卡杜国家公园还充分保障了社区的管理权和经营权。如，根据《土地权法》设置管理委员会，负责对《管理计划》相关问题进行决策，配合国家公园局局长的相关工作，管理委员会须在《环境保护和生物多样性保护法》下运行并保证一定比例的原住民席位。根据《环境保护和生物多样性保护法》，Alligator River、Yellow Water：和 East Alligator Rive 都只有一个旅游船只运营名额，15 个游钓活动运营名额，比尼基原住民聚居的 Yellow Watet 地区，唯一的游钓点还必须由比尼基原住民企业运营，以最大限度地保障原住民参与经营的基本权利。KNP 面向游客收取门票费，对土著居民和年龄小于 16 周岁的游客免收门票，对于国际游客和州外游客的成人收取 25 美元，有效期为两周 [7]。门票主要用于公园环境的保护和道路、游客中心等设施设备的维护，另外一部分门票收入根据租约协议返还给原住民信托基金，再发还给传统拥有者。

四、新西兰全域保护

新西兰国家公园扮演着基础保护地的功能。在新西兰，约有 30% 的国土面积被列为各种类型的保护地。新西兰提倡以人为本的管理思想，认为包括国家公园在内的全域保护地应为社会开放，但需要凸显自然保护职能，一切的开发行为要与生态涵养与保护相结合。现阶段，新西兰施行严格意义的全域特许经营，以保护资源与环境作为首要目标[8]。其特许经营体系具有以下特点：一是项目多而分散。如徒步、山地自行车、皮划艇、直升机、酒店、生态小屋、滑雪、公共汽车等，分别特许给不同的旅游经营者。这样操作的好处在于，经营过程既可以规避垄断的潜在风险，又可以通过尽可能多的旅游经营者建立起环境保护网络，通过他们各自完成的既定保护任务更有效率地保护环境。二是期限较短。特许经营项目按照性质的不同大体分为三类，大部分属于第一类和第二类项目，其特许经营的期限分别为不超过 3 个月。三是特许经营的审批程序较为严格，公园的特许经营需遵守新西兰国家的审批制度，对一些重大的、涉及当地社区居民的项目还需进行公示[9]。

值得一提的是，新西兰的全域保护过程也十分重视对游客的宣传教育。每个公园都有专门的资料信息中心为游人免费提供有关公园自然、历史和旅游等方面的科学宣传品，并配有完整的设施。在居民参与方面，新西兰国家公园社区居民参与旅游活动十分广泛。以汤加里罗国家公园为例，作为一个覆盖整个地区所有社区的区域性概念，国家公园的各项基础服务设施（如酒店、自行车道及人行栈道等）的设置均通过与相关社区多形式、多渠道的沟通而确定。在建造前，充分分析与吸纳来自属地社区的意见，根据属地各自特色产业发展、文化与环境保护方面优势与劣势因地制宜地规划布局。此外，从参与的环节上来说，社区居民在国家公园的管理、保护、发展规划和特许经营等环节上均有参与，并实现了全程监督。

究其制度保障，新西兰的全域保护模式主要通过非政府部门的监管以及完善的法律法规来保障生态政策的实施。具言之，新西兰的全域保护管理体系为政府与非政府管理的双列管理模式。在政府管理方面，由保护部代表政府直接管理中央及地方保护管理部门；非政府管理方面，公众参与保护并形成一些保护组织，最为典型的是保护委员会[9-10]。保护委员会独立于政府之外，代表公众的利益，负责立法和监督[10]。1996 年，新西兰议会正式颁布了《保护法》，统领以前分而治之的《资源保护法》《海洋保护区法》《自然保护法》等，形成较为完善的保护法律体系[11]。每个国家公园均在《保护法》的前提下，结合公园实际情况制订管理计划来开展保护管理。

五、尼泊尔生态涵养

尼泊尔坐落在世界屋脊喜马拉雅山南麓，北临中国，西、南、东三面与印度接壤，国土面积147181平方公里。尼泊尔的地形地貌主要以山地为主，除了南部狭长的平原和散布在中部气候温和地带的谷地外，尼泊尔基本是高山与丘陵，而且地势崎岖，层峦深谷相间。受地理位置和地形地貌的影响，尼泊尔境内气候形态差异显著，全国以海拔分为5个气候区：处于海拔1200米以下的热带和亚热带地区、处于海拔1200~2400米的温带地区、处于海拔2400~3600米的寒带地区、处于海拔3600~4800米的次极带地区，以及海拔4800米以上的高山地区（极带气候区）。换言之，尼泊尔复杂多变的立体气候和地形地貌造就了类型丰富的自然生态系统。在尼泊尔南部土壤肥沃的冲积平原上，分布着茂密的森林和广阔的草原；中部河谷区多小山，巍巍喜玛拉雅山挡住北方干冷的寒风，气候宜人，是各种农作物的生产区；北部山地地区，山高谷深，云雾缭绕，高山终年积雪，高山、亚高山草甸和林间草地是主要的牧场。

上述类型各异的生态系统孕育了丰富的物种资源。在占全球面积0.1%的国土上，生长着6500多种植物，1000多种野生动物和鸟类，650多种蝴蝶，600个特有植物，319种兰花。全国国土总面积的40%被森林覆盖，12%被草地覆盖，良好的植被覆盖为孟加拉虎、雪豹、犀牛、麝鹿、小熊猫等珍贵野生动物提供了理想的栖息环境。丰富的自然资源和完整的生态系统吸引了世界各地的游客前来观光，促进了尼泊尔山区社会经济的持续发展[12]。

本书以上马斯唐地区（Upper Mustang）生态涵养保护案例为样本。尼泊尔上马斯唐地区（Upper Mustang）位于尼泊尔安纳布尔纳（Annapurna）地区北部，约2300平方公里。为了获取收益，上马斯唐地区从1992年起向部分国外旅游者开放。9个月后，尼泊尔政府提出了上马斯唐生态保护和发展计划（UMCDP），公开向当地社区许诺，旅游业年收益的60%将返还给社区。不幸的是，由于政府和旅游经营者发展旅游业的步伐过快以及制度预设和返现机制的不完善，政府起初承诺提供60%的资金，结果只完成了45.5%。资本方通过控制土地等生产要素与农户形成的隐蔽雇佣关系，相对弱势的农户利益在上马斯唐地区难以保障。一般而言，资本常常受到基层政府的“厚爱”，农户离散于政企链接而成的非正式利益联盟之外，以土地流转、环境保护、利益分配为代表的冲突矛盾屡见不鲜[13]。在上马斯唐地区，当地居民甚少参与旅游业，属地社区也并未从旅游发展中得到惠及，以致居民对政府不信任，更将旅游经营者视为“外来夺食者”，三者之间的关系一度处于敏感紧张的境地。

六、南非自然保护区

产业化发展的自然保护区是南非独具特色之处。事实上，旅游与自然保护区的联动开发从南非中央政府到民众，从同行到客户，各方都很支持。以纳各拉保护区（Ngala）为例，该保护区是一个占地140平方公里的私人野生动物保护区。1992年4月，保护区与非洲自然保护区旅游公司签订了一项协议。协议规定：非洲自然保护区旅游公司在纳各拉保护区拥有旅游经营权。该公司每年上缴租金的很大一部分加上一定比例的旅游经营利润返还给纳各拉野生动物自然保护区，使之用来增加自然保护区的面积，保护更多的需要保护的动植物资源[14]。同时，借助非洲基金对社区发展予以支持，非洲基金（Africa Fund）为该公司名义下的独资下属公司，资金来源于游客和捐赠者，用于建立和维护自然保护区和社区的发展事业。此外，非洲自然保护区旅游公司还通过雇用当地社区居民参与旅游地就业、参与旅游规划、增加社区的教育和医疗设施等补偿社区居民。无独有偶，在南非洛克泰尔湾自然保护区（Rocktail Bay），由克瓦祖鲁保护信托基金会成立的非营利性公司埃斯沃奴（Isivuno）经营管理，保护区内的旅游经营项目多为旅馆。社区居民参与旅游获得的收入由三部分构成，工资、股息及红利。信托基金会联合代表社区利益的农村发展委员会制定了招录社区居民的就业政策，符合条件被录用的居民通过自己的劳动获得基本工资。社区居民定期获得的股息来源于社区持有旅馆所有权和旅游经营权的双重股份，股息收入取决于旅游收入和持有人的股票份额。所有权股份构成为Ithala银行42%、埃斯沃奴43.5%及当地居民14.5%，经营权企业股份构成为野外旅行社50%、埃斯沃奴37.5%及当地居民12.5%。因此，社区居民每季度可以获得来自旅馆企业的租金及旅馆经营利润的股息[15]。红利的管理与使用有固定程序。红利被存入社区信托基金会经管的一个银行账户中，而不是直接分给社区，通常用于社区发展项目。

第六章　中国生态补偿的实践述评

一、旅游生态补偿的中国个案探索

1. 政府主导式——河南省新乡市南太行山脉旅游生态补偿

成立于 2013 年的南太行旅游公司由新乡市和辉县政府共同组建，收入归市、县两级政府所有，是典型政府主导型的旅游景区管理模式。南太行旅游度假区坐拥多个国家 4A 级景区，旅游资源集国家重点文物保护单位、国家猕猴自然保护区、国家森林公园、国家地质公园于一体，历经十余年的发展，南太行休闲度假区业已成为整个豫北地域最大、发展最为完善的国家公园。

以万仙山为例，万仙山景区有 3 个行政村 20 个自然村，原住民共有 1700 多人。景区的运营工作吸纳了当地近 50% 的原住民，分布于保洁、安保、景区维护等一线岗位计 680 余人，极大丰富了当地原住民的收入来源。此外，景区周边开办的农家乐、摆设的摊位也为当地居民提供了多元的收入来源。举例而言，仅农家乐一项，景区以年为单位，每年固定补偿每村 40 万元左右的红利，极大地带动了当地的就业增加收入。

在繁荣的背后，万仙山景区管理公司与当地原住民的矛盾冲突也逐步浮出水面。综合既有数据概括来看，主要聚集在下述几个方面。

一是私拉营运。万仙山景区内禁止私家车进入，景区交通主要依赖公司的 200 多辆旅游大巴和当地村民的私家车。在景区运营中尤其是旺季，当地村民就利用这种便利私自载拉游客进入景区，躲避门票；或以比旅游大巴更低的价格去拉载游客观光。但风险点在于，当地村民私家车并无营运资格，且景区内多为山路，存在极大的安全隐患。为了和旅游公司争抢利益，甚至出现村民私家车围堵旅游大巴，强迫游客乘坐私家车的案例。

二是私搭乱建。万仙山郭亮村是全国闻名的影视基地、写生基地、避暑胜地，因其原生态的村落建筑景观而闻名。大量游客的涌入直接催生了农家乐业态的迅猛发展。开办农家乐带来的巨大利润以至许多村民不惜一切加入了“圈地运动”之中，违规建造、不按景区的规划私自建筑。将自家的居住房改造宾馆，搭建楼层，违规建造，破坏具有原生态和历史意义的建筑屡见不鲜。景区管理人员若去制止，村民则明奉阳违，晚上偷偷改造，还将建筑材料藏在被子里偷偷拉进景区以躲避景区管理人员的检查，甚至出现与管理人员争执斗殴的情况。

三是商摊无序经营。景区内的商摊都由公司指定摆放，或公司建造统一的商铺，但为了吸引旅客，商摊私自经营、延伸摆放、占道经营、拒绝管理，严重影响了旅游景区的环境和旅客体验。

究其导致矛盾冲突的原因，不外乎可从主人意识缺位、管理机制缺失和村民思想陈旧三方面概述。

一是村民主人意识缺位。导致村民乱象的原因很重要的维度就是利益。因为当地旅游业的发展带动了很多人的致富，但村民一直认为最大块的蛋糕被政府切走了，所以他们不甘心，导致跟风和公司对着干的现象层出不穷，各类黑导游、黑司机、黑旅馆各种乱象严重扰乱了景区规范化运营。许多村民的心态是不甘心于公司每年每村 30 多万元的补偿，认为是公司拿走了本就是他们的利益。他们否认公司的功劳，忽视了一年几千万元的广告宣传费用和每天垃圾、污水清理费用，以及通景公路、景区隧道的建设成本。在失衡心态中，许多村民忽视了自己作为家园主体的地位，甚至做出了牺牲自己家园环境来使得自家利益最大化的行为。

二是管理机制缺失。囿于旅游公司只对景区具有管理开发权，以至于很多乱象无法管理，企业不能以执法者的形象强制要求村民履行配合义务。这也导致了村民不服从景区公司的管理，私拉营运、违章搭建现象并不能从源头进行根治。公司管理人员最多也就是劝阻，既不能处罚也不能扣车，报告给运管部门也因为路途遥远、村民集体阻拦执法而不了了之。长此以往，景区已经默认这种黑车的存在。

三是村民思想陈旧。万仙山村民直至 21 世纪初才算是走上了旅游致富的新道路，在 10 年的迅猛发展中尽管鼓了钱包，但村民的思想尚未与旅游产业发展趋势相匹配。比如，为了加快上马民宿和农家乐项目，部分村民不惜拆除自己 100 多年的老宅。此外，只顾小家不顾大家的心态导致公共环境的每况愈下，使得旅游发展严重破坏环境生态平衡，破坏旅客体验和对景区的评价。

2. 社区主导式——云南省大理市双廊村旅游生态补偿

大理双廊村的发展彰显了旅游业发展在乡村贫困减缓中的积极作用。依托地理文化优势，大理双廊村大力发展旅游业，形成了全国知名的“文青聚集地”“民宿集聚村”。双廊依山傍水、风光优美，历史悠久、文化沉淀厚重，在大理有着得天独厚的旅游优势，故有“大理风光在苍洱，苍洱风光在双廊”之佳誉。现今，双廊村每年吸引着成千上万的游客旅游观光。双廊村是白族聚居地，拥有着浓厚的白族民族文化特色，“大本曲”、白族调、白语交流等无不展现了白族人民的智慧与勤劳。每年的农历四月十五是当地的本主节。节日到来之时，大理附近有接近 2 万的白族居民前来双廊村红山景帝祠的本主庙，进行朝拜为家人祈福，彰显自己丰富的白族文化。因知名度不断提高，各路资本纷纷涌入双廊村，村民和村集体企业广泛引入租赁经营、股份制合作、承包经营等形式和经营方法，由单一的生产经营向资本运营、资产经营转变，但村总体规划和各项事宜大多由村委会负责和社区代表协商。

双廊因景成名、因人而兴，亦因人陷入困境。观之双廊乡村旅游发展中的困境，主要表现在环境承载力有限和生态环境脆弱上。具言之：在双廊文化旅游业快速膨胀发展中，外来旅客的进入给双廊村造成了沉重的发展负担。非法经营、市场无序、交通拥堵、污水乱排、私搭乱建现象成为双廊村旅游整治的难点和重点。双廊发展与洱海保护的问题日益凸显。近些年以来，双廊经历多次整改整治，但收效甚微。实际上，双廊推进旅游的初衷是保护洱海，保护生态环境，实现居民脱贫。但双廊发展村集体经济的同时却对生态环境造成重创。村委会虽然认识到唯有提升方能适应的路径，但摸索路径尚待时间的验证。近三年来，双廊重点对辖区内出现各种环境问题进行整治，同时实施一批交通网络工程、旅游基础配套设施、环保设施、水电容量扩充等项目，努力研究探索形成一系列促进旅游业有序健康成长的长效管理系统。不过，这一探索仍然以社区为主导，利益相关者的参与程度与共治成效仍需时日方能显现。

3. 企业主导式——贵州省六盘水市娘娘山风景区旅游生态补偿

娘娘山下世代居住着汉、苗、布依、白、彝等十余个民族，是我国典型的少数民族聚集区。在旅游开发初期，村里没有一条完整的通村路，村民居住的房子基本为茅草屋，是一个典型的贫困村，想创业的农民没门路、没平台、没技术，无力发展。到 2011 年，居民人均纯收入仅仅为 700 多元。

为改变人多地少、广种薄收的传统农业种植方式和落后的产业结构现状，让偏远、闭塞的舍烹村一直摆脱不了贫穷面貌，2013 年，企业家陶正学创办了贵州娘娘山高原湿地生态农业旅游开发公司。他依靠“三变”（资源变资产、资金变股金、农民变股东）方式，创新性地实现旅游公司的发展和居民共同富裕。公司按“园区 + 公司 + 合作社 + 农户”模式，引导农民将土地入股当股东、现金加无息借款入股当投资人、入园就业当工人，整合当地人力、资金、土地等共建园区，促成园区建造和农民致富一同进行。

企业主导的娘娘山模式针对群众收益多元化的要求，采取“土地入股就有分成、务工就有工资、见效就有分红”的方式，形成了“保底分成 + 务工收益 + 经营收益 + 股权收益”的利益联合体制，提高广大居民的总体收益。此外，娘娘山公司还采取“合作社 + 农户”或“园区 + 合作社 + 基地”的合作机制，努力动员农民成为居民专业合作社社员、股东，形成利益联合体制。农民把田地转让给合作社，成为社员，参与合作社的生产与管理，合作社用 80% 的收益来促进园区建设，20% 分发给入股的居民。或者农户将土地入股合作社成为社员，合作社将他们聘用为固定员工，积极参与生产和管理领取固定工资，合作社发展盈利后，参与按股分红。同时将其聘用为社里的固定员工，积极参与合作社的生产和管理，领取固定工资，成为“工薪族”。

“三变”革新引发的蝴蝶效应鲜明且显著。娘娘山旅开公司通过将山下村民改造成“股份农民”，刺激了各种资源要素向山区集合。2015 年，“三变”模式在六盘水全市推广，并引起了中央的关注。2015 年 11 月 27 日，在中央扶贫开发工作会上，习总书记强调，要通过改革创新，让贫困地区的土地、劳动力、资产、自然风光等要素活起来，让资源变资产、资金变股金、农民变股东，让绿水青山变金山银山，带动贫困群众增收。在中央顶层设计中肯定了娘娘山模式。2017 年，六盘水“三变”模式获得我国“三农”创新奖，并纳入中央一号文件《中共中央、国务院关于深入推进农业供给侧结构性改革加快培育农业农村发展新动能的若干意见》中。文件明确指出“从实际出发探索发展集体经济有效途径，鼓励地方开展资源变资产、资金变股金、农民变股东等改革，增强集体经济发展活力和实力”。换言之，娘娘山模式的成功给旅游生态补偿的中国在地化实践带来了深刻启迪和经验借鉴。

二、中国生态补偿发展演进

20世纪80年代以来，本着“谁开发、谁保护；谁破坏、谁付费；谁收益、谁补偿”的原则，我国在生态环境保护、恢复与建设工作中，针对生态补偿的理论与实践进行了许多前瞻性的探索与试点工作。但从目前我国生态补偿的具体实践来看，尚未构建一套适应国情、完善精准的生态补偿政策体系，相关的生态补偿机制也亟待理实层面的策应。

综合而言，国家是中国实施生态补偿的主体。中国政治体制使得我国目前生态补偿最主要的形式是由政府主导的，这也是比较容易启动的补偿方式。各地在实践过程中，大多以区域、下级政府或农牧民作为补偿对象，以国家生态安全、区域协调发展、社会稳定等作为目标，以财政转移支付、项目实施、政策倾斜、人才技术投入和税费改革等作为补偿方式。

1. 中国生态补偿中财政政策

在中国当前的财政体制中，财政政策对建立生态补偿机制扮演着重要作用，其作用机制是通过经济利益的诱导改变区域和社会的发展方式。具言之，现行的财政政策主要由转移支付制度、专项基金和生态移民政策三大类组成，这里将依次对每一类型进行总结。

一是财政转移支付制度。财政转移支付以实现各地公共服务的均等化为主旨，以各级政府之间所存在的财政能力差异为基础，实行的一种财政资金或财政平衡制度。尽管当下中国财政转移支付的重点并未将生态补偿囊括其中，但随着我国国家实力的与日俱增，日渐庞大的生态补偿财政资金仍旧为生态补偿的纵深发展提供了良好的资金基础，成为我国生态文明体系建设中的重要一环。在政策上，在我国财政部《2003年政府预算收支科目》中与生态环境保护相关的支出项目约30项，其中具有显著生态补偿特色的支出项目包括沙漠化防治、退耕还林、治沙贷款贴息，占支出项目的1/3；就支持力度而言，到2007年年底，中央财政对西部地区的财政转移支付达到了6000亿元，天然林保护、三北防护林、退耕还林、京津风沙源治理、退耕还草等重点工程完成中央投资1207.23亿元。在地方层面上，我国各级地方政府为激励生态环境保护和建设，早在2004年便尝试采取灵活的财政转移支付建设一方绿水青山。例如，2004年浙江省制定了《浙江省生态建设财政激励机制暂行办法》，将财政补贴政策、生态公益林补助政策、环境整治与保护补助政策和生态省建设目标责任考核奖励政策等作为主要激励手段；2006 年广东省编制《广东省环境保护规划》，采取积极的财政政策，将生态补偿作为促进协调发展的重要举措，补偿山区的生态环境保护。

二是专项基金制度。专项基金的资金主要来源于政府财政预算，同时也接受国际和国内组织、单位、个人的捐款或援助。我国水利、农业、国土、林业、环保等部门均建立了专项基金，对分管领域中的生态保护和建设的行为进行资金补贴和技术扶助，这也是政府层面重要生态补偿方式。例如，原农业部在 1999 年制定了《农村沼气建设国债项目管理办法（试行）》，规定对农村沼气建设项目进行补贴；2000 年，水利部门联合财政部门将“小型农田水利和水土保持补助费”的专项资金纳入国家预算，用于补贴扶持农村发展小型农田水利、建设小水电站、防治水土流失和抗旱等。

三是生态移民政策。生态移民是为保护一个地区特殊的生态或者让一个地区的生态得到修复而进行的移民，包括生态脆弱区移民和重要生态区移民两种。我国真正意义的生态移民是从 2000 年开始的，对符合生态移民条件的迁移户，国家给予专项补偿。据不完全统计，近 20 年的发展过程中，各级政府通过多种方式和途径迁移安置 260 万生态移民，其中从当地实际情况出发因地制宜的地迁出的达 241 万，占总人口数量的 92.9%。

2. 中国生态建设重点领域的进展

政府通过直接实施重大生态建设工程，不仅可以直接改变项目区的生态环境状况，而且可以为项目区的政府和民众提供资金、物资和技术上的补偿。改革开放以来，尤其是 21 世纪以来，中国生态建设工程可谓创全球之先河。我国充分发挥举国体制优势，实施了一系列重点工程，代表性节点如天然林保护、退耕还林（草）、退田还草、“三北”和长江中下游地区等重点防护林建设、环北京地区防沙治沙、野生动物保护、自然保护区建设等重点工程。在林业资源保护方面，据历时 5 年的第八次全国森林资源清查结果显示，中国通过退耕还林、天然林保护、植树造林，目前全国森林总面积已达 2.08 亿公顷，森林覆盖率从 2000 年的 16.5% 提高到 2013 年的 21.63%，人口林面积继续居于全球首位 [16]。在草地资源保护方面，中央财政在奥运期（2000—2008 年）

共投入120多亿元资金用于天然草原的保护和建设，实施了退牧还草、人工种草、饲草料基地建设、草原围栏、京津风沙源治理等工程。截至2008年年底，全国人工种草保留面积达1500万公顷，草原围栏3600万公顷，有27%的可利用草原面积实行了禁牧、休牧、轮牧制度。

在水土保持和防沙治沙方面，中国小流域综合治理起步于20世纪80年代初，经过20多年的水土流失治理实践，逐步探索出了一条以小流域为单元综合治理的经验，即以小流域为治理单元，对每条小流域进行规划设计、审查、施工、检查、验收。一条小流域的治理一般要5年时间，逐年成批地开展治理，就形成了对整个江河水土流失的治理。一条大流域可以划分为成百上千乃至上万条小流域实施治理。截至2018年，中国水土保持措施保存面积已达到107万平方公里，累计综合治理小流域7万多条。此外，我国通过实施《中华人民共和国防沙治沙法》《全国防沙治沙规划》和一批防沙治沙重点工程，有效遏制了荒漠化面积不断扩大的趋势。国家林业局2016年监测数据显示，我国荒漠化土地从20世纪末年均扩展1.04万平方公里转变为目前的年均缩减2424平方公里，沙化土地面积由20世纪末年均扩展3436平方公里变为目前的年均缩减1980平方公里，实现了连续10年保持“双缩减”，相当于10年减出了3个多上海的土地面积[17]。

在海洋环境保护与自然生态保护区建设方面，不断加大合理开发和保护海洋资源的力度，制定和实施了海洋功能区划、近岸海域环境功能区划，2005年启动了长江口、珠江口及其毗邻海域河海统筹、陆海兼顾的污染防治和环境监测工作，初步建立了海洋灾害应急机制。截至2008年年底，全国已建立各级海洋自然保护区160多处。在自然生态保护区建设方面，截至2008年年底，全国已建立各级各类自然保护区2649处，总面积150万公顷，占国土面积的15%以上；全国共建立各类森林公园1900处（其中国家级森林公园627处），国家地质公园85处，湿地自然保护区473处（其中列入国际湿地名录30处），风景名胜区677个（其中国家级重点风景名胜区187个），总面积43. 5万公顷；全国共建立野生植物种质资源保育或基因保存中心400多处，农业野生植物原生境保护区67个，野生动物拯救繁殖基地250处，使生物多样性保护工作达到了实质性进展，全国有85%的陆地生态系统类型、65%的天然植物群落类型和 85% 的野生动物种群都得到了保护。

值得一提的是，逐步展开的生态标志认证也是我国生态补偿领域“西学东渐”的鲜明标志。如前文所述，生态标志实际上是对生态环境服务的间接支付方式。中国对绿色产品的环境标志认证自 1994 年 5 月 25 日起至今已走过 26 载，已经在家电、办公设备、纺织用品、日用品、建筑装修材料等领域开展了 56 大类产品的认证，共有 2000 余家企业的 20000 多种产品获得了中国环境标志产品认证，产品的年产值超过 4 万亿元[18]。进入 21 世纪以来，中国政府也逐步重视开展森林认证活动，运用市场机制来促进森林可持续经营[19]。2001 年 9 月，国家林业局成立了森林认证领导小组，正式启动了中国的森林认证工作，一是对森林开展的森林经营进行认证，二是对林产品加工开展的产销监管链进行认证。目前，中国已有浙江和广东省的 6000 多公顷森林和 60 多家林产品加工企业通过了国外认证机构的认证。

三、中国生态补偿的总体评价

既往 30 多年间，我国开展了形式多样的生态补偿实践，也取得了骄人的成就。当下，生态补偿项目的生态环境效益逐步兑现，越来越多的地方将生态优势转化为资源优势，一幅幅“绿水逶迤去，青山相向开”的景观在中华大地上渐次呈现，“绿水青山就是金山银山”的理念渐入人心。纵观我国生态补偿的经验，可将 30 多年来的评价总结概括为下述四个方面。

1. 以恢复生态平衡、提供生态环境服务为主要目的

中国历史上对生态环境的欠账沉重，20 世纪 80 年代以来，本着“谁开发，谁保护；谁破坏、谁付费；谁收益、谁补偿”的原则，我国为维护生态环境稳定，保持生态平衡，针对生态补偿的理论与实践，进行了许多前沿性的探索和试点工作，如“三北”及长江流域等防护林体系建设、天然林保护工程、退耕还林（草）工程、耕地占用补偿制度、湿地资源保护行动、自然保护区保护等多种形式的生态补偿实践，旨在利用经济激励手段，促使生态环境资源的使用者、开发者和消费者保护和恢复生态环境。这与过去生态补偿工作主要针对已经遭到破坏的生态环境、对其实施被动的修复和补偿相比，目前开展的生态补偿工作更加注重“防治结合，保护优先”，呈现出更加主动的、更加和谐与合

理的生态补偿机制。在我国步入新时代的背景下，生态补偿的探索与实践更为精准。在区域经济发展的同时就进行生态补偿，以经济发展作为生态补偿的经济基础，以生态补偿带来的良好生态环境促进经济发展，形成经济发展与生态环境保护的良性循环。

2. 逐步重视经济补偿手段的运用

中国既往对生态环境的治理过分依赖政府，多采取运动式方案，通过强化政府责任达到某种治理目标，但结果常常差强人意。20 世纪 80 年代起，虽然生态建设仍然以政府为主导，但各级政府开启了放弃单一行政手段的方法，继而转向利用各种经济手段激励人们从事生态环境建设。《中国 21 世纪议程》明确提出，要“有效利用经济手段和市场机制”促进可持续发展，具体目标是“将环境成本纳入各项经济分析和决策过程，改变过去无偿使用环境并将环境成本转嫁给社会的做法”。时至今日，带有生态环境服务补偿性质的各种经济和行政激励手段已被普遍应用，如调整价格体系使之体现环境成本；逐步扩大污染收费的范围，使其充分反映污染的巨额社会成本；设立环境保护专项基金，以支持企业和地方政府兴建环境保护设施；提高能源和水资源等的价格，以有利于其合理开发利用；改革国有企业软预算约束状况，使其对环境惩罚措施有足够的反应等。正是因为按照生态环境保护行为背后的经济规律，从矫正环境及其经济利益分配关系的角度出发，才有效调整了相关主体的利益关系，协调了经济与环境的发展，促进社会公平与和谐。

3. 在政府主导的同时积极探索市场化生态补偿实践

在建立和推动实施生态补偿过程中我国政府发挥了主导性作用，这主要是由我国国家政体、国家机构的职能和生态环境与自然资源的公共物品属性综合决定的。政府补偿是目前我国开展生态补偿最重要的形式，也是在国情下较容易启动、落实、回溯的形式，政府的主导作用主要体现在如下方面：一是直接通过财政手段实施生态补偿和生态建设工程，各级政府加大对生态补偿和生态环境保护的支持力度，1998—2008 年的 10 年间，中国在环境保护和生态建设方面的投入高达 15800 亿元，资金的安排使用重点向欠发达地区、重要生态功能区、水系源头地区和自然保护区倾斜；二是以政策倾斜、项目实施、税费改革和人才技术投入等补偿方式，改变市场信号，提高生态破坏与占用的成本；

三是通过完善管理制度，将一些生态环境服务功能推入了市场，通过市场交易来实现价值。就目前的实践来看，中央政府将在相当长的一段时间内继续成为主要的补偿主体。

与此同时，我国政府在一定范围内也利用市场机制来推动生态补偿政策的实施进程。各级政府通过推动市场交易的方式，降低生态保护的成本，实现生态保护的目的，主要包括：培育资源市场，开放生产要素市场，使资源资本化、生态资本化，使环境要素的价格真正反映它们的稀缺程度，收到节约资源和减少污染的双重效应；探索建立区域内污染物排放指标有偿分配机制，逐步推行政府管制下的排污权交易，运用市场机制降低治污成本，提高治污效率；积极探索资源使（取）用权、排污权交易等市场化的补偿模式，完善水资源合理配置和有偿使用制度，加快建立水资源取用权出让、转让和租赁的交易机制；引导鼓励生态环境保护者和受益者之间通过自愿协商实现合理的生态补偿。最典型的案例是在小流域综合治理中，通过拍卖、租赁、承包、股份合作制等形式治理“四荒”（荒山、荒沟、荒丘和荒滩）资源，通过明晰所有权，拍卖使用权，搞活经营权，放开建设权，建立良性运行和滚动发展机制，形成全社会共同治理水土流失的合力。

4. 显著促进了生态脆弱区和欠发达地区农户的增收

在贫困地区和生态脆弱区发展生态涵养和自然保护事业，最基本的前提是为农民提供新的收入源，使他们有能力打破传统的资源利用方式，实现生态补偿与精准扶贫的有机结合。在实践中，我国实施大规模的生态建设前瞻性地注重以不影响社区居民收入和生活水平为前提。目前的补偿方式主要是增加保护区建设的投入，将保护区内居民的生产生活损失纳入补偿范围，解决当地居民面临的困难。2020 年 4 月，习近平总书记再次踏访浙江省安吉县余村。从上空俯瞰，漫山翠竹将村庄装扮成一片硕大的“绿叶”，澄澈的余村溪穿村而过。站在余村文化馆外广场上，清新的空气扑面而来，实时空气负氧离子探测器显示，负氧离子含量为每立方厘米 4.8 万个。村路两边，一座座红顶黄墙的三层小楼次第排列。每天至少有 3 趟大巴车满载着游客开进余村，只为看看这里的青山绿水。但将时间倒回 30 年，这里却是“村村点火，户户冒烟”。20 世纪 80 年代中后期，安吉是浙江 20 个贫困县之一。为“摘帽”，安吉走上工业立县之路，靠山吃山，余村也不例外，炸山开矿，卖矿石、造水泥。很快，村民的“钱袋子”鼓了，村年集体收入达300多万元，大山却变得满目疮痍。痛定思痛，安吉做出了“生态立县”的新决断。1998年，安吉全县共投入8000多万元，对74家水污染企业进行强制治理，关闭33家污染企业，243家矿山企业整治后只剩下达标的17家。然而，集体收入也随之“断崖式”下降。

2005年8月15日，习近平同志来到余村考察，首次提出“绿水青山就是金山银山”的重要思想。习近平在余村考察9天之后，浙江日报《之江新语》专栏发表了《绿水青山也是金山银山》一文。文中指出浙江省“七山一水两分田”，许多地方“绿水逶迤去，青山相向开”，拥有良好的生态优势。如果能够把这些生态环境优势转化为生态农业、生态工业、生态旅游等生态经济的优势，那么绿水青山也就变成了金山银山。绿水青山与金山银山既会产生矛盾，又可辩证统一[20]。

十多年来，“绿水青山就是金山银山”思想引领着各地拨开发展迷雾，看清前路。大山是中国重要的生态屏障，保护和修复刻不容缓。如今，在许多大山里，“轰隆隆”的开矿声、伐木声少了，矿工、伐木工变身生态管护员，依靠多维的生态补偿，农户和农业链上的利益相关者用另一种方式与大山对话，一场场生态修复工程有条不紊地推进。“一竿毛竹富了一县农民，一片叶子富了一方百姓，一把转椅富了一方经济”，越来越多像安吉一样的山区，正演绎着新时代“靠山吃山”的绿色发展故事。

四、中国生态补偿的实施局限

受制于海外生态补偿理论成型和我国社会经济发育程度，我国的生态补偿实践起步较晚，在探索和完善的过程中存在的主要问题如下。

1. 缺乏国家层面的生态补偿整体规划

部门分头建设是当下实践中的鲜明痛点。资源的开发与保护以及生态环境的维护涉及多个行政管理部门，这些部门在维护资源可持续利用与保护生态环境方面具有各自的职责。然而在实际工作中，多头管理、分头实施的现象普遍存在。具言之，比较具有代表性的是林业部门的相关补偿政策，如生态公益林补偿金、退耕还林、天然林保护工程等政策，这些政策对减少森林资源破坏、维护森林生态系统功能和修复生态环境发挥了重要的作用，但政策的实施效果存疑，尤其是利益部门化和部门利益化现象严重。由于缺乏整体性和协调性，也缺乏明确的责任主体，各个职能部门根据各自对生态问题的把握和能争取到的国家投资进行生态建设，不便于国家和社会对生态建设效果进行监督。此外，在补偿空间域上，相对分散的补偿落地也稀释了有限投资的作用，不能集中用于重要生态功能区的保护与建设，甚至变为地方部门日常开支和福利补贴。对于有些影响比较大的项目区则分头跟进，重复立项，造成资金的低效使用和浪费，也增加了腐败风险。与林业领域生态补偿相似的，其他职能部门的政策也都不同程度地存在着不协同的问题。为此，有必要对目前的生态补偿相关政策进行相应的修改和完善，避免和减少政策部门利益化的问题，以提高政策的实效。从长远发展来看，生态补偿实践需要从维护整个生态系统的生态服务功能的角度出发，整合现有的生态补偿相关政策，明确补偿的责任主体、被补偿的对象、补偿的资金渠道、补偿的方式等问题，以便指导国家、地方各级政府建立和实施生态补偿机制。

2. 重政府补偿轻市场补偿

如前所述，首先，现阶段我国的生态补偿以政府主导型为特征，政府是我国实施生态补偿的支柱性力量。但是在实施过程中，由于相关政策措施推行呈现浓厚的部门化色彩，在部门与部门之间实则缺乏必要的协调机制，导致多头管理、多头收费的困局。其次，在中央和地方之间，很多地方打着生态补偿的旗号多头要补偿，但是资金一到手就先盖楼然后成立个机构再养上一堆人，行政色彩浓厚、成本高昂，最后真正补偿给老百姓的资金极其有限。这种完全依赖政府补贴的“外部输血”补偿方式，缺乏市场的竞争意识，并不能有效调动当地生态保护和自我发展的积极性，使得生态保护的内在驱动力逐渐衰减。追本溯源地看，无论是旅游生态补偿抑或各个维度的生态补偿实践，在其执行过程中往往涉及众多的利益相关者。但是当下我国的制度设计过程中恰恰对利益相关者广泛参与的机制建立缺乏必要的论证，对实现途径的研究和探索更是匮乏。可能的解释在于：一是由于各地自然条件和人文资源的不同，在补偿对象的认定上尚不能实现因地制宜，实施过程中并未充分考量地区间的差异；二是在补偿标准的制定上，更多地体现出政府的意愿，对链上利益相关者如农民、牧民、征地群体、乡镇企业的关注度偏弱。在旅游生态补偿领域，呈现出文旅资本点状布局多，由点及面少；资源错配多，精准致富少；圈地运动多，可续发展少的窘境。文旅生态补偿开启中国乡村危机潘多拉魔盒之论甚嚣尘上[21]。换言之，某种程度上资本、企业和各级地方政府的意愿和希望，不能广泛代表广大生态保护利益相关方的利益。我国是一个二元金融结构较为突出的国家，在广大欠发达地区，特别是贫困农户受到较为严重的金融排斥。以金融抑制为代表的排斥行为会限制农民群体表达意愿的机会，进而陷入“穷的根源是穷”的恶性循环[22]。

此外，利益协调机制的缺位现象不仅出现在政府与群众之间，还存在于中央政府和地方政府之间，存在于区域与区域之间。如在生态公益林补偿金政策的执行中，一些具有重要生态服务功能的林地，并没有得到国家有关部门的认定，因此得不到相应的补偿。这些地区多属于贫困山区，甚至是国家级的贫困县，地方财政本已入不敷出，要拿出大量资金继续投入还林工作几乎是不可能完成的任务。在这种情况下如果得不到其他利益相关者的资金支持，补偿工作将难以为继。因此，时代发展和历史实践呼唤更为高效、合理的市场之手，以经济杠杆的柔性力量化解发展中冲突与矛盾。

3. 重短期经济补偿轻长期发展能力补偿

生态补偿的价值观基础是社会公平，然而短期内的经济补偿往往不能真正培植这种公平的内生动能。首先，由于环境产权交易制度设立、运行所需的条件过高，我国很难在短时间内形成规模；加之环境产权的初始分配方式、交易原则、交易主客体、交易程序以及交易是否跨区域等问题还仍然处于实验阶段，短期经济补偿的利弊之论更需要更全面、更细致的探讨研判。其次，我国环保产业过多地分布在东南沿海和长江流域经济相对发达的省份，生态敏感地区的产业配置和产业辐射能力明显不足，在环保产业服务体系方面的技术开发、咨询服务，以及环保工程设计施工、产品营销、自然生态保护方面相对薄弱，呈现明显的不均衡、不合理态势。因此，进一步完善市场补偿机制，引导鼓励生态环境保护者和受益者之间通过自愿协商实现合理的生态补偿成为一个可以预见、值得执行的举措。有利于缓解部门补偿多、农牧民补偿少；直接物资、资金补偿多，产业扶持、生产方式改善少；生态建设多，相应的经济发展、扶贫、农村能源结构调整少的拘囿。

基于此，短期的经济补偿只会暂时给予受偿者一些物质上的补偿，看似额度很大的经济补偿不足以弥补受偿者因此所失去的发展能力和发展机会，而这些成本才是真正巨大的和需要补偿的，并且所需投入和解决的难度都将远远超过前者。“造血型”的生态补偿长效机制就显得机不容发。需要国家加快构建生态补偿的产业扶持政策，统筹区域协调发展、提高欠发达地区发展能力，如根据生态建设的需要，将环境友好型工业、生态旅游、绿色农业等新产业、新能源的发展列为重点支持范围，调整源区、上游地区的产业结构，发展新能源，搞好生态移民，将产业项目支持列为建立生态环境补偿机制的重中之重。

4. 地方配套资金不足影响政策的实施

总体来看，中央不可能全盘负担和支持所有的生态补偿所需资金。合理的补偿标准是保证生态补偿政策实施效果的重要前提条件，而我国现行生态补偿相关政策存在补偿标准过低的问题，一方面是由于中央政府的财力有限，另一方面是在补偿标准制定的过程中没有充分听取农民的意见和基于市场的价值规律来决策，造成保护者经济利益的损失，甚至陷入贫困。当保护者的经济利益得不到合理补偿时，他们保护生态环境的积极性和政策的实施效果就难以避免地受到不同程度的负面影响。如退耕还林（草）的补偿标准造成退耕农民所获得的经济补偿低于（有的甚至远远低于）农户在同一土地进行农业生产所带来的经济效益，使农民蒙受经济损失，农民不愿意退耕，造成一些地区政策实施不利，开展退耕还林的阻力很大。

大部分地方政府自有资金严重不足，对国家投入的依赖性大。虽然在一些经济发达地区如广东、浙江、福建等省份的生态补偿政策实施情况良好，但在经济发展相对落后的广大地区，受制于地方财政总体不足的局限，地方配套的生态补偿资金无法保障，政策的实施受到很大影响。例如，在陕西南水北调的上游水源保护区内，由于地方财政资金不足，许多应该纳入生态公益林补偿的林地得不到补偿，林地破坏问题严重，长此以往，必将影响到整个南水北调工程的水质和水量。一般而言，经济欠发达地区也是我国生态保护任务最重和重要的生态功能区，生态功能比较脆弱，加上长期不合理的开发和利用，如今面临着严重的生态问题，如果因为地方配套资金的问题影响到这些地区生态功能的维护，长远来看，国家和地方必将面临严重的生态危机。

五、中国现行生态补偿的政策支撑

实施生态补偿需要有完善的政策和机制支持。结合前文分析不难发现，经过近些年的深入研究和不断实践，我国的生态补偿机制已经粗具规模，并在保障我国的生态安全和促进社会进步方面发挥着日益重要的作用。在此进程中，国家实施生态补偿的法律规定也逐步完善，建立了覆盖顶层和地方层面的相对完备的资源法和环境保护法体系，并在诸多法规和政策文件中都规定了对生态保护和建设给予扶持、补偿的要求和操作办法。

首先，在《宪法》的高度确立了环境资源保护、防止污染这一基本国策，为建立和完善生态补偿制度奠定了法律基石。我国《宪法》第 9 条规定：矿藏、水流、森林、山岭、草原、荒地、滩涂等自然资源，都属于国家所有，即全民所有；由法律规定属于集体所有的山岭、草原、荒地、滩涂除外。国家保障自然资源的合理利用，保护珍贵的动物和植物。禁止任何组织和个人用任何手段侵占或者破坏自然资源。第 10 条第 5 款规定：一切使用土地的组织和个人必须合理地利用土地。第 22 条第 2 款规定：国家保护名胜古迹，珍贵文物和其他重要历史文化遗产。第 26 条规定：国家保护和改善生活环境和生态环境，防止污染和其他公害。国家组织和鼓励植树造林保护林木。这些规定以国家根本大法的形式规定了自然资源的产权归国家或者集体所有，规定了国家保障对自然资源的合理利用，这对生态补偿及生态法律制度各种规范的适用和解释具有重大的指导意义。

其次，在我国环境与资源立法中，具有生态补偿性质的规定也有许多。如《森林法》规定：国家建立森林生态效益补偿基金，用于提供生态效益的防护林和特种用途林的森林资源、林木的营造、抚育、保护和管理。《土地管理法》《城市房地产管理法》《土地复垦规定》《基本农田保护条例》《野生动物保护法》《河道管理条例》《矿产资源法》《矿产资源补偿费征收管理规定》等法律法规，分别对各自领域内的生态环境和污染防治等问题做了规定，如规定的土地资源费有耕地开垦费、基本农田保护区耕地造地费、耕地闲置费、土地复垦费、征用土地补偿费、新菜地开发建设基金、国有土地有偿使用费、土地损失补偿费；规定有水资源费、河道工程修建维护费、河道采砂取土管理费等。

最后，从政府政策层面考量，我国制定和实施的一些政策与生态补偿问题密切相关，有些政策甚至可以理解为一种部门性的生态补偿政策，如生态公益林、旅游发展征地补偿政策等。上述与生态补偿密切相关的国家政策，具有重要的参考价值，为研究建立国家生态补偿政策和生态补偿机制奠定了基础。1993 年，国家环保局发布了《关于确定国家环保局生态环境补偿费试点的通知》，确定山西、陕西、内蒙古、云南、河北等 14 个省的 18 个市、县（区）为试点单位，开展了有组织地征收生态环境补偿费的试点工作。征收生态环境补偿费的主要目的是利用经济激励手段，促使生态环境资源的使用者、开发者和消费者保护和恢复生态环境，有效制止和约束自然资源开发利用中损害生态环境的经济行为，保证资源的永续利用。同时，所征收的补偿费纳入生态环境整治基金，用于生态环境的保护、治理与恢复，可以弥补生态环境保护资金的不足，实现国家对生态服务功能购买的目的；征收主体是环境保护行政主管部门；征收对象主要是那些对生态环境造成直接影响的组织和个人；征收范围包括土地开发、旅游开发、矿产开发、自然资源开发、药用植物开发和电力开发等领域；征收方式多元化，可按投资总额、按单位产品收费、产品销售总额付费方式、使用者付费和抵押金收费的方式征收生态环境补偿费。生态环境补偿费实施近 10 年来取得了一定的成绩，但也存在一些突出问题，特别是生态环境补偿费的概念和使用途径等不够清晰，造成 2002 年在国家清理整顿乱收费时被取消，各地的试点工作也基本停止。

1999 年国家首先在四川、陕西和甘肃开展了“退耕还林”的试点工作，积累经验，并在 3 年后制定了退耕还林 10 年规划。2002 年 12 月，国务院颁布了《退耕还林条例》，对退耕还林（草）原则、工作重点等内容做了明确规定，并于 2003 年在全国实施退耕还林（草）政策。退耕还林坚持生态优先，对那些水土流失严重的耕地，沙化、盐碱化、石漠化严重的耕地，生态地位重要、粮食产量低而不稳的耕地实施退耕还林。退耕还林遵循政策引导和农民自愿退耕相结合，谁退耕谁造林，谁经营谁受益，对退耕的农户和地方政府分别提供补偿，补偿期限一般为 5~8 年。政策实施以来对长江和黄河上游地区生态环境的改善发挥了积极的作用，退耕还林后这些地区森林面积大幅度增加，植被得到了恢复，减少了水土流失，形成了以山兴林、以林涵水的良险生态环境基础。但退耕还林政策在实施过程中也暴露出了一些问题，突出表现在政策实施期满后怎么办、补偿标准过低、补偿标准的制定缺乏市场基础、造成农民收入减少四方面。

1998 年通过的《森林法修正案》规定，国家建立森林生态效益补偿基金。2004 年财政部又会同国家林业局印发了《中央森林生态效益补偿基金管理办法》，明确提出为保护重点公益林资源，促进生态安全，财政部建立中央森林生态效益补偿基金。同年，财政部和国家林业局在广泛调查研究的基础上，选择了 11 个省区的 658 个县和 24 个国家级自然保护区，先行开始森林生态效益补偿资金的试点，涉及 1330 万公顷重点防护林和特种用途林。中央森林生态效益补偿基金对重点公益林管护者发生的营造、抚育、保护和管理支出给予一定补助的专项资金，补偿范围包括国家林业局公布的重点公益林林地中的有林地，以及荒漠化和水土流失严重地区的疏林地、灌木林地、灌丛地，平均补偿标准为每年每公顷 75 元，其中 68.5 元用于补偿性支出，8.5 元用于森林防火等公共管护性支出。生态公益林补偿金政策实施至今，取得了良好的效果。广东、福建和浙江等地方财政也拿出一定的配套资金，进行地方公益林补偿试点。但在政策的实施过程中也存在一定的问题，主要表现在生态公益林认定上存在问题、补偿标准不合理难以弥补保护者的损失、在补偿对象上存在问题、地方配套资金不足影响政策的实施等几个方面。

与公益林类似的，我国天然林保护工程从 1998 年开始试点，最本质的目的是要为以天然林砍伐为主要生产方式和谋生手段的林场职工提供有关资金补偿，彻底、有效地实现对天然林资源的保护。实施范围主要是保护长江上游、黄河中上游和东北内蒙古等地的天然林，涉及 18 个省（区、市），734 个县、167 个森工局（场）。补偿对象包括森林资源管护、生态公益林建设、森工企业职工养老保险社会统筹、森工企业社会性支出、森工企业下岗职工基本生活保障费补助等方面。该政策在 1998—1999 年的试点过程中，国家投入了 101.7 亿元。2000—2010 年工程期内，国家计划投入 962 亿元，其中中央补助 80%，地方配套 20%。2002 年又新增富余职工一次性安置经费 8.1 亿元，总投入达 1069.8 亿元。从政策取得的实际成效看，天然林的砍伐基本得到了有效遏制，特别是通过对森工企业采伐、管护、抚育天然林的经营活动给予财政上的支持，使保护森林生态功能的活动有了经济收益，使森工企业职工的生活问题得到了基本保障，基本解决了森林系统从破坏到保护的转变问题。同时，该补偿政策的实施客观上也维护了社会的稳定。因此，该政策的实施基本上是成功的。但在实施过程中也暴露出不少问题，突出表现在补偿对象上有不足、在天然林的认定上存在一定的误区、补偿金的使用不合理几个方面。

2003 年颁发的《退牧还草和禁牧舍饲陈化粮供应监管暂行办法》（国粮调〔2003〕8 号），是“退牧还草”政策的法律文件。该政策针对我国天然草场的主要分布地区，通过采取经济补偿的手段实现对退化草场的修复和保护。主要目的是保护和恢复西北部、青藏高原和内蒙古的草地资源，以及治理京津风沙源，补偿方式是为“退牧还草”的牧民提供粮食补偿，补助期限均为 5 年，饲料粮（指陈化粮）补助最高标准为全年禁牧每公顷每年补助饲料粮 82.5 公斤，季节性休牧每公顷每年补助饲料粮 20.6 公斤。总体上，“退牧还草”政策的实施比较顺畅，对修复草原生态环境和改善草场质量发挥了积极作用，取得了良好的环境效益，基本上实现了政策设计的初衷。在甘肃和青海等地许多原已经退化的草地已完全实现了禁牧，草场得到了有效的保护和修复，草原退化的问题在局部地区得到一定程度的缓解。但“退牧还草”政策执行中存在着补偿标准过低和补偿年限结束以后怎么办两个问题。

矿产资源税及矿产资源补偿费政策最早可以追溯至 1984 年。1994 年进行了较大的改革，扩大了征收范围。矿产资源税主要是为调节资源开发中的级差收入，促进资源合理开发利用，以纳税人开采或生产的销售数量或自用数量为课税数量。矿产资源补偿费征收的法律依据是国务院 1994 年颁布施行的《矿产资源补偿费征收管理规定》，旨从保障和促进矿产资源的勘查、保护与合理开发，从维护国家对矿产资源的财产权益的角度出发，规定对在我国领域和其他管辖海域开采矿产资源的采矿权人征收矿产资源补偿费。征收金额为“矿产品的销售收入、补偿费费率、开采回采率系数”三者之积。矿产资源补偿费纳入国家预算，实行专项管理，主要用于矿产资源勘查。矿产资源税和矿产资源补偿费政策在全国各地已普遍实施，是各地在矿产资源开发中执行的最为广泛的生态补偿政策之一。但同国外市场经济国家规范的做法相比，我国矿产资源使用制度主要存在无偿占有矿业权现象仍普遍存在、矿业企业付费水平过低、征收难度大、矿产资源补偿费的分成比例不尽合理等明显问题。

水资源费征收管理和取水许可制度密切相关，是国家水资源政策的一个重要组成部分。国务院 2006 年 1 月发布的《取水许可和水资源费征收管理条例》，就有关水资源费问题做出了明确规定。水资源费实施的一个重要目的是通过水资源费的经济调节作用进行调配水资源，是国家行使水资源所有权的一种形式。《取水许可和水资源费征收管理条例》规定了取用水资源的收费对象、征收标准、管理与使用、农业用水的水资源费有关规定等内容。在水资源费标准的制定过程中应考虑各地社会经济发展的实际情况，对不同的用水单位制定不同的水资源费标准。

中国主要的贫困地区往往也是重要的生态功能区和生态脆弱区，这些地区的共同特征是地域偏远、生态失调、经济发展缓慢、生产生活条件极为恶劣。进入 21 世纪后，扶贫问题与生态保护问题的联系日益密切。从某种意义上说，生态补偿政策可以通过给当地居民的经济补偿而起到扶贫的作用；同时，扶贫政策的实施，也可以通过经济的补偿来实现保护生态环境的目的。因此，扶贫政策也可视为生态补偿的相关政策。扶贫政策包括贫困县的界定和分布，实行开发式扶贫、重点向西部倾斜、强化扶贫资金管理、以省为主的扶贫工作负责制、制定鼓励贫困地区及贫困农户发展的优惠政策等扶贫方法。以 1986 年 5 月 16 日国务院贫困地区经济开发领导小组的建立为标志，我国实施有计划、有组织、大规模扶贫开发已有 30 多年。30 多年来，中国政府安排的扶贫专项资金累计达到了 1378.1 亿元，其中财政资金 273.6 亿元，以工代贩资金 349 亿元，信贷扶贫资金 755.5 亿元。1986—2005 年间，中国农村绝对贫困人口数量从 1.25 亿下降到 2365 万，减少了 1 亿多人；农村绝对贫困发生率由 14.8% 下降到 2.5%；国家级贫困县农民人均纯收入从 1985 年 206 元提高到 1998 年 1318 元。

生态移民政策是为了保护一个地区特殊的生态或者让一个地区的生态得到修复而进行的移民。我国的生态移民政策脱胎于扶贫政策，也是解决生态脆弱地区和重要生态功能区生态恢复和保护，实现群众脱贫的一项重要手段。根据发改委国土开发与地区经济研究所对中国生态移民问题的有关研究，生态移民包括生态脆弱区移民和重要生态区移民两种。我国实施真正意义的生态移民是从2000年开始的，计划将西部地区700万农民通过移民来促其脱贫。据不完全统计，这些年来，各级政府从当地实际情况出发，通过多种方式和途径迁移安置260万贫困人口，其中已稳定在迁入地居住的达241万，占92.9%，使全国需要自愿移民的搬迁贫困人口由750万减少到了500万左右。国家对符合移民条件的迁移户，给予专项补偿。国家还提出，一定要注意让移民有一个稳定的经济收入，要建立新的产业。此外，在土地、户籍等政策上，对生态移民也有相应的优惠和扶持政策。但生态移民政策在实施过程中存在补偿标准过低、移民回迁问题突出、迁入地环境问题比较突出等主要问题。

1997年开始实施的《中华人民共和国矿产资源法》规定：开采矿产资源，应当节约用地。耕地、草地、林地因采矿受到破坏的，矿山企业应当因地制宜地采取复垦利用、植树种草或者其他利用措施。开采矿产资源给他人生产、生活造成损失的，应当负责赔偿，并采取必要的补救措施。同时，《中华人民共和国矿产资源法实施细则》对矿山开发中的土地复垦、水土保持和环境保护的具体要求做了明确规定，对不能履行上述责任的采矿人，应向有关部门缴纳生态环境修复保证金。但目前能真正实施矿产资源开发生态环境修复保证金制度的地方还很有限，多数地区主要以青苗补助和房屋占用赔偿的方式支付矿山资源开发中的有关补偿问题。

三江源保护工程政策从2005年开始执行，总投资75亿元。根据国务院批准的《三江源自然保护区生态保护与建设总体规划》，计划用7年时间对三江源地区开展生态保护与建设。截至目前，已全面完成三江源生态保护与建设、农牧民生产生活基础设施建设和支撑项目三大类项目，包括退耕还林、退牧还草、已垦草原还草、草地鼠害治理、生态恶化土地治理、森林草原防火、水土保持和保护管理设施与能力建设、草地保护配套工程和人畜饮水工程、生态移民工程、小城镇建设、人工增雨工程、生态监测与科技支撑等22项建设内容的实施方案。流域治理与水土保持政策是为了减少水土流失，促进农村小流域治理和小水电建设，1998年水利部和财政部联合制定了《小型农田水利和水土保持补助费管理规定》，并将“小型农田水利和水土保持补助费”的专项资金纳入国家预算，用于补贴扶持农村防止水土流失、发展小型农田水利、建设小水电和抗旱等方面的投入。

第七章　全球案例地的比较启示

拘囿于国情差异和发展水平异同，不同国家对生态补偿的做法也不尽相同。尽管世界各国在生态补偿领域的实践各有侧重，但很多生态补偿的成功经验对我国进行生态补偿研究与实践有着重要的启示。

首先，国际生态补偿取得成功的重要原因在于大多数国家拥有相对完善的产权制度，有利于利用市场机制进行补偿。其次，政府支付能力十分关键，强大的政府支付能力能够对重要的生态服务进行及时的购买。再次，西方发达经济体配合生态补偿构建了完善的法律法规，能够及时将资源开发的外部成本能够内部化，对链上利益相关者的“权—责—利”进行清晰界定。最后，社会参与协商机制较为成熟，能够在生态补偿政策实施中真正反映各利益相关者的立场等。当然，由于社会经济条件的异同，特别是市场经济发育程度的不同，中国不能对国际上的做法进行简单的拷贝，但全球典型国家对生态补偿过程中的关键节点处理不失为我国可资借鉴的研究范本。

国际现行的生态服务付费模式非常值得我国引荐、学习、改良与使用。现阶段生态补偿领域通用的模式主要包括公共支付手段和市场手段两种模式，二者各有其适用的条件及利弊，形成了相辅相成的关系。国际经验表明，生态功能服务面广、受益人数多，施行以公共支付模式为主体的生态补偿模式能够最大化地体现公共性。不过，该模式存有两大潜在的执行风险。其一，囿于信息的不对称，公共支付可能支付了高于实际所需的费用；其二，政府的官僚体制往往伴生于低效率及权力寻租的可能，加之政府预算优先的运行特点都可能影响公共支付模式的实际效果。那么，借助市场相对较高的补偿效率和相对较低的交易成本优势，将能较好地规避生态补偿过程中难以量化生态服务功能的困境。此外，利用市场化手段可以清晰地界定受益主体和受益方式，生态服务的标准化愿景也有了实施的载体。不过，市场化模式在实施过程中的适用条件相对严苛，需要所在地区和国家拥有良好的市场环境和管理制度，另外，达成协议的交易成本也是实践中的一重挑战。观之我国重点生态功能区和既有流域生态补偿的经验，政府在其中一直扮演着主导角色。旅游是我国首批对外开放的产业，也是目前我国开放程度最高的产业之一。在旅游生态补偿的实践中，充分借鉴、嫁接海外生态补偿中市场机制的成果案例，在旅游反哺属地的核心环节中践行公共支付和市场兼有的手段，扩大利益相关者的受众面和参与度，以多方协商机制保证公共支付政策的效率和长效性，这对于强化生态脆弱区的经济社会发展存在着潜在促进作用。

国际上公共支付模式大多以开放、灵活为主。公共支付的一个重要特征是主要资金来源于政府或其他公共部门，但其运行机制并不一定是公共部门独家封闭运作。比如，美国德尔塔水禽协会承包的沼泽地计划在实施过程中就有诸多体现灵活、多变、因地制宜之处。一是除了公共资金之外，可以广泛吸引社会资金参与到补偿中来；二是补偿标准的确定应该以市场机制为基础，并随着市场情况的变化而不断调整；三是非政府组织或中介机构参与具体补偿计划的实施，这样有利于克服官僚体制运作的低效率和腐败等问题；四是被补偿人广泛而深入地参与，对确定合理的补偿标准和确保补偿计划顺利实施有重要意义。

重视生态标志制度的作用是西方发达经济体生态补偿制度的亮点。本质上看，生态标志制度并非直接意义上的生态补偿，但是公众以超出一般产品的价格购买和消费以环境友好方式生产的产品，实际上购买了附加在这些产品上的生态服务功能的价值，是对生产这类产品所付出的保护生态环境的额外成本进行间接补偿。观之中国情境，目前我国的生态标志产品的消费市场正在逐渐形成，只要价格体系得当，消费者有支付意愿，愿意对生态标志产品进行购买，也能够达到生态补偿的目的。截至 2019 年，中国环境标志已经在办公设备、日用品、家电、建筑装修材料、纺织用品等领域开展了 56 大类产品的认证，共有 2000 余家企业的 20000 多种产品获得了中国环境标志产品认证，环境标志产品的年产值超过 900 亿元。美中不足的是，中国目前对生态标志制度的生态补偿含义的认知依然不够清晰。可资借鉴的经验是，政府一方面应重视生态标志制度的生态补偿意义，继续有意识地将其作为实现生态补偿的政策手段加以广泛而深入地应用，强化生态标志在鼓励调整产业结构、发展环境友好型产品中的作用，将保护后的生态优势转化为产业优势，走出一条清洁型产业的道路。另一方面应积极建立绿色消费体系，特别是鼓励政府绿色采购，推动生态标志产品的发展，以期形成更为完善、精准、有效的生态补偿途径。

参考文献

[1]Dilsaver，Lary M. America's mational park system：The critical documents[EB/OL]. http：//www.cr.nps.gov/history/online books.

[2] 张建萍 . 生态旅游理论与实践 [M]. 北京：中国旅游出版社，2001.

[3]National Park Service. NPS Funding[EB/OL].https：//www.nps.gov/index.htm.

[4] 刘丽 . 我国国家生态补偿研究 [D]. 青岛大学，2010.

[5]Sustainable development of ecotourism：a compilation of good practices，World Tourism OrganiZation，2003.

[6] 张红梅 . 保护地发展需要一针“强心剂”——保护地旅游项目生态补偿政策现状分析与实践探索 [N]. 中国绿色时报，2013-11-25.

[7] 钟林生 . 世界生态旅游地理 [M]. 北京：中国林业出版社，2006.

[8] 澳大利亚官方旅游网站 . 卡卡杜国家公园概述与发展 [EB/OL].http：//www.australia.cn/search?key= 卡卡杜 .

[9] 汤自军 . 自然文化遗产产权制度的国外启示——以澳大利亚为例 [J]. 中国集体经济，2011，28（10）：195-196.

[10] 马建忠，杨桂华 . 新西兰的国家公园 [J]. 世界环境，2009（1）：76-77.

[11] 何才华，熊康宁 . 关于新西兰的国家公园建设与管理研究 [J]. 贵州师范大学学报（自然科学版），1992，1（10）：1-8.

[12] 罗勇兵，王连勇 . 国外国家公园建设与管理对中国国家公园的启示——以新西兰亚伯塔斯曼国家公园为例 [J]. 管理观察，2009（6）：36-37.

[13] 佟玉权，王辉 . 环境与生态旅游 [M]. 北京：中国环境科学出版社，2009.

[14] 杨桂华，张志勇，徐永红 . 生态旅游案例研究仁 [M]. 天津：南开大学出版社，2004.

[15] 张建萍 . 生态旅游与当地居民利益——肯尼亚生态旅游成功经验分析 [J]. 旅游学刊 .2003，18（1）：60-63.

[16]Archabald K. Naughton-Treves L. Tourism revenue-sharing around national parks in Western Uganda：early efforts to identify and reward local communities[J].Environmental Conservation. 2001（28）：135-149.

[17] 周少舟 . 对促进我国森林资源增长的思考 [J]. 中国国情国力，2014（4）：35-37.

[18] 国家林业和草原局（国家公园管理局）. 我国治理土地荒漠化十年减少出三个上海面积 [EB/OL]. http：//www.forestry.gov.cn/portal/zsb/s/988/content-885416.html.

[19] 生态环境部 . 年政府采购环境标志产品金额超 1600 亿元 [EB/OL].https：//weibo.com/6059162597/IdMhKwIDC?type=comment.

[20] 国家林业和草原局（国家公园管理局）.“中国森林认证”享誉海内外 [EB/OL]. http：//www.forestry.gov.cn/xdly/5201/20180621/083925163468448.html

[21] 绿水青山就是金山银山 [EB/OL]. http：//paper.people.com.cn/rmrbhwb/html/2019-09/11/content_1945886.htm.

[22] 李涛 . 中国乡村旅游投资发展过程及其主体特征演化 [J]. 中国农村观察，2018（4）：132-144.

[23] 车四方，谢家智，姚领 . 社会资本、农村劳动力流动与农户家庭多维贫困 [J]. 西南大学学报（社会科学版），2019（2）：61-73+196.

第四篇　案例实证

东南形胜，连江通海。浙江省是我国经济发展最活跃、开放程度最高、创新能力最强的省份之一，在国家生态文明建设和现代化征程中扮演着“重要窗口”的角色。当前，我国正处于“两个大局”的重要历史时期，面临严峻复杂的国内外形势。更好地以生态旅游理念推动长三角一体化发展，率先在浙江形成新的发展格局，这对于引领高质量发展、全面建设社会主义现代化国家具有重大而深远的意义。本篇在阐述浙江用足、用好“三个地”的丰富资源和特色优势的基础上，就全省现行的旅游生态补偿方案做了综述，并以此为蓝本，对旅游生态补偿政策、不同生计资本对浙江省 11 个国家重点生态功能区的可持续生计影响做出效应分析。

第八章　研究区概述

一、浙江省环境质量、社会、旅游经济现状

1. 浙江环境质量

浙江位于亚热带季风气候区，冬季受蒙古高压控制，盛行西北风，以晴冷、干燥天气为主，是浙江省低温、少雨的季节。夏季受太平洋副热带高压控制，以东南风为主，海洋提供充沛的水气，空气湿润，是浙江高温、强光照的季节。春秋雨季为过渡时期，气旋活动频繁，锋面雨甚多，冷暖变化亦大。浙江气候总的特点有：季风交替规律显著，年温适中，四季分明，光照较多，热量丰富，雨量充沛，空气湿润。同时，因濒临海洋，浙江省的温湿条件比同纬度的内陆季风区优越，是我国自然条件最优越的地区之一。

浙江太阳年辐射量在 4000~4800mJ/ ㎡，较我国同纬度的内陆省份为多。全年日照时数在 1100~2200h。平均气温在 15.0℃ ~18.0℃，极端最低温度 −17.4℃ ~−2.2℃，极端最高气温 33.0℃ ~42.9℃。浙江雨量充沛，系我国降水较丰富的地区之一。浙江年降水量在 1000~2000mm，全年雨日 140~170 天。一年之中，3 月至 7 月初的春雨和梅雨降水量丰富；7 月至 8 月为盛夏，干旱少雨，唯沿海有台风雨补充；入秋后，9 月份有一短暂秋雨期，10 月至翌年 2 月降水最少，多晴冷天气。由于季风的不稳定性，浙江冬季低温、寒潮，夏季高温、干旱，雨季洪涝，夏秋热带风暴和春夏季的冰雹等，均是浙江经常出现的灾害性天气。

2019 年 3 月 25 日，浙江省副省长陈奕君在浙江省十三届人大常委会第十九次会议上作了题为《关于 2019 年全省环境状况和环境保护目标完成情况的报告》，指出浙江生态环境状况指数连续多年保持全国前列。2019 年，浙江全省地表水总体水质为优；11 个设区城市细颗粒物（PM2.5）平均浓度比 2018 年下降 3.1%；已建成危险废物利用处置项目 206 个，利用处置能力达 934 万吨 / 年，11 个设区城市区域环境噪声平均值为 54.4 分贝，具体包括以下几方面。

就水资源总量来看，浙江全省水资源总量为 1321 亿立方米，人均水资源量达 2259 立方米，处于全国中游水平。水环境质量方面，浙江 221 个省控断

面Ⅰ~Ⅲ类水质比例为91.4%，比2018年上升6.8个百分点，无劣Ⅴ类水质断面，满足水环境功能区目标水质要求断面占95.9%，比2018年上升6.3个百分点。大花园核心区和重点生态功能县29个出境断面水质全部达到功能要求。按个数计，11个设区城市的主要集中式饮用水水源地水质达标率为95.5%，比上年提高5.0个百分点；县级以上城市集中式饮用水水源地水质达标率为96.7%，比2018年上升2.2个百分点。145个跨行政区域河流交接断面水质达标率为96.6%，比上年提高6.3个百分点。近岸海域一、二类海水面积比例为41.4%，比2018年上升1.8个百分点。在近岸灾害方面，近岸海域共发现赤潮20次，累计面积约1857平方千米，其中有害赤潮4次，累计面积约255平方千米。与上年同期相比，赤潮发现次数增加2次，累计面积增加788平方千米。

空气环境质量方面，11个设区城市空气中颗粒物（PM2.5）年均浓度平均为31微克/立方米，比上年下降3.1%；日空气质量优良天数比例为76.7%~98.1%，平均为88.6%，比上年下降0.4个百分点。58个县级以上城市日空气质量优良天数比例为77.3%~100%，平均为94.0%，比上年下降0.2个百分点。2019年，全年霾平均日数37天，比上年增加15天。

固废物处理方面，到2019年年底，浙江省已建成危险废物利用处置项目206个，利用处置能力达934万吨/年，主要种类危险废物基本实现各设区市自我平衡。已建成生活垃圾处置设施149座，总处置能力达9万吨/日，焚烧、填埋、餐厨处理能力分别占68.2%、23.5%、8.3%，填埋比例较2017年年底下降4个百分点，处理结构持续优化，城镇生活垃圾无害化处理率达100%。全年全省城市（含县级城市）污水排放量38.3亿立方米，比上年增长2.7%；污水处理量为37.0亿立方米，增长3.7%；污水处理率96.48%，比上年提高0.85个百分点；城市（县城）生活垃圾无害化处理率100%；

气象采集与声环境方面，2019年年末有气象雷达观测站点10个，卫星云图接收站点15个，区域自动气象观测站3082个。浙江11个设区城市区域环境噪声平均值为54.4分贝，城市道路交通噪声平均值为67.6分贝，与上年度基本持平。生活噪声源和交通噪声源仍为影响城市声环境质量的主要来源。

综上而言，浙江生态环境状况指数已连续多年保持全国前列，习近平总书记在浙工作时提出的“两山”理论正在浙江全域迅速兑现。以“八八战略”为指引，浙江在大力发展经济的同时不忘生态保护工作，持续多年产业转型升级为生态环境向好供给了空间和资源。2019 年，浙江在保持全年规模以上工业企业能源消费量比上年增长 3.3%，单位工业增加值能耗下降 3.1%。其中，千吨以上和重点监测用能企业能源消费量分别增长 2.0% 和 2.5%，单位工业增加值能耗分别下降 3.3% 和 3.5%。根据 2019 年浙江省森林资源公告，全省森林覆盖率为 61.15%（含灌木林）。完成水土流失治理面积为 438 平方公里。全年平均降水量为 1950 毫米（折合降水总量 2024 亿立方米）。全年完成造林更新面积 14.3 千公顷，比上年减少 8.1%，其中，人工造林 6.2 千公顷，迹地更新 7.8 千公顷。森林抚育面积 81.3 千公顷，完成义务植树 2062 万株。新植珍贵树木 2400 万株，重点建设珍贵彩色森林 29.7 万亩。截至 2019 年年末，全省累计建成国家生态文明建设示范市 1 个，国家生态文明建设示范县（市、区）18 个，国家"绿水青山就是金山银山"实践创新基地 7 个，省级生态文明建设示范市 5 个，省级生态文明建设示范县（市、区）45 个。无独有偶，在长江经济带国家级自然保护区管理评估中，浙江以 100% 优良率名列第一。"聚焦高标准打好污染防治攻坚战、高质量建设美丽浙江，持续深化生态文明示范创建，蓝天、碧水、净土、清废等各方面工作取得关键进展，生态环境质量在较高水平上持续改善。"浙江省副省长陈奕君同志如是表示。

2. 浙江社会发展

2018 年以来，浙江省启动实施数字经济"一号工程"，全力打好高质量发展组合拳。概括而言，进入 21 世纪以来，浙江 20 年的经济社会发展总体平稳，稳中有进。同时也要看到，经济形势稳中有变，外部环境复杂严峻，不确定因素增多，经济社会发展中还存在不少矛盾和问题。综合浙江省统计局数据可总结为下述四点：一是经济下行压力加大。规模以上工业增加值增速比上半年回落 0.9 个百分点。企业家信心指数连续 3 个季度回落。企业投资意愿不强，增长后劲不足。出口存在较大不确定性，新出口订单指数连续 4 个月位于收缩区间。汽车类零售额比上年下降 0.7%，拉低社会消费品零售总额增速 1.6 个百分点。二是实体经济面临困难增多。2018 年，工业生产者购进价格继续高于同期工业生产者出厂价格涨幅。规模以上工业企业每百元主营业务收入中的成本同比提高 0.5 元。规模以上工业企业应付职工人均薪酬同比增长 13.9%。

企业利润增长乏力，发展质量和效益还有待提高。三是金融风险防控任务依然艰巨。P2P 网络借贷风险突出，非法集资时有发生。四是环境保护和生态涵养工作依然严峻。

可圈可点的是，在数字经济引领下，近三年浙江省结构调整步伐加快，全省经济社会发展呈现积极向好态势，具体体现在如下五个方面。

一是数字技术催生的新产业得到较快发展。首先，2018 全年，数字经济核心产业增加值 5548 亿元，比上年增长 13.1%，占生产总值的 9.9%，比重比上年提升 0.4 个百分点；在以文化和旅游两大万亿元产业中，增加值增长 12% 左右，健康、金融等衍生产业增加值按现价计算增长 10% 左右。规模以上工业中，高端装备、时尚、节能环保制造业增加值分别增长 9.2%、9.7% 和 7.2%。高技术、高新技术、装备制造业、战略性新兴产业增加值增速均高于规模以上工业，占比分别为 12.8%、51.3%、40.7% 和 29.6%，拉动规模以上工业增加值增长 1.7 个、5.1 个、4.0 个和 3.1 个百分点。计算机通信电子（18.8%）、仪器仪表（10.3%）、专用设备（10.1%）、通用设备（9.6%）、汽车（9.4%）、医药（8.4%）等行业增加值增长较快。2018 年 1—11 月，规模以上服务业企业中，战略性新兴服务业、科技服务业和高技术服务业营业收入分别增长 22.0%、23.1% 和 20.1%。数字技术推动传统产业改造提升方面，2018 年，浙江规模以上工业中，17 大传统制造业增加值比上年增长 6.0%，其中，化纤、非金属矿物制品、有色金属加工等行业增加值分别增长 13.8%、10.0% 和 9.6%。17 大传统制造业利润增长 7.2%，增速比规模以上工业高 1.9 个百分点，对规模以上工业利润的增长贡献率达 83.0%。其中，非金属矿物制品、服装、化学原料行业利润增速高达 77.9%、46.4% 和 17.7%。其次，数字产品、智能产品生产和高新技术产品出口增长较快。2018 年，规模以上工业新产品产值比上年增长 17.6%；新产品产值率为 36.4%，比上年提高 1.9 个百分点。其中，碳纤维增强复合材料（408.5%）、光纤（115.6%）、太阳能电池（42.4%）、城市轨道车辆（32.8%）、新能源汽车（22.3%）、智能手机（21.3%）、智能电视（17.2%）、工业机器人（8.0%）等产量快速增长。机电产品出口 9214 亿元，比上年增长 9.6%，高新技术产品出口 1408 亿元，增长 11.5%，分别占出口总额的 43.5% 和 6.6%。再次，商品消费在线上线下融合中持续升级。从 2018 年限额以上批发零售单位分类商品零售额看，汽车零售额占 39.7%，石油及制品类比上年增长 15.9%；消费升级类其他商品增长 15.1%。其中，化妆品、通信器材类分别增长 30.7% 和 17.8%。增长较快的还有饮料、机电产品及设备类，分别增长 25.1%、20.7%。服装鞋帽针纺织品、日用品、家具、粮油食品、中西药品类增速均在 10% 以上，通过公共网络实现的零售额增长 29.1%。据省商务厅资料，网络零售额 16719 亿元，增长 25.4%；省内居民网络消费 8470.5 亿元，增长 25.0%。与线上消费相关的快递业务量达 101.1 亿件，比上年增长 27.5%，业务收入 779.3 亿元，增长 16.6%。最后，“一带一路”统领的开放纵深推进，全省开放平台辐射能力进一步增强。2018 年，对前三大贸易市场欧盟、美国和东盟进出口分别为 5569 亿元、4620 亿元、3160 亿元，增长 9.3%、10.1%、22.5%，合计占全省进出口的 46.8%。浙江省在巩固传统出口市场的同时，对“一带一路”沿线国家加大开发力度，2018 年完成进出口 8967 亿元，增长 12.3%，占全省进出口的 31.4%，占全国对“一带一路”沿线国家进出口的 10.7%。2018 年 10 月，“一带一路”捷克站开始运营，义新欧班列开行 320 列。此外，省委省政府持续推动中国（浙江）自由贸易试验区扩权，2018 年自贸区投资 420 亿元，新增注册企业 1998 家，新增油品企业 703 家，大宗商品电子交易额 1487 亿元；引进外商投资企业 299 家，合同外资 38.9 亿美元，实际利用外资 2.9 亿美元。

二是创新力度持续加大，创新成效不断显现。第一，全省大力实施科技新政、人才新政。截至 2019 年，浙江 R&D 支出占 GDP 比重为 2.52%；科技进步贡献率为 61.8%，比上年提高 1.7 个百分点。财政科技支出增长 25.1%；规模以上工业技术（研究）开发费增长 29.2%，高于主营业务收入增速 19.0 个百分点，技术研究开发费相当于主营业务收入的比例为 2.2%，比上年上升 0.3 个百分点。发明专利授权量达 3.26 万件，增长 13.2%，技术市场交易额增长 52.7%。2018 年，全省新增国千、省千人才 320 名。之江实验室建设顺利推进，西湖大学正式设立，国家科技进步特等奖实现零的突破。新培育科技型中小微企业 10539 家，新认定高新技术企业 3187 家。推动高新技术产业开发区和高新园区发展，园区中规模以上工业增加值增长 9.7%，增速比全部规模以上工业高 2.4 个百分点，拉动规模以上工业增长 2.7 个百分点。第二，特色小镇成为浙江省创业创新的重要平台。形成“培育一批、创建一批、验收命名一批”的特色小镇有序发展格局，截至2019年年末，全省共有省级特色小镇186个，其中创建小镇115个、培育小镇64个、命名小镇7个。2018年，115个创建小镇建设项目2372个，共投资1167亿元，镇均10.1亿元。大项目带动作用明显，亿元以上项目904个，占项目总数的38.1%，投资1009亿元，占投资总额的86.5%。

三是营商环境不断改善，市场活力不断增强，“最多跑一次”改革成效明显。2018年10月调查的“最多跑一次”改革“实现率”（实现“一次办结”的比例）达90.6%，比6月提高1.8个百分点；“满意率”（对“最多跑一次”改革成效给予满意、比较满意评价的比例）达96.5%，比6月提高1.8个百分点，其中“满意”的比例提高5.0个百分点。“最多跑一次”改革“双率”高位提升，撬动效应进一步显现。具言之，第一，民营经济优势持续提升，营商环境不断优化，为民营经济注入了新的活力。在最新公布的中国民营企业500强中，浙江有93家上榜，连续20年居全国第一。民营企业生产和利润较快增长。2018年，规模以上工业中，民营企业工业增加值比上年增长8.1%，比规模以上工业高0.8个百分点，占比为60.5%，对规模以上工业增长的贡献率达66.4%。民营企业工业利润增长10.2%，增速比规模以上业高4.9个百分点。民间投资快速增长。2018年民间投资增速（17.8%）比全部投资高10.7个百分点，比上年提高4.5个百分点，占投资总额的比重（63.1%）比上年提高4.8个百分点。民营企业出口比重提升。2018年，民营企业进出口、出口、进口分别增长12.7%、10.6%和22.6%，分别高于全省1.3个、1.6个和3.6个百分点，民营企业对外贸出口、进口的贡献率分别为90.6%、61.4%。民营企业出口占全省出口的78.0%，比上年提高1.1个百分点，继续保持第一大出口主体地位。第二，全省全面实施凤凰行动、雄鹰行动、雏鹰行动，推进企业上市和并购重组。全年新增上市公司28家。截至2018年12月末，全省有境内外上市公司535家（全年目标为520家），超额完成目标任务。境内上市公司432家，实施并购重组308起，并购投资额1168亿元。新市场主体不断培育。据省市场监管局资料，2018年，新设内资企业44.3万户，比上年增长14.8%；新设个体工商户78.8万户，增长6.5%。年末在册市场主体654.2万户，增长

10.3%，其中企业 224.5 万户，增长 14.4%。第三，浙江全省深入推进供给侧结构性改革。2018 年，处置僵尸企业 393 家，超额完成处置僵尸企业 200 家的年度目标任务。全年规模以上工业企业产能利用率为 81.9%，高于全国的 76.5%，其中四季度为 82.1%，高于全国的 76.0%，连续 9 个季度保持在 80% 以上。商品住宅消化周期已降至 7 个月以下。商品房销售面积和商品房销售额分别增长 1.6% 和 14.2%。年末规模以上工业资产负债率为 55.5%，服务业企业资产负债率为 53.4% 左右。2018 年，规模以上工业企业每百元主营业务收入中的成本为 83.8 元，低于全国（1—11 月为 84.2 元）。

四是发展质量继续向好，民生福祉不断改善，财政收支较快增长。2018 年，一般公共预算收入 6598 亿元，增长 11.1%。税收收入 5587 亿元，增长 11.6%，占一般公共预算收入的 84.7%。在税收收入中，增值税和企业所得税分别增长 9.6% 和 11.8%，个人所得税增长 14.3%。非税收入 1012 亿元，增长 8.1%。一般公共预算支出 8628 亿元，增长 14.6%，民生八项支出占财政支出的 73.4%。2018 年，全社会劳动生产率 14.7 万元 / 人，按可比价格计算，比上年增长 6.0%。规模以上工业劳动生产率达 22.5 万元 / 人，按可比价格计算，增长 8.3%。规模以上工业企业利润总额 4452 亿元，增长 5.3%，其中，化学原料、非金属矿物制品、纺织服装行业对规模以上工业利润增长贡献率达 96.7%。主营业务利润率为 6.48%。1—11 月，规模以上服务业企业营业利润 1940 亿元，增长 7.7%，增速比上半年回升 1.5 个百分点。首先，城乡居民收入稳步增长。2018 年，全体居民人均可支配收入 45840 元，比上年增长 9.0%，扣除价格因素增长 6.5%。城镇、农村居民人均可支配收入分别为 55574 元和 27302 元，分别为增长 8.4% 和 9.4%，扣除价格因素增长 6.0% 和 7.0%。城乡居民人均收入倍差为 2.04，较 2017 年的 2.05 略低。全体居民人均可支配收入为全国平均水平（28228 元）的 1.6 倍，居全国第三、省区第一位；城镇常住居民人均可支配收入为全国平均水平（39251 元）的 1.4 倍，连续 18 年居全国第三、省区第一位；农村常住居民人均可支配收入为全国平均水平（14617 元）的 1.9 倍，居全国第二位，连续 34 年居省区第一位。其次，全省就业社保工作保持稳定。全年城镇新增就业 125.3 万人，超额完成年度目标任务。年末城镇登记失业率为 2.60%，城镇调查失业率各季保持在 4.1%~4.5%，四季度为

4.1%。年末基本养老保险参保人数达4081万人，基本医疗保险参保人数5367万人。就其来源细分，企业职工参保2665万人，城镇职工参保2277万人。最后，平安建设成效明显。浙江全省11个地级市持续加强各类安全风险管控，有效处置各类突发事件。生产安全事故起数、死亡人数分别下降33%和28%，火灾事故起数、死亡人数分别下降32.5%和37.5%，道路交通事故起数、死亡人数分别下降35.4%、29.1%。百姓安全感增强，2018年群众安全感满意率为96.84%，比上年提高0.26个百分点。

五是持续打好三大攻坚战，筑牢高质量发展底线。不良贷款双下降。2018年年末全省银行业不良贷款余额比年初减少269亿元，不良贷款率1.15%，比年初下降0.49个百分点，为全国最低的五个省份之一。此外，在脱贫攻坚方面，浙江自2015年起开展结对帮扶全覆盖，助力低收入农户稳步增收。2018年，全省完成新一轮低收入农户认定工作，最终认定68.45万户、119.52万人。全省低收入农户人均可支配收入11086元，比上年增长14.4%。最低生活保障标准实现城乡同标，达到7200元以上。尤其是新冠肺炎疫情发生以来，全省上下坚决贯彻党中央各项决策部署，结合浙江实际，实施“一手抓疫情防控，一手抓复工复产”，坚持防疫优先、守牢底线，实行分区分级精准防控策略。各地春耕备耕有序开展，农业生产逐步恢复，各级政府和农业部门纷纷出台政策举措，全力稳住“菜篮子”和“米袋子”，确保全年农业增产、农民增收。

3. 浙江旅游产业运行

旅游服务经济指的是一国将当地的多种旅游资源整合起来提供给游客观赏，并为其提供服务的过程，这不仅包括一国居民或旅游行业工作人员为外国游客提供以获取报酬为目的的服务活动，也包括一国居民到国外参观游览或度假时其他国家工作人员所提供的旅游引导服务[1]。通常情况下，具有较强国家竞争力的国家生产水平较高，与之相对应的生产成本较低，其旅游服务经济具有较强的竞争优势，也会吸引了更多消费者的关注。

浙江省地处中国东南沿海长江三角洲核心地区，是吴越文化、江南文化的发源地，自古被冠以“鱼米之乡、丝茶之府、旅游胜地”之称。浙江省拥有26万平方公里海陆面积，拥有3000多个海岛。丘陵山区占陆地面积约70%，地貌景观800多处，水域景观200多处，是一个自然风光与人文景观融合交汇的知名旅游省份[2]。根据浙江省统计局和浙江省文化和旅游厅发布的数据显示，省内11地市的入境旅游人数在逐年增长，旅游企业经营状况良好，营业收入呈现逐年增长的趋势，浙江省内的旅游服务贸易产业在近20年间得到了较快的提升，多层级全域旅游目的地成果初显。从入境旅游人员情况可知，在2009—2016年的8年内，浙江省的旅游服务经济产业发展速度飞快，外国游客到访浙江的旅游人数和次数明显攀升。相较于2009年，2016年外国人到浙江旅游的总人数增加了550万人，同比增幅达到10.7%，较2009年接待总量增加了近1倍[3]。就城市而言，接待外国游客数量较多的地区为杭州、宁波和温州三个城市，与上述三个主要入境旅游接待地呈极差表现的是衢州、丽水、台州、舟山四个城市。从旅游企业经营情况反观浙江旅游业整体运行情况可以发现，全省旅行社接待总量自2016年起持续下滑，截至目前仍未改变。不过在历史同期，浙江省内以住宿为核心业务的宾馆酒店平均床位出租率为56.12%，累计增长1.77%[4]。值得一提的是，浙江是乡村民宿、中国共享经济的主要源起地，肇自2015年的民宿潮改变了以“80后”“90后”为代表的主流出游人群的住宿选择，相较于高档的星级酒店以及廉价但设施简陋的连锁酒店，民宿这种经济又不失居家感的住宿环境正成为度假住宿的重要补充。因业态而生的小猪短租、美团、Airbnb等住宿新业态平台在浙江迅速渗透，近三年的年均增长率超过100%[4]。无独有偶，2019年，浙江省在册景区游览人数呈现大幅度攀升态势，累计接待出游客群达到了12亿人次，同比增长约25%。其中，浙江A级景区接待游客数量为4.3亿，较2015年上升了16%，门票收入达81.6亿元，较2015年上升了16.9%[4-5]。2019年，全省旅游增加值达5325亿元，比上年增长8%，旅游人次超7亿，对GDP综合贡献超过19%。安吉、江山、宁海3个县（市）成功创建国家全域旅游示范区，创建数并列全国第一。不过，据浙江省旅游联合会、浙江省饭店业协会的不完全统计，2018年下半年至2020年上半年间，受制于产能出清、发展转型、新冠疫情等经济波动及突发事件影响，浙江省旅游产业运行波幅扩大，大环境冲击带来的“负效应”对小微旅游企业的影响尤甚。

步入2020年，在文旅深度融合的大背景下，浙江旅游业已经排定了全域高质量发展的“时间表”和“作战图”。概括来看，在浙江省文化和旅游厅发布的《全域旅游高质量发展行动2020年工作方案》中，明确表示要认真学习贯彻习近平总书记在浙江考察的重要讲话精神，精准落实疫情防控和复工复产各项举措，充分发挥文化旅游产业在经济社会发展中的重要作用，坚持“原生态是旅游的资本，发展旅游不能牺牲生态环境”，把绿水青山建得更美，把金山银山做得更大。具体措施如下。

一是顶层规划作牵引。浙江全域旅游从“大”处着眼，强调全空间大拓展、全产业大融合、全领域大布局；从“小”处着手，将举措具体落实到一座小城、一个小镇、一个小村，实现“各美其美、美美与共”，进而把浙江建成美丽大花园。既要谋全局，也要谋一域的务实行动，为旅游高质量发展和“诗画浙江”建设提供绵绵不绝的动力。2020年，全省文化和旅游新开工重大项目总计287个，总投资达3078.7亿元，年度计划投资457.3亿元。截至目前，全省文化和旅游在建项目总数已超3000个，总投资超两万亿元。

二是系统工程作抓手。2019年年末，《浙江省诗路文化带发展规划》正式发布，诗路文化带建设全面启动。“四条诗路”以自然资源为骨、以文化为魂，串联起全域旅游、文旅融合的格局。省财政4年共安排20亿元资金支持诗路建设。在系统工程的带动下，全省各地明确目标，合力推动诗路文化带建设：在永嘉，江南宋村等一系列重大诗路文旅项目已集中开工；在嵊州，新编诗韵越剧《剡溪访戴》业已走入大众视野。

三是品牌建设推进高质量发展。2020年以来，浙江正加快千万级核心景区建设，积极推进十大海岛公园、十大名山公园建设，逐步打响“百县千碗”品牌。开化成立美食产业发展领导小组，形成开化美食标准；新昌邀请业界人士和文史专家共同打造“唐诗宴”，让美食更具诗意。战疫“下半场”，为推动全域旅游市场复兴，浙江各地都在努力。宁海出台7条扶持措施，投放3000万元文旅惠民消费大礼包，推出“坐高铁免费游宁海”、全国医护工作者免费游宁海等活动；安吉深入开展“五百行动”，在项目推进、景区培育、人才提升、立体营销、产业融合等方面发力，走出一条绿色发展、和谐发展的文旅融合之路。2020年的清明小长假，浙江文旅企业逐步复工复产、恢复生气。深大智游宝发布的大数据显示：截至4月7日，全国旅游景区复工率排名前十位的城市，杭州、湖州、宁波、台州位列其中。当下，全省各地文旅企业正在做好防疫的前提下，持续有序推进全域旅游高质量发展。到 2022 年，浙江要力争创成国家全域旅游示范省，全省 70% 以上的县（市、区）达到国家全域旅游示范区标准，100% 的县（市、区）城区成为景区城，80% 的镇成为景区镇，50% 的村成为景区村庄。

二、浙江省 11 个国家重点生态功能区概况

1. 基本情况与管理体制

国家重点生态功能区是中华人民共和国对于优化国土资源空间格局、坚定不移地实施主体功能区制度、推进生态文明制度建设所提划定的重点区域。国家重点生态功能区承担着水源涵养、水土保持、防风固沙和生物多样性维护等重要生态功能，关系全国或较大区域范围内的生态安全 [6–7]。因此，在制度设计中就已清晰指出列入生态功能区的地市需要在国土空间开发中限制进行大规模高强度工业化城镇化开发，以保持并提高生态产品供给能力的区域。为弥补重点生态功能区地方政府在生态保护和环境治理方面失去的发展机遇和增加的支出成本，进而更好地引导地方政府加强生态环境保护，2008 年起中央财政设立重点生态功能区财政转移支付。随着生态文明建设战略的提出，《中共中央国务院关于加快推进生态文明建设的意见》《“十三五”生态环境保护规划》等文件业已明确指出，要加大对重点生态功能区的转移支付力度。2017 年财政部进一步提出继续完善重点生态功能区转移支付制度，将转移支付向生态功能重要区域和生态环境保护投入较多的地区倾斜 [8]。截至 2016 年 9 月，全国列入国家重点生态功能区县市区数量为 676 个，占国土面积的比例 53%，其中浙江共有 11 个县市入围 [9]，分别是淳安县、文成县、泰顺县、磐安县、常山县、开化县、龙泉市、遂昌县、云和县、庆元县、景宁畲族自治县。

回顾管理体制建立过程，促进国家重要生态屏障及战略地区的生态建设、调节生态功能区经济发展与生态保护的矛盾是我国重点生态功能区快速推进的动力泵。追本溯源地看，在我国的主体功能区规划尚未出台之前，中央政府实则已开始着手开展重点生态功能区转移支付的试点工作。2008 年中央政府依循地域属性，在中央对地方的均衡性转移支付下增加设置了重点生态功能区转

移支付。国务院在不减少原有转移支付的基础上，决定进一步提高重点生态功能区的均衡性转移支付系数。该年份重点生态功能区转移支付试点范围包括天然林保护工程区的170余个县、青海三江源地区的14个县化及南水北调中线水源地的40余个县（市、区），涉及的转移支付资金总量为60.52亿元。随着我国重点生态功能区的进一步明确，在考虑不同类型重点生态功能区治理的紧迫性、财政困难程度等因素的基础上，中央政府于将水土保持和防风固沙两种类型的重点生态功能区全部纳入了重点生态功能区转移支付的范围。2009年的转移支付范围覆盖了全国280多个县（市、区），转移支付总金额达到120亿元。同年，财政部出台了《国家重点生态功能区转移支付（试点）办法》，对重点生态功能区转移支付的基本原则、资金分配、监督考评及激励约束进行了明确规定。随着我国《主体功能区规划》的出台，全国范围内的重点生态功能区转移支付制度得以正式建立，财政部于2011年正式出台了《国家重点生态功能区转移支付办法》。如图8-1所示，近年来国家重点生态功能区转移支付的范围不断扩大，中央财政的资金投入迅速增加。

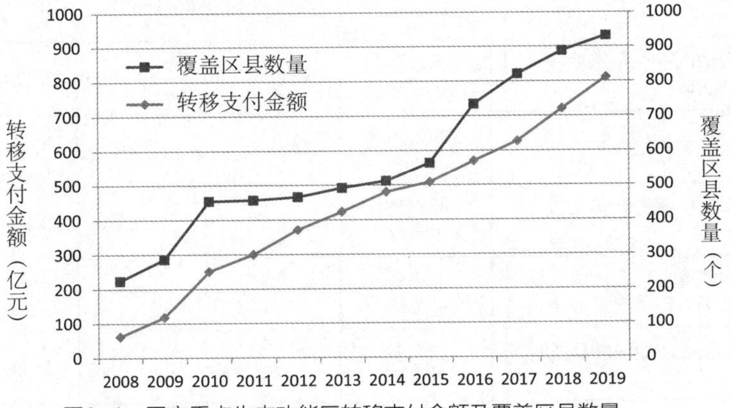

图8-1　国家重点生态功能区转移支付金额及覆盖区县数量

资料来源：作者据财政部网站公开数据整理绘制。

进一步看，《2012年中央对地方国家重点生态功能区转移支付办法》规定，省级财政部门可以制定省对下资金分配办法，这也为省级政府部门提供了较大的操作空间。自2013年起，许多省份对生态功能区的管理进行了较大幅度的创新，主要集中在转移支付方式方面。表8-1就我国部分省份出台的重点生态功能区转移支付办法进行了总结。如表 8-1 可知，大部分省区并没有将转移支付资金的分配范围局限于国家重点生态功能区县，而是结合当地实际情况进行了调整。例如，《广西壮族自治区重点生态功能区转移支付办法》将国家及省级《主体功能区规划》中的重点生态功能区、禁止开发区，以及其他的根据石漠化、森林覆盖、重要河流流域等客观因素确定的引导类区域都划定为享受重点生态功能区转移支付的区域。除了对于中央财政资金分配方式的创新，部分地方政府也对中央财政所主导的纵向区域生态补偿机制进行了补充完善。例如，海南省制定了《海南省非国家重点生态功能区转移支付市县生态转移支付办法》，由省级财政对未被纳入国家重点生态功能区转移补助范围的 7 个县（市）进行转移支付，以引导和激励当地生态环境保护，提高基本公共服务保障能力。

表8-1　部分省（区）重点生态功能区转移支付办法一览

政策法规	颁布机关	文件号	颁布时间
安徽省重点生态功能区转移支付办法	安徽省财政厅	皖财预〔2016〕1563号	2016年10月18号
广西壮族自治区重点生态功能区转移支付办法	广西壮族自治区财政厅	桂财预〔2016〕200号	2016年10月28号
广东省生态保护补偿办法	广东省人民政府办公厅	粤府办〔2012〕35号	2012年4月25号
福建省生态保护财力转移支付办法	福建省财政厅	闽财预〔2012〕116号	2012年10月16号
海南省非国家重点生态功能区转移支付市县生态转移支付办法	海南省办公厅	琼府办〔2015〕113号	2015年7月13号
江西省重点生态功能区转移支付暂行办法	江西省办公厅	—	2011年10月8号
湖南省国家重点生态功能区转移支付办法	湖南省财政厅	—	2014年7月16号
四川省国家重点生态功能区转移支付资金管理办法	四川省财政厅	川财预〔2011〕151号	2011年11月24号
青海省重点生态功能区转移支付试行办法	青海省办公厅	琼政办〔2013〕131号	2013年5月31号

图表来源：作者综合自各省市政府官方网站。

2. 主体功能与制度需求

Ostrom 提出了社会生态系统可持续发展框架模型，认为人类及其所有资源都嵌入在复杂的社会生态系统当中，在这个系统中集成了生态、社会与经济价值[10]。中国广袤大地上的国家重点生态功能区是典型的受经济、社会、环境、制度等因素共同影响的社会经济与自然生态耦合系统，各类因素交织并对系统脆弱性发生共同影响，并构成一个复杂的社会—生态系统。区域中，社区及居民是旅游干扰下的更广社会—生态系统内的关键要素之一。

概括来看，脆弱性交织是浙江省 11 个国家重点生态功能区的基本特质，作为乡村旅游资源富集区和生态环境脆弱区，浙江 11 个功能区内农户生计相较于全省其他地市更为脆弱，抗风险能力低。换言之，脆弱是旅游业的天然属性，旅游产业在自然灾害、市场波动、贫困、生计脆弱等因素影响下面临着更高的风险和压力。那么，对浙江 11 个功能区的生计脆弱性研究理应受到高度重视。乡村旅游作为 11 个山区县经济社会发展重要的驱动因素，对功能区的社会生态系统理论（SESs）产生了多要素、跨尺度、同时空的影响。由此申言之，社会经济发展与严格落实产业准入负面清单制度的协同便是以浙江 11 个国家重点生态功能区的主体诉求和努力方向。

然而，现阶段浙江省的功能区还存在着多头管理现象严重、资金支持力度不足、生态保护与经济发展压力巨大等现实困难。尽管省委省政府坚持以八八战略为统领，自 2017 年来加快了建立健全统一规范的自然保护地管理体制，但是在国家层面和省级层面尚未建立以国家重点生态功能区建设为统揽的统一事权、分级管理的自然保护地管理体制机制，生态功能区的财政资金分配、重点项目安排等工作也未实现统筹，距国家党政机构改革关于“机构职能优化协同高效”的精神尚有一定差距。此外，在《国家重点生态功能区产业准入负面清单》基础上，浙江省以自然资源厅牵头，在新安江流域生态补偿尝试基础上，统一制定了负面清单技术导则，归统各类管控要求，初步建立了国家重点主体功能区负面清单。但是清单的科学性、时效性和可操作性仍需不断完善。最后，加大生态补偿力度也是浙江省国家重点生态功能区建设的制度需求。浙江作为全国发展的先行省份，在《中央对地方重点生态功能区转移支付办法》的基础上，进一步细化完善国家财政资金支付分配测算依据与标准，已建立了与基本公共服务支出相适应、逐年增长的生态补偿机制，并以文件形式保障了其增长比例不低于经济社会发展速度。但是，如何有前瞻性地在生态环境修复治理项目和生态补偿资金方面给予特殊政策支持，亟待学界深入调研并给出可落地的操作指引。

3. 现行生态补偿方案

浙江是习近平生态文明思想的重要萌发地，是“绿水青山就是金山银山”理念的发源地。习近平总书记在浙江工作期间，对生态文明建设和生态环境保护工作亲自谋划、亲自部署，作出了“八八战略”（进一步发挥八个方面的优势，推进八个方面的举措）、生态省建设等重大战略决策，并从 2005 年开始在全国率先探索实践生态补偿机制。此后，浙江坚持一张蓝图绘到底，始终把生态文明建设摆在突出位置，持续接力抓好落实。经过十多年的持续努力，浙江已建立起比较完善的生态补偿机制，与生态建设、环境综合治理互为补充、相辅相成，取得了明显成效，开创了生态环境保护工作的新局面。

笔者有幸依托所在单位的优势，借助其拥有的省级旅游研究平台资源，深度整理和研究了浙江省在生态综合补偿试点工作中的得失。本部分将就十余年来的浙江生态保护补偿做法和成效进行进行综述。

一是以生态省建设为出发点，建立财力转移支付制度。在习近平总书记任浙江省委书记任期内，浙江着眼于生态省建设，持续推进美丽浙江建设，统筹发挥财政对生态环境保护工作的支撑作用，不断完善生态环保财力转移支付制度。2005 年，浙江省制定出台《关于进一步完善生态补偿机制的若干意见》，率先建立生态环保财力转移支付制度。2008 年，将该项政策推广至八大水系源头地区的 45 个市县，生态环保财力转移支付成效明显。2011 年起，又将生态环保财力转移支付制度扩大到全省所有市县，实现了制度全覆盖。在制度实施中，浙江省在全国首创了由林、水、气环境质量指标组合而成的“绿色指数”，将生态环保财力转移支付资金与“绿色指数”挂钩，哪个地方生态保护好、绿色指数高，得到的补偿资金就越多，真正体现“绿水青山就是金山银山”，使资金分配更加科学、合理、精准、高效，这也是绿色发展财政奖补机制的最大亮点。2017 年和 2018 年，省财政分别兑现该项奖补资金 12 亿元、16 亿元，为生态省建设和美丽浙江建设提供了坚实支撑。

二是以流域横向生态补偿为突破点，率先开展水权交易。浙江创全国之先河，第一个开展水权交易，成型了义乌与东阳两地的水权交易补偿模式。地处下游的义乌市每年出资 2 亿元，买断东阳市横锦水库（储水量为 1.4 亿立方米）每年 5000 万立方米的永久用水权，引水工程 2005 年起向义乌供水至今。通过该交易，金华江流域上游水生态治理得到了资金保障，东阳市获得了经济实惠，较为完美的解决了义乌市缺水的难题 [11]。以此为基础，2012 年，在财政部、原环保部牵头下，浙皖两省正式实施新安江流域上下游生态补偿试点，成为全国首个跨省流域水环境补偿试点。第一轮试点（2012—2014 年），中央资金每年 3 亿元、两省每年各 1 亿元，三年共计 15 亿元。第二轮试点（2015—2017 年），在中央资金总额维持不变的情况下，两省每年提高到各 2 亿元，三年共计 21 亿元。前二轮补偿资金已全部拨付安徽省。省界断面水质总体保持稳定，2017 年，千岛湖水质各项指标基本符合 I 类水标准，出境断面水质继续保持 I 类标准，饮用水水源地水质 100% 达标，在全国 61 个重点湖泊中名列前茅。目前已进入第三轮试点（2018—2020 年），浙皖两省的补偿资金延续第二轮的补偿规模，每省每年出资 2 亿元。在货币化补偿的基础上，还探索多元化的补偿方式以及加强上下游之间相互监督、联防联治，形成生态文明体制改革的“新安江模式”。在新安江流域试点经验的基础上，结合长江经济带的奖补政策，按照“权责对等，合理补偿”的原则，强化节水减污理念，以流域水资源保护和水质改善为主要目标，扎实推动省内流域上下游横向生态补偿。目前，浙江共有 35 对 38 个县（市、区）成功签订跨流域横向生态补偿协议，钱塘江流域干流已基本实现横向补偿全覆盖。与之类似的，浙江省绍兴市与县级慈溪市的水权交易也是浙江生态补偿的生动实践 [12]。

三是以增加受偿居民收入为落脚点，不断提高森林生态补偿标准。浙江省按照“建立分类与分档补助相结合，补偿标准基本合理的森林生态效益补偿机制”的要求，浙江连续多次上调了省级以上生态公益林最低补偿标准。最低补偿标准从 2004 年的每年每亩 8 元提高到现在的每亩 31 元（主要干流和重要支流源头县，以及国家级和省级自然保护区等重要区域省级以上公益林的最低补偿标准达到每亩 40 元）。2017 年、2018 年省以上财政每年安排森林生态效益补偿资金 13.58 亿元，无论补偿标准还是资金规模均位居全国前列。此外，浙江还建立实施了森林质量财政奖惩制度。从2017年起，省财政根据森林覆盖率、林木蓄积量的增减对部分地域实行奖惩。对相关县市森林覆盖率每高于全省1个百分点，奖励200万元或300万元，林木蓄积量比上年每增加1万立方米，奖励50万元或75万元。反之，如果林木蓄积量比上年每减少1万立方米，则扣罚50万元或75万元。2017年和2018年，浙江省财政分别兑现森林质量补助资金10亿元、11亿元，由相关市县统筹用于森林保护。目前，全省森林覆盖率达61.17%，完成造林更新面积25.37万亩，新植珍贵树2413万株，完成平原绿化16.05万亩，建成彩色健康森林和木材战略储备林29.8万亩，实现了森林生态由“数量持续增加”向“数量增加、质量提高与结构改善并进”的转变。

四是以提高农户生产积极性、保障粮食安全为着眼点，全面建立耕地保护补偿机制。2009年，浙江省开始了乡镇、村耕地保护补偿建设试点工作。2012年开始，在海宁市、临海市开展省级试点工作。2013年扩大省级试点至9个县市。2014年，嘉兴全市开展试点工作。2016年3月，浙江省政府印发《关于全面建立耕地保护补偿机制的通知》，对建立耕地保护补偿机制做出了详细安排部署。截至目前，全省各市及县市区均已出台耕地补偿机制文件，部分地区出台了补偿机制实施办法，对补偿范围、补偿对象、补偿标准等进行了明确规定，其中，嘉兴全市、杭州、宁波、温州、金华部分县市区最高补偿标准超过100元/亩，其余地区综合补偿标准均不低于60元/亩；杭州市中心城区永久基本农田补偿标准最高达600元/亩，一般耕地达200元/亩。桐乡市还对在耕地上种植水稻以外农作物的，按标准的50%进行补偿。各地补偿资金主要从土地出让收入、新增建设用地土地有偿使用费、土地指标调剂收入及其他财政资金中统筹安排，大部分地区耕地保护补偿资金已纳入财政预算。2016年，各市和县市区筹集耕地保护补偿资金达12.8亿元。2016年、2017年、2018年，省财政分别下拨省级耕地保护补偿资金6.14亿元、6.36亿元、6.36亿元。浙江耕地保护补偿机制的责任主体是各市和县市区人民政府，省级财政给予补助。耕地保护补偿主要是对农户的耕地地力保护补贴资金，以及对农村村级集体经济组织保护耕地的以奖代补资金。补偿范围主要限于用于粮食生产的耕地，突出支持各地种植粮食作物。

五是以市场化多元化补偿为切入点，创新生态保护补偿方式。市场化多元化补偿，是以产业生态化、生态建设与生态保护产业化为导向，以企业、地方政府等参与者为投资主体的生态补偿机制，其补偿资金来源于中央、地方政府以及企业、个人、社会等多个渠道。市场化多元化补偿可以综合运用自然资源资产升值、权益置换、财政贴息、特许经营等手段，吸引社会资金参与，形成多元化的投入机制，有效缓解中央和地方财政资金投入不足的问题。浙江在市场化多元化补偿方面做了有益的探索和实践。有代表性的是：第一，完善主要污染物排放财政收费制度。2015 年，省财政按化学需氧量、氨氮、二氧化硫、氮氧化物等主要污染物年排放总量向各市县政府收费。收费标准由 2015 年的每吨 3000 元逐年提高，目前开化县、淳安县按每吨 5000 元收缴，其他市县按每吨 4000 元收缴。这项制度是强化地方政府环境保护责任、加大治污减排工作力度的创新举措，体现了“谁污染、谁交费”“谁保护、谁受益”的原则和导向，并将返还比例与各地环境质量挂钩，体现权责利统一。2018 年全省主要污染物排放财政收费 42.9 亿元，根据各地环境质量状况返还 21.2 亿元，有效促进了治污减排工作。第二，实施单位生产总值能耗财政奖惩制度。从 2017 年起，各市县单位生产总值能耗比上年每降低 1 个百分点，奖励 50 万元，其中降幅超过全省平均降幅部分，每 1 个百分点再奖励 100 万元。各市县单位生产总值能耗比上年每提高 1 个百分点，扣罚 100 万元。设立这项制度的目的就是通过财政杠杆的引导，促进企业节能降耗。2018 年省财政兑现该项奖励 1.81 亿元，扣罚资金 0.25 亿元。第三，完善出境水水质财政奖惩制度。对 18 个市县的出境水水质进行检测，水质按Ⅰ类、Ⅱ类、Ⅲ类占比，给予奖励；按Ⅳ类、Ⅴ类占比，实施扣罚。Ⅰ类、Ⅱ类、Ⅲ类占比比上年提高的，再给予奖励，比上年降低的，给予扣罚。2018 年省财政兑现该项奖励 25.53 亿元，扣罚资金 2.04 亿元。第四，建立与“绿色指数”挂钩的生态环保财力转移支付制度。2018 年省财政兑现补助资金 16 亿元，由相关市县统筹用于生态保护和绿色产业发展。第五，实施“两山”建设财政专项激励政策。2017 年省财政设立了每年 36 亿元的“两山”建设财政专项激励资金，实行竞争性分配，择优支持 30 个市县的绿色发展，突出以提升生态环境质量、增加居民收入为主要目标，推动生态环境质量持续改善。其间，还要组织绩效考核，考核结果未达到预期的，扣回相应的激励资金。第六，结合乡村振兴战略实施，开展“绿色期权”交易。2017年年初，衢州市柯城区率先启动“一村万树”行动，结合“千企结千村、消灭薄弱村”专项行动，创新推出一村万树“绿色期权”，即由企业、机关事业单位、社会团体、家庭和个人等认购一定数量的树木“资产包”，提前付费买林木未来收益，企业享受约定期满后的资产处置权。企业、机关事业单位及社会团体，可付费认购“资产包”，每份资产包含有100株珍贵彩色树木，3万元认购5年周期，5万元认购10年周期，到期后可获得50株树木的处置权。家庭和个人及特定群体，也可以认购“个性定制”的“绿色期权”：以1株珍贵彩色树木为资产单位，5年认购期费用500元，到期后可交割、转让、捐赠等。“绿色期权”交易形成了企业付费买林木未来收益、村集体“一村万树”小周期变现增收的共享模式，打通了“一村万树”资源、资产、资金通道，成为撬动乡村振兴的有力支点。目前，已有140余家企业认购“一村万树”资产包170个，认购资金600多万元，160名个人认购“绿色期权”资产单位1100个，认购资金54多万元，实现了“活树”变“活钱”的市场化生态补偿方式。第七，积极推进碳排放交易和个人碳账户制度。积极推进碳交易市场建设，辖区内龙头企业巨化集团是全国首家参加国际碳交易的氟化工企业，2006年以来累计减排量在世界HFC–23类CDM项目中排名第一。开化县积极推进林业碳汇交易试点，探索建立林业生态补偿市场机制，建成捐资造林、储存和流通碳信用的可持续发展平台，借助碳汇电商平台，以实物销售为目的，提供统一商品分类、统一物流、统一支付、统一结算、统一客服售后等综合性服务，解决了县域农林企业销售难、回款难、融资难等问题。同时，在全国首创融合金融属性、公益属性、共享属性于一体的银行“个人碳账户”体系，全市农信系统6家农商行开立个人碳账户196.97万个，个人客户通过绿色支付、绿色出行、绿色生活等绿色行为减少碳排放6.23万吨。

4.“诗画浙江”——旅游生态补偿的浙江实践

如前文所述，旅游生态补偿是生态补偿理论与实践在旅游领域的延伸与应用，随着旅游业的快速发展而逐渐兴起。在内涵上，旅游生态补偿与生态补偿具有一致性[13]。不同的是，因旅游业具有的资源产权容易界定、受益主体较为明确，以及带动能力较强、乘数效应较大等特点，旅游业本身便是生态补偿实施途径的重要经济手段[14]。特别是对于生态环境良好但经济相对落后的地区，旅游生态补偿制度的建立与实施对于环境建设、生态服务价值增值与社区减贫具有积极的实践意义。

由此，本书从区域协作视角考量浙江旅游生态补偿。浙江旅游业主管部门主动作为，充分利用优势地市的核心带动和辐射功能，以杭州为龙头，构建浙东、浙西、浙中旅游版块，推进浙东海岛海洋海滨旅游业和浙西山区生态休养绿色旅游业，进而缩小区域不平衡和城乡差距。浙江基于规划成型的杭、甬、金、温四大都市圈，形成旅游资源与客源的积极共享和互动；不断加强 11 地市区域间合作，深挖城市历史渊源和文脉底蕴，形成旅游资源共享互惠，构建泛区域性旅游产业带：湖州、嘉兴合力打造“浙北精品旅游带”，利用良好的交通条件，与无锡、皖南形成跨省域版块，对接上海客源地；杭、嘉、绍、甬共同开发“大运河文化带”精品线路，充分发挥大运河各段所在城市特色美景和异域风土人情；将甬、台、温宗教文化资源联结起来，构建“佛道名山旅游带”；将浙东甬、台、温、舟四地市海岸线连成一片，构建“海湾海岛旅游带”；充分利用杭黄高铁优势，积极打造“路上”和“水上”唐诗之路；构建杭州、金华“浙中影视文化旅游带”以及贯穿衢州和丽水的“浙西南生态带”，形成省域文化特色旅游大联动。

在现有旅游生态补偿的研究中，对其补偿对象的理解通常包括两方面内容。一方面生态系统作为旅游业赖以发展的基础，人们在实践中通常会对生态系统进行保护性投入，以恢复因旅游相关活动受到干扰后的自我调节与恢复能力为补偿界定。另一方面是对人的补偿。在浙江省旅游生态补偿的实践中，对人的补偿通常会选取社区居民。原因在于：社区居民为发展旅游业及其生态保护的投入或放弃发展机会的损失，从而需要从旅游经济效益中获得一部分收益。显而易见的是，生态保护成本相对显性且容易界定，当地政府与企业的投入往往能够通过景区门票与旅游消费的形式得以体现。但对于社区居民而言，应获得的游憩功能价值容易被忽视。在旅游业发展的过程中，旅游业发展及其相关生态保护措施而使其所有的土地利用结构被改变时，补偿往往仅体现原有用途下的土地价值，即社区居民放弃原有产业的机会成本，但土地利用改变后所形成的游憩功能价值被尽量回避或模糊。对于旅游地而言，土地所承载的双重价值又是客观存在的。同时，由于门票价格不断提高以及对于游憩功能价值认识的不充分，旅游者的生态补偿支付意愿一般较低。因此，无论是游憩功能价值的被忽视，还是支付意愿的被低估，都相当于变相剥夺了社区参与旅游业的权利，会影响社区居民兼顾生态保护与旅游产业发展的积极性。这一重要内容的缺失恰恰反映了现行旅游生态补偿制度的深层缺陷。

2014 年，浙江在钱塘江流域的源头地区开化、淳安等县（市）启动重点生态功能区示范区建设试点，加强环境治理和生态修复。重点建立与生态环境质量挂钩的财政奖惩制度，并取消 GDP 考核，构建重点生态功能区专项考核体系，出台地方财税扶持调节政策，保证重点生态功能区森林覆盖率、出境水质量、空气中污染物都保持在一个优良水平，为践行生态文明建设起到带头示范作用。到 2015 年，浙江省正式下发《淳安等 26 县发展实绩考核评分细则》，针对这 26 个县采用总体发展水平类、绿色发展类、民生保障类、生态保护类、重大决策落实情况 5 大类指标，17 个二级指标，共 29 个指标进行考核，并配套相应的奖惩措施。旅游产业与上述进程中相伴相生，旅游元素几乎覆盖了 29 个指标中的 20 个，占比 70%。为了规避社区在旅游生态补偿中被边缘化的拘囿，2016 年《钱江源国家公园体制试点》实施方案首次以“大部制”形式打破交叉重叠和多头管理的碎片化问题，实现“一个保护地一个牌子、一个管理机构”，由省级政府垂直管理，“诗画浙江”品牌在开化县落地生根。开化钱江源—古田山区位于钱塘江的源头，生态服务功能重要、环境优良，生态屏障作用显著。开化县作为国家重点生态功能区，县域内开展的国家公园体制试点探索、成效显著，当地居民有较强的生态环境保护的传统，大力支持国家公园体制试点区工作，工作基础好。钱江源国家公园体制试点区面积约 252 平方公里，包括古田山国家级自然保护区、钱江源国家级森林公园和钱江源省级风景名胜区 3 个保护地，以及连接以上自然保护地之间的生态区域。

进一步，浙江在试点基础上进一步将政策进行延展，提供了破解上述学理弊端的浙江方案——大花园建设。作为浙江旅游生态补偿演进中的鲜明 IP，浙江省委省政府 2018 年提出了将全省打造成“大花园”的战略目标。作为浙江城乡协同发展的顶层战略，最终目标是实现全域旅游高质量发展和人民生活高品质提升有机结合。“大花园”凸显了全域旅游发展与乡村振兴战略的时代要义，即以提升本土居民休闲生活品质为前提，以打造人民群众满意幸福产业为目标。两年来，浙江调动全社会力量，鼓励、扶持地方旅游企业，形成龙头企业带动、中小企业蓬勃发展，共同建设繁荣局面；鼓励社会闲散资本投入，积极探索 PPP 投资融资模式，依托未来城市、智慧旅游、厕所革命、精品村等载体带动全域美丽产业建设和互惠共享，进而提升人民群众整体经济生活水平。换言之，通过最大限度发挥“市场之手”的作用，直指旅游生态补偿机制的核心问题——补偿标准。补偿标准不仅直接关系到补偿的力度和效果，其确定的逻辑实际上蕴含了对旅游生态补偿的理解，并且会影响到旅游生态补偿主客体的确定及补偿的实现。浙江将涉旅产业链和几乎所有的链上利益相关者都纳入一个制度设计中，通过市场化手段实现协商与共治，这既是旅游反哺社区居民的有效实践，也是旅游生态补偿挖掘、量化与开发目的地游憩价值的好办法。

第九章　研究设计与统计分析

一、问卷设计

基于定量分析和定性分析相结合的研究方法设计，进行资料收集、个案访谈、焦点小组座谈，并使用结构性问卷对社区和农户进行入户调查以获取实证分析数据。首先以成倍数方式在 11 个国家重点生态功能区遴选 22 个旅游发展先行区（旅游发展历史较长、形成一定社区规模、具有代表性的乡镇）作为预调研目标。根据当地旅游主管部门及学者的推荐，本书最终在每个功能区中直接选取一个政府驻地街道（镇），以及随机选取一个镇（乡）作为样本调研地。即开化县华埠镇与齐溪镇、遂昌县妙高街道与王村口镇、淳安县千岛湖镇与宋村乡、景宁畲族自治县鹤溪镇与大漈乡、泰顺县罗阳镇与雅阳镇、文成县大峃镇与百丈漈镇、磐安县安文镇与大盘镇、常山县天马街道与宋畈乡、龙泉市剑池街道与岩樟乡、云和县浮云街道与紧水滩镇、庆元县松源镇与白山祖乡等 22 个乡镇为预调研的样本地，于 2018 年 7 月初完成预调研问卷准备，并在当月开展为期为期一周的预调研。预调研结果显示，95% 以上的受访者能够清晰理解问卷设计内容，但仍存在以下问题。

首先，受访者在回答金融资本时，对家庭的年平均现金收入较为犹豫。其次，受访者对村干部的关系较为敏感，回答也较为犹豫。为降低这些问题可能引起的偏差，研究在调研前对参与调查的学生志愿者进行了技术培训，以消除调研员不能清楚表达问卷内容造成的偏误。最后，为尽可能获得到精准的一手数据，在预调研的设计中还要求将受访时间控制在 20 分钟内，减少时间过长引起的偏差。此外，笔者还要求调研员在正式调研中带上有效证件，对受访者强调问卷结果只作为学术研究使用，以消除受访者的警惕心理。在预调研基础上，研究对问卷条目进行了调整，形成了契合浙江 11 个国家重点生态功能区的居民可持续生计调研问卷。

问卷采用循序渐进、逐步引导的方式分为两个部分，第一部分是居民生计资本、生态补偿政策和可持续生计状况调查选项，第二部分是受访者的基本社会经济信息选项。其中，对于居民生计资本问题的设计，本章综合了国内学者陈海鹰、崔晓明、袁梁等人在海岛型目的地、秦巴生态功能区、陕南秦巴山区等空间域下的实证，采用前序成果通用的七类生计资本表示。其中，旅游生态补偿政策主要从当地居民对国家重点生态功能区生态补偿政策的看法以及政策实施状况和检查等方面设计相关问题；对于可持续生计状况的选项设计，主要从居民自身的收入稳定性、就业能力、自我价值或政治权利实现、生活满意度等状况方面进行调研。最后，研究还采集了受访者的人口统计学相关指标，包括性别、年龄、职业等个人社会信息。

二、数据源

2018 年 9 月至 10 月间，笔者率由浙江旅游职业学院学生为主体的调研团队，对样本地居民及社区工作人员进行问卷调查，并于 2018 年 12 月以访谈的形式再次对以上调查点进行了补充调查。综合来看，入户平均访谈时间保持在 13~18 分钟，调查对象细分为户主或主要劳动力、社区工作人员等，对于文化水平较低无法亲自填写问卷被调查对象采用调查员解释问卷、提问并帮助被调查者填写问卷的方式完成。问卷累计发放了 700 份，剔除问卷内容不全和问题选项的回答明显存在前后逻辑矛盾的问卷，收回有效问卷 623 份，有效率为

89.1%。与本书相关的调查数据源主要涵盖了旅游影响下的居民生计资本数据、受访者所感知到的资本变化情况及社区发展主要指标对居民生计资本的影响，具体维度在下文中述之。

三、样本统计分析

表 9–1 呈现了本书对 623 份有效问卷的基本情况进行统计分析的结果。其中，受访者所在家庭的人口数为 1 人的有 24 位受访者，占比 3.9%；2 人的有 62 位受访者，占比 9.9%；3 人的有 180 位受访者，占比 28.9%；4 人的有 200 位受访者，占比 32.1%；5 人及以上的有 157 位受访者，占比 25.2%。可见，受访的 11 个县市家庭大多生育两个或更多的孩子，或者是和老人同住一起，调研对象所在家庭的人口数主要集中在 4~6 人区间（占比 57.3%）。不过，相较于前序有关旅游生态补偿文献的调研结果，本研究中样本地的家庭规模显著偏小，显示了浙江省国家重点生态功能区家庭规模“缩水”的现实情境。究其原因，主要受制于我国生育水平不断下降、迁移流动人口增加、年轻人婚后独立居住等因素的影响 [15]。细分来看，第一，浙江地处我国经济发达的长江三角洲腹地，一方面，较好的社会经济发展环境造就了相对高昂的生育成本，抑制了人口生育意愿。另一方面，较高的计划生育执行度和晚婚晚育的观念导致浙江城乡家庭平均所生育的子女数显著减少。第二，人口的流动和城市化进程加快了农村居民向城市迁移的速度，使得原有“大家族”加速解散，家庭细胞分裂进程加快 [16]。第三，代际居住的分离加剧了生身家庭或是父母家庭的空巢化，人口少于 3 人的家庭户占有效调研总量的 13.5%。

表9–1 受访者家庭人口数情况

统计指标	分类指标	人数	比例（%）
家庭人口数（人）	1	24	3.9
	2	62	9.9
	3	180	28.9
	4	200	32.1
	5人及以上	157	25.2

注：作者基于调研结果绘制，比例采取四舍五入制。

在受访者年龄结构方面，受访者年龄在18~24周岁的有29位受访者，占比4.6%；在25~34周岁的有94位受访者，占比15.1%；在35~44周岁的有182位受访者，占比29.2%；介于45~54周岁的有196位受访者，占比31.5%；在55~64周岁的有61位受访者，占比9.8%；65周岁及以上的有61位受访者，占比9.8%（见表9–2）。不难发现，受访者以中老年群体为主，35周岁以上的调研对象占样本总量的八成，居于绝对份额。浙江省11个国家重点生态功能区内人口年龄分布状态也映衬了纪录片《生活万岁》中的场景：宁夏西海固地区乡村小学教师何英宇面临着生活抉择，是继续坚守，让8个年幼的学生避免辍学的命运，还是听从妻子的建议搬离西海固，到条件更好的地方打拼挣钱？

据“第五次人口普查”和“第六次人口普查”公开数据及网易数读报告显示，尽管中国有着庞大的人口规模，但以街道为尺度测度，我国4个省份、105个地区/市域、897个县域和19822个乡镇街道办事处发生了人口密度的下降。如果单以乡镇街道办事处为尺度，则中国1/3国土面积出现了人口密度的下降，存在日趋严重的空心镇现象[17–18]。本书的调研结果也佐证了上述分析，即尽管浙江地处胡焕庸线东侧，但区域内也呈现了相对复杂且非线性的人口变动态势。

表9–2　受访者年龄结构情况

统计指标	分类指标	人数	比例（%）
年龄	18~24周岁	29	4.6
	25~34周岁	94	15.1
	35~44周岁	182	29.2
	45~54周岁	196	31.5
	55~64周岁	61	9.8
	65周岁及以上	61	9.8

注：作者基于调研结果绘制，比例采取四舍五入制。

在居民文化结构方面，从表9–3中可以看出浙江省11个国家重点生态功能区居民的受教育程度普遍不高，初中及以下学历的占样本总量的近八成。其中，未上学的有59人，占比9.5%；小学文化程度的有181人，占比29.1%；

初中文化程度的有 232 人，占比 37.2%；高中或中专文化程度的有 50 人，占比 8%；专科及以上文化程度的有 101 人，占比 16.2%。

上述实证佐证了周仲高（2006）对浙江省区域教育人口与经济的分布变迁及关联模式研究中的观点[19]。尽管省域之间的教育与经济发展联动性虽然得到普遍证实，但浙江省的发展历程呈现鲜明的“浙江现象”：浙江省经济发达人口受教育水平却偏低；浙江省区域教育人口与经济分布之间存在“交叉而不重叠”的特征。进而言之，在区域发展初期，区位优势、物质投入等变量的影响作用不可低估，但区域教育人口对经济增长的贡献可能需要多因素的催化才可得以显现[20–21]。

表9–3　受访者文化结构情况

统计指标	分类指标	人数	比例（%）
文化程度	未上学	59	9.5
	小学	181	29.1
	初中	232	37.2
	中专/高中	50	8.0
	专科及以上	101	16.2

注：作者基于调研结果绘制，比例采取四舍五入制。

表 9–4 呈现了受访个体年平均收入情况。具言之，在浙江省 11 个样本地，受访者个人年平均现金收入介于 0~20000 元的有 6 人，占比 10.0%；介于 20001~30000 元的有 167 人，占比 26.8%；介于 30001~40000 元的有 163 人，占比 26.2%；介于 40001~50000 元的有 126 人，占比 20.2%；50000 元及以上的有 161 人，占比 25.8%。不难发现，浙江省社会经济发展水平显著高于全国平均水平，受访家庭年平均现金收入相对较高，整体上呈现相对均衡的趋势。纵观发展历程，1982 至今，浙江省区域经济增长迅速。1982—1990 年间，全省各地 GDP 增幅始终保持百亿元级增长规模，各地市差距尽管呈现一定极化现象，但区域之间经济发展差距仍在可控范围之内。

表9-4 受访者个体年平均收入情况

统计指标	分类指标	人数	比例（%）
收入情况	0~20000元	6	10.0
	20001~30000元	167	26.8
	30001~40000元	163	26.2
	40001~50000元	126	20.2
	50000元及以上	161	25.8

注：作者基于调研结果绘制，比例采取四舍五入制。

四、生计资本统计分析

前面章节已经陈述了国家划定重点生态功能区的背景和基本原则。生态功能区内的生态环境特殊，自然灾害易发多发，社会经济发展水平大多处于相对滞后状态，居民整体生计水平处于脆弱状态。在旅游经济发展过程中，农户的生计资本因产业的介入大多可以得到增加；但旅游地普遍存在经营小、散、弱现象，且农户之间缺少沟通和合作，导致大多生态功能区内的旅游开发处于相对落后和同质化竞争的情境。旅游学研在生态脆弱区的研究成果中对生计资本做了初步的实证。一般认为，作为个体的居民和农户可获得的社会资源有限，偏远山区农户与外界的联系困难则更导致其社会资本欠缺，经济、社会、生态系统风险和压力则导致功能区生计脆弱性问题更为突出。在四类乡村旅游地中，由于大中城市近郊型乡村旅游地农户社区组织的建构对增加和拓展农户的生计资产发挥积极的影响，当地农户的生计资本与乡村旅游形成良好互动，农户可持续生计总体结果优于其他类型乡村旅游地。在前序研究基础上，本章将进一步厘清旅游、社区及生计之间的互相影响关系和机制。

生计资本是可持续生计分析框架的核心内容。资本状况是重点生态功能区城乡居民抵御生计风险和选择生计策略的基础，也是获得良好生计结果的必要前提和扶贫工作的切入点。本章根据 DFID 可持续生计分析框架构建了旅游影响下的国家重点生态功能区居民生计资本评价指标体系，对比分析浙江省 11 个国家重点生态功能区社区资本规模和结构变化，确定旅游地生计资本和社区发展状态的联系及密切程度，进而厘清旅游社区发展水平对居民生计资本及可持续生计的影响效应及影响机制。

1. 物质资本

浙江 11 个国家重点生态功能区当地居民所拥有的物质资本是维持可持续生计的重要物质基础。从物质资本的功能来看，赵建欣和张忠根（2007）认为物质资本会在较大程度上影响居民的可持续生计；张军等（2004）认为物质资本包括一切人们在生产生活中直接使用的资料。因此，本书选取当地居民的人均住房面积（平方米）、社区及行政村的道路状况、家用电器及科技产品（电脑、空调、微波炉、冰箱、洗衣机、电视机、饮水机、电磁炉等）和农业机械和汽车（家用轿车、拖拉机、农用汽车、打草机、粉碎机等）四个方面测量物质资本的存量。

对 623 份有效问卷中受访者的物质资本情况进行统计，结果显示：对于受访者的生计资本，人均住房面积介于 20~30 平方米的有 376 人，占样本总量的 60.3%。对于道路状况，597 位受访者认为本地区的道路状况良好，占比 95.8%，说明浙江省重点生态功能区的村村通及路面硬化工作取得了显著成效。对于家用电器及科技产品，家里拥有 3 种及以下电器及科技产品的受访者有 15 人，占比 2.4%；受访者主要集中在拥有 4~5 种电器的区间，有 542 人，占比 86.9%。此外，受访者中拥有 2~4 种机械和汽车的占比达到 76.2%，显现了大件产品加速在经济加速发展区域的普及。总体而言，样本区域的受访者拥有的物质资本相对丰沛，呈现了经济社会发展的阶段成果。

2. 人力资本

人力资本是维持国家重点生态功能区居民自身可持续生计的最重要因素。岳书敬和刘朝明（2006）认为人力资本是全要素生产率进步的重要源泉，若不考虑人力资本，将高估技术进步对全要素生产率的贡献。张琦（2007）认为人力资本的内涵是对人力进行投资，包括学前教育、就学及在职培训等所形成的资本。人力资本理论最早起源于经济学研究，20 世纪 60 年代，美国经济学家舒尔茨和贝克尔创立人力资本理论，开辟了关于人类生产能力的崭新思路。该理论认为人力资本是体现在人身上的资本，即对生产者进行教育、职业培训等支出及其在接受教育时的机会成本等的总和，表现为蕴含于人身上的各种生产知识、劳动与管理技能及健康素质的存量总和。

本书根据现有研究成果中对人力资本的定义，再结合浙江省 11 个国家重点生态功能区居民所生存环境的实际特点，选择了受访者的受教育水平、家人（配偶、子女）受教育水平、家庭劳动力人数（人）、受访者及其家人的健康状况四个变量度量居民的人力资本存量。

对 623 份有效问卷中受访者的人力资本情况进行统计。具体来看，对于受访者文化程度因人口统计分析中已呈现，在此不再赘述。对于家庭劳动力，家庭劳动力为 0 人的有 37 人，占比 5.9%，成为一个不容忽视的群体。劳动力为 1~2 人的有 223 人，占比 35.8%；为 3~4 人的有 279 人，占比 44.8%。可以看出，家庭劳动力主要集中在 3~4 人，与浙江省家庭裂变速度成正比。在家庭健康情况一项，受访者家庭有长期患病者、残疾人的有 187 人，占比 30.0%；家庭有经常患病者的有 107 人，占比 17.2%；家庭有偶尔患病者的有 317 人，占比 50.9%。可以看出，很少患病或非常健康的家庭占比很小，具有慢性疾病及存在因病致贫的风险的占到受访群体的绝对比重。综合对受访者文化程度、家人文化程度、家庭劳动力及家庭健康情况的分析可以发现，浙江 11 个国家重点生态功能区居民拥有的人力资本普遍偏低，脆弱性十分鲜明。

3. 社会资本

社会资本指社会主体（包括个人、群体、社会甚至国家）间紧密联系的状态及其特征，主要表现在集体的相互作用和解决问题的能力。社会资本是对全社会的人际关系的关注，包括结构性社会资本如社会网络、协会和制度以及认知性社会资本如价值观、信任感等。社会资本存在于社会结构之中，通常以无形呈现。有学者认为，它通过人与人之间的合作进而提高社会的效率和社会整合度。在以水库移民为蓝本的传统型社会资本研究中，有学者发现在浙江丽水地区紧水滩电站的移民中社会资本仍占主导地位。不过，随着资本存量缩小，支持功能减弱；现代型社会资本功能发挥空间逐步增大。

因此，本书在借鉴前人研究的基础上，结合传统和现代社会资本状况，选择与亲戚朋友的关系、与村干部的关系、社区或者村里组织活动的次数、家里是否有村（镇及以上）干部四个指标来测度当地用户的社会资本状况。在对 623 份有效问卷的社会资本情况进行统计后发现：对于与亲戚朋友的关系，受访者与亲戚朋友的关系很不好的有 130 人，占比 20.9%；与亲戚朋友的关系一般的有 184 人，占比 29.5%；很好的有 112 人，占比 18.0%。可以看出，近半的受访者与亲戚朋友的关系一般或紧张。对于与村干部的关系，受访者与村干部的关系很不好的有 203 人，占比 32.6%；不好的有 62 人，占比 10.0%；一般的有 250 人，占比 40.1%。可以看出，受访者与村干部的关系一般及以下的人数占比 82.7%，反映出受访者与村干部的关系尚需改善。对于社区或村里组织活动的次数，认为几乎没有的有 399 人，占比 64.0%；认为很少的有 136 人，占比 21.8%。不难发现，大部分的受访者认为社区或村里组织活动的次数很少或几乎没有，反映了社区或村级组织中较少组织活动的现状，群众的文娱活动相对匮乏。对于家里是否有村（镇及以上）干部，选择没有的为 584 人，占比 93.7%。综合来看，通过对受访者与亲戚朋友的关系、与村干部的关系、社区或村里组织活动的次数以及家里是否有村（镇及以上）干部的分析发现，受访者拥有的社会资本偏低。

4. 自然资本

自然资本是指能从中导出有利于生计的资源流和服务的自然资源存量（如土地和水）和环境服务（如水循环）。自然资本不仅包括为人类所利用的资源，如水资源、矿物、木材等，还包括森林、草原、沼泽等生态系统及生物多样性。因此，本书选择家里现有耕地面积、家里现有耕地质量、家里现有林地面积、家里现有林地质量四个指标来测度当地用户的自然资本状况。

本书在对 623 份有效问卷的受访者自然资本情况进行统计后结果显示：家庭耕地面积 1~3 亩的有 181 户，占比 29.0%；4~5 亩的有 284 户，占比 45.6%；5 亩以上的有 158 户，占比 25.4%。可以看出，家庭耕地面积主要集中在 3~5 亩，占比近五成。对于耕地质量，认为一般的有 449 人，占比 72.1%。可以看出，大部分居民对耕地的质量尚不够满意，具有潜在的发展文旅事业的动机。对于家庭林地面积，没有的共 376 户，占比 60.4%。在拥有林地的居民中，拥有林地 9 亩及以上的有 48 户，占比 7.7%。可以看出，家庭林地面积 9 亩及以下的的家庭户是功能区的主要群体。此外，认为林地质量一般及以下的占比 87%，说明大部分拥有林权的居民对林地的质量不甚满意，具有进一步开发的意愿。综合来看，通过对受访者的家庭耕地面积、耕地质量、家庭林地面积以及林地质量的分析发现，浙江省 11 个国家重点生态功能区内居民拥有的自然资本偏低。

5. 环境资本

环境资本是指对居民生产发展及生活改善有重要影响的外界因素。在本书视域下，国家重点生态功能区内居民的环境资本实际上不应仅局限于狭义的自然环境，应将与生活需要休戚相关的社会环境也纳入考量范畴。鉴于自然环境中的大部分因素已在上述自然资本和物质资本中有所体现，因此本书所指的环境资本主要是指浙江省 11 个国家重点生态功能区的社会环境资本。环境资本对居民的职业生涯乃至人生发展都有重大影响，鉴于国家重点生态功能区和当地居民面临的社会环境的特殊性，本书在借鉴袁梁、崔晓明、陈海鹰等学者的测度标准基础上，基于实地调研选取测度当地用户的社会资本状况的替代指标变量，具体包括：居民所在社区及村（镇）的经济状况、购物的便利性、接受优质教育的便捷性和就医的便利度四个指标。

对 623 份有效问卷的受访者的生计资本中的环境资本情况进行统计的结果显示：对于居民所在村（镇）的经济状况，受访者认为非常差和较差的有 38 人，占比 6.1%；认为一般的有 283 人，占比 45.4%；认为较好和非常好的有 302 人，占比 48.5%。这一结论反映了大部分居民所在村（镇）的经济发展得到了显著改善，居民对样本地的经济发展质量有着较高的评价。在购物的便利性方面，认为一般的占绝对比重，达 370 人；认为较不方便和很不方便的仅有 106 人；认为较好及非常好的有 147 人。可以看出，浙江省 11 个国家重点生态功能区的生活配套尽管仍有极大的提升空间，但得益于长三角完备的物流配送网络和相对成熟的社会发展状态，大部分居民的生活还是能够得到保障的。不过，对于孩子上学的情况却呈现相反的状态。认为非常差的有 99 人，占比 15.9%；认为较差的 124 人，占比 19.9%；认为一般的有 212 人，占比 34.0%。不难看出，在接受优质教育的便捷性上，大部分受访者对功能区内的教育服务有着更高的企盼。与之类似的，在就医的便利度上，绝大多数的受访者对医疗服务不甚满意，认为非常差和较差的占比达 56.2%。综合受访者的居民所在村（镇）的经济状况、购物的便利性、优质教育便捷度及就医的便利度的分析发现，受访者拥有的环境资本相较于物质资本而言明显偏低。

6. 心理资本

心理资本是指个体在成长和发展过程中表现出来的一种积极心理状态，是超越人力资本和社会资本的一种核心要素，更是促进个人成长和绩效提升的心理资源。心理资本是个人发展中除了财力、人力、社会三大资本以外的第四大资本，包含自我效能感（自信）、希望、乐观、坚韧、情绪智力等。一般而言，可持续生计资本中的其他资本要素往往需要借助心理资本进而发挥最大效用。本书结合样本地国家重点生态功能区居民提高可持续生计所需要的心理因素，将心理资本的指标变量归纳为：对未来生活改善的期望、主观幸福感、自信心和遇到困难时的心理韧性，以这四个指标来测度当地用户的心理资本状况。

对623份有效问卷的受访者的生计资本中的心理资本情况进行统计后发现：在对生活改善的期望一项测度中，受访者认为非常小和较小的有213人，占比34.2%；认为一般的有72人，占比11.6%；认为较大和非常大的有338人，占比54.2%。可以看出，受访者对未来生活改善的期望较小或非常小的占比与对未来抱有期望值的大体相当，呈现相对分化的受访结果。对于主观幸福感，认为非常不幸福的有45人，占比7.2%；认为不幸福的有96人，占比15.4%；认为一般的有207人，占比33.2%；其余44.2%的受访者认为自身生活处于幸福状态。可以看出，大部分居民的幸福感较低，受访者的主观幸福状态值得学界进一步分析。对于自信心，自信心非常小的有44人，占比7.1%；较小的有281人，占比45.1%；一般的有212人，占比34.0%；较自信及非常自信的受访者有86人，占比13.8%。可见，样本单位中的受访群体不甚自信的占到较大比例。与之类似的，对于遇到困难时的心理韧性，71.2%的受访者处于一般或相对脆弱状态，大部分居民遇到困难时的心理韧性有待提高。综合来看，通过对受访者对未来生活改善的期望、主观幸福感、自信心及遇到困难时的心理韧性的分析发现，浙江11个国家重点生态功能区的受访者拥有的心理资本偏低。

五、旅游生态补偿政策统计分析

旅游生态补偿政策是中央政府或者当地政府对国家重点生态功能区当地居民在旅游发展中的生态环境保护行为给予的一系列激励和补偿的措施，其中最重要也是最有力的政策就是财政部制定和实施的国家重点生态功能区转移支付制度。夏自兰等（2012）在研究农业生产和生态环境的相互影响时，采用退耕还林补贴、地方政府检查状况以及对退耕还林后的产业发展给予指导三个方面研究政策变量。

本书认为除了政府要素外，政府、企业等补偿者的政策透明性也是国家重点生态功能区生态补偿政策的一个重要方面。因此，选择旅游生态保护补偿政策的相关信息是否透明（以政策透明度表示）、赞同政府采用生产成本方法来发放补助（以政策受众度表示）以及政府检查当地的生态保护状况（退耕、植树）、政府是否给予生态保护后续的技术指导（以政策回溯响应度表示）三个方面测度。

1. 政策透明度

在政策透明度上，本书在对对 623 份有效问卷的受访者的旅游生态补偿政策情况进行统计后发现：对于生态保护补偿政策的相关信息是否透明，认为很不透明、不透明的受访者有 332 人，占样本总量的 53.3%；认为一般的有 70 人，占比 11.2%。不难发现，绝大多数的受访者认为现行的旅游生态保护补偿政策的信息披露和政策透明度较低。

2. 政策受众度

传播学视角下的政策执行，首先是一种特定的信息传播活动，即在政策制定之后，政策执行者借助媒介，向政策受众进行政策宣传、分析、解释、沟通的信息传播活动。追本溯源地看，旅游生态补偿的政策受众的主体具有客观和绩效的两面性。一方面，政策受众的主体意识的提升，主体行为的实践和主体利益的诉求是公共政策执行科学化、民主化、法治化的助推器，其意义重大、影响深远；另一方面，主体性的释放（主要是主体性的非常释放，如静坐、示威、游行和强力抵抗等形式），对旅游生态补偿政策执行可能起到消极的作用。为此，政策受众度即是在旅游生态补偿政策执行中的积极回应，尊重、利用和引导政策受众的主体性，进一步有效推动公共政策执行的“三化”。本书认为，在激发群众主体性方面，物质补贴是相对容易量化且能引起共鸣的有效方法。

在政策受众度方面，623 份有效问卷的受访者对政府和企业采用生产成本方法来发放补助的旅游生态补偿行为总体呈不满意的状态。其中，认为不满意、不太满意和一般的占样本总量的 78.2%，仅 21.8% 的受访者对现行政策受众面表示满意，表现出现行旅游生态补偿政策执行中差强人意的效果。

3. 政策回溯响应度

在政策回溯响应度方面，对于政府给予生态保护技术指导、政策回溯评估等，表示从来不做的有 247 位受访者，占比 39.6%；表示很少做的有 203 位受访者，占比 32.6%；表示一般的有 45 位受访者，占比 7.2%。可以看出，近八成的受访者认为政府很少给予生态保护方面的技术指导和旅游生态补偿后的政策回溯，反映出以政府为主体的政策实施者在施策回溯过程中的机制缺失和操作模式缺陷。

六、可持续生计统计分析

中国社科院政策研究中心定义的可持续生计是指个人或家庭为改善长远的生活状况所拥有的谋生的能力、资产和有收入的活动。在这一概念中，资产的范围不仅代表收入、住所、土地经营权等金融财产，还包括个人拥有文化水平、劳动技能、社会地位、交际范围，甚至是个人决策能力等，其内容十分宽泛、多维。基于上述界定，本书从就业创业能力、收入的稳定性、生活品质、自我实现（生活水平的提高）四个测度指标，对受访者的可持续生计进行统计分析。

1. 就业创业能力

对于就业创业能力提高，认为就业能力下降的受访者有 167 人，占比 26.8%；认为就业能力不变的受访者有 242 人，占比 38.8%；认为就业创业能力提高一点的受访者有 90 人，占比 14.4%；认为就业能力提高较多的受访者有 11 人，占比 1.8%。可以看出，受去杠杆、去泡沫、去库存等经济结构调整影响，加之新冠肺炎疫情致使的经济下行，浙江 11 个国家重点生态功能区内居民的就业创业能力受到一定挑战，就业下降和维持不变的占样本总量的 65.6%。功能区内大部分受访者的就业创业能力亟待提高。

2. 收入的稳定性

对受访者每年都得到相对稳定收入的情况进行统计，认为收入很不稳定的有 189 人，占比 30.3%；认为收入不稳定的有 144 人，占比 23.1%；认为收入稳定性一般的有 181 人，占比 29.1%；认为很稳定及非常稳定的有 109 人，占比 17.5%。可以看出，受访者中收入不甚稳定的占比过半，达 53.4%，若是将收入稳定性自评一般的受访者也计入，年收入来源稳定性不高的达 82.5%，呈现出浙江省 11 个国家重点生态功能区相对薄弱的发展现状，这一情境也与上述地区许多居民外出打工、社会保障不完善、工作不稳定的现况有关。

3. 生活品质

在生活品质选项中，认为生活水平下降的受访者有 159 人，占比 25.5%；认为不变的有 303 人，占比 48.6%；剩下的 161 人表示生活品质已有提高。可以看出，认为生活品质提高的受访者显著低于生活品质不变的群体。此外，生活品质一项中生活品质下降与生活品质上升的受访者大体相当，呈现相对多元的态势，即经济结构调整放大了国家重点生态功能区内居民的生活品质波动。再者，国家重点生态功能区的设立限制了当地工业化、城镇化的发展，大部分受访者的生活品质并未变动或与之有关。

4. 自我实现

对于自我价值、政治权利等自我实现方面的调查，认为明显下降或下降的受访者有 253 位受访者，占比 40.6%；认为不变的有 240 位受访者，占比 38.5%；认为提高一点或者提高较多的有 130 位受访者，占比 20.9%。可以看出，受访者在自我价值、政治权利等自我实现方面的选择呈现较为明显的分异，这一项的成因可能是由于当地经济发展、社会风貌、政府管理水平等外界要素所致。

第十章　旅游生态补偿政策、不同生计资本对可持续生计影响的效应分析

一、变量与假说

1. 假说演绎

如前文反复提及的，可持续生计分析框架为旅游生态补偿的学研提供了一条规范的工具化和系统化思路。旅游业被认为是生态脆弱区社会经济可持续的替代发展手段。我国学者赵磊指出，旅游业发展水平对旅游业经济影响效应具

有正向非线性特征影响，即在旅游业不同发展阶段，旅游业对经济增长均具有显著正向促进效应。进而言之，对于浙江省 11 个国家重点生态功能区而言，旅游业对当地社区的经济、文化、环境，以及属地居民的生计等均会产生重要影响。

然而，在本书作者的前序实证研究中发现，旅游业发展水平与旅游业经济影响效应显著负相关。随着旅游业发展水平的提高，旅游业经济影响效应处于高机制，当旅游业发展跨越门槛值之后，旅游业经济影响效应处于低机制，旅游业规模的扩张反而会弱化旅游业对经济增长的边际贡献。这一结论也在赵磊、杨勇等学者的研究成果中得以显现。以位置参数为中心，旅游业经济影响效应实则是在高低机制之间的平滑转换，当以旅游专业化度量旅游业发展水平时，平滑转换速率要高于以旅游人次比度量旅游业发展水平。那么，旅游业发展在何种阶段增加抑或减少了当地农户的生计资本？生计策略发生变迁和演化的作用机制应如何做出阐释？上述两问便是本章陈述的主旨。

依循既有文献对生态功能区属地居民进行的可持续生计研究成果，本章拟在 11 个功能区的不同空间维度中，结合乡村振兴的大背景对居民的生计水平和生计结果做出对比分析。具体来说，拟在 DFID 可持续生计分析框架下，构建乡村旅游影响下的农户可持续生计水平综合评价指标体系，对 11 个功能区的不同类型旅游地社区生计状况开展调查，系统分析评价旅游影响下的浙江省国家重点生态功能区可持续生计水平和生计结果，以及功能区内属地居民生计资本规模及结构的空间差异，进而凝练并明晰影响农户选择旅游等非农生计策略的障碍或制约因素。基于以上分析，本章提出下述两类假说。

H1：旅游业提升浙江省 11 个国家重点生态功能区属地居民的生计可持续水平和生计结果。

H2：浙江省 11 个国家重点生态功能区属地居民生计资本规模及结构存在空间差异。

第二篇的理论分析已经提及，一方面各类生计资本都会对居民的可持续生计水平的提升产生促进作用，另一方面生态补偿政策除能够直接影响居民的可持续生计外，还会通过自然资本、物质资本、人力资本、环境资本和心理资本间接影响居民的可持续生计。首先，物质资本直接影响农业劳动生产率，生产率越高，则单位面积的产出越高，收入越高。因此，物质资本可以通过增加居民收入而影响重点生态功能区居民的可持续生计，则可做如下假设。

H3：浙江省 11 个国家重点生态功能区居民的物质资本能够正向影响可持续生计。

人力资本是劳动者受到教育、培训、实践经验、迁移、保健等方面的投资而获得的知识和技能的积累，亦称“非物力资本”。这种知识与技能可以为其所有者带来工作和生存能力地增加和收入提高双重效益，即当国家重点生态功能区居民的人力资本越高，越容易掌握维持更多的生计技能且更容易获得高的收入。因此，关于人力资本可做如下假设。

H4：浙江省 11 个国家重点生态功能区居民的人力资本能够正向影响可持续生计。

社会资本不仅能够带来收入和能力的提高，还能够带来声誉、人缘、口碑等社会地位的提高。因此，关于社会资本可做如下假设。

H5：浙江省 11 个国家重点生态功能区居民的社会资本能够正向影响可持续生计。

自然资本是指能从中导出有利于生计的资源流和服务的自然资源存量（如土地和水）和环境服务（如水循环）。自然资本提供的服务越多，则旅游资源丰度越高，对应的产出也越高。换言之，居民的可持续生计随着资源开发而提升。因此，关于自然资本对于居民可持续生计提升可做如下假设。

H6：浙江省 11 个国家重点生态功能区居民的自然资本能够正向影响可持续生计。

在环境资本假设中，好的环境资本能够为居民的生产和生活带来便利，如获得更多的工作和学习机会，获取外界信息更加容易，投资环境更加优良等。因此，关于环境资本可做如下假设。

H7：浙江省 11 个国家重点生态功能区居民的环境资本能够正向影响可持续生计。

国家重点生态功能区居民需要及时营造积极、健康、阳光的心态，而并非等有了心理问题再去解决，只有这样才能有效发挥心理资本对可持续生计的影响。具体来说，从心理学的角度引导国家重点生态功能区居民的心理状态，促使他们在平时的生活和工作中都保持积极的心态，从而激发活力和激情，促进工作绩效提升，进而可以提高可持续生计。因此，关于心理资本可做如下假设。

H8：国家重点生态功能区居民的心理资本能够正向影响可持续生计。

此外，就旅游生态补偿政策来说，以政府为代表的补偿执行者通过直接给予国家重点生态功能区居民经济补助，增加了生态功能区居民的金融资本存量；通过提供经济林种植等技术指导，增加自然资本存量的同时还增加了人力资本存量等。因此，关于生态补偿政策可做如下假设。

H9：国家重点生态功能区生态补偿政策能够直接正向影响居民可持续生计。

H10：国家重点生态功能区生态补偿政策能够正向影响居民的物质资本、人力资本、自然资本、环境资本、心理资本，进而间接正向影响可持续生计。

2. 权重与变量

由于生计资本、可持续生计和生态补偿政策具有丰富的内涵，受制于作者的知识储备和视域局限，不可能穷尽所有的指标涵盖生计资本、可持续生计以及生态补偿政策的各个方面。因此，本书的实证中根据其内涵确定最核心的几项细分指标以反映生计资本、可持续生计和生态补偿政策的主要内容，细分指标的选取与前序调研中的变量设定一致。表 10–1 反映了本书调研中各类生计资本、生态补偿政策和可持续生计的基本信息。在数据处理中，倘若直接用原始数据进行回归检验，必然存在多重共线性和相关性等问题。为此，一个可选择的处理办法是进行降维，合成各变量统一的指标。

表10–1　调研指标变量

类别	变量	变量说明	变量取值
物质资本	x_{11}	当地居民的人均住房面积（平方米）	1（10 以下）；2（10~20）；3（21~30）；4（31~40）；5（40 以上）
	x_{12}	社区及行政村的道路状况	1（很不好）；2（不好）；3（一般）；4（很好）；5（非常好）
	x_{13}	家用电器及科技产品（电脑、空调、微波炉、冰箱、洗衣机、电视机、饮水机、电磁炉等）	1（1 种）；2（2 种）；3（3 种）；4（4 种）；5（5 种及以上）
	x_{14}	农业机械和汽车（家用轿车、拖拉机、农用汽车、打草机、粉碎机等）	1（1 种）；2（2 种）；3（3 种）；4（4 种）；5（5 种及以上）

类别	变量	变量说明	变量取值
人力资本	x_{21}	受访者的受教育水平	1（未上学）；2（小学）；3（初中）；4（中专/高中，）；5（专科及以上）
	x_{22}	家人（配偶、子女）受教育水平	1（未上学）；2（小学）；3（初中）；4（中专/高中，）；5（专科及以上）
	x_{23}	家庭劳动力人数（人）	1（没有）；2（1~2）；3（2~4）；4（5~6）；5（7及以上）
	x_{24}	受访者及其家人的健康状况	1（家里有长期患病者、残疾人）；2（家里有经常患病者）；3（家里有偶尔患病者）；4（家里人很少患病）；5（都非常健康）
社会资本	x_{31}	与亲戚朋友的关系	1（很不好）；2（不好）；3（一般）；4（很好）；5（非常好）
	x_{32}	与村干部的关系	1（很不好）；2（不好）；3（一般）；4（很好）；5（非常好）
	x_{33}	社区或者村里组织活动的次数	1（几乎没有）；2（很少）；3（一般）；4（很多）；5（非常多）
	x_{34}	家里有村（镇及以上）干部	1（否）；2（是）
自然资本	x_{41}	家里现有耕地面积	1（没有）；2（小于1亩）；3（1~3亩）；4（4~5亩）；5（5亩以上）
	x_{42}	家里现有耕地质量	1（非常差）；2（较差）；3（一般）；4（较好）；5（非常好）
	x_{43}	家里现有林地面积	1（没有）；2（小于3亩）；3（3~6亩）；4（7~9亩）；5（9亩以上）
	x_{44}	家里现有林地质量	1（非常差）；2（较差）；3（一般）；4（较好）；5（非常好）
环境资本	x_{51}	居民所在社区及村（镇）的经济状况	1（非常差）；2（较差）；3（一般）；4（较好）；5（非常好）
	x_{52}	购物的便利性	1（非常差）；2（较差）；3（一般）；4（较好）；5（非常好）
	x_{53}	接受优质教育的便捷性	1（非常差）；2（较差）；3（一般）；4（较好）；5（非常好）
	x_{54}	就医的便利度	1（非常差）；2（较差）；3（一般）；4（较好）；5（非常好）
心理资本	x_{61}	对未来生活改善的期望	1（期望非常小）；2（期望较小）；3（期望一般）；4（期望较大）；5（期望非常大）
	x_{62}	主观幸福感	1（非常不幸福）；2（不幸福）；3（一般）；4（较幸福）；5（非常幸福）
	x_{63}	自信心	1（非常小）；2（较小）；3（一般）；4（较大）；5（非常大）
	x_{64}	遇到困难时的心理韧性	1（非常小）；2（较小）；3（一般）；4（较大）；5（非常大）

类别	变量	变量说明	变量取值
旅游生态补偿政策	x_{71}	政策透明度 旅游生态保护补偿政策的相关信息是否透明	1（很不透明）；2（不透明）；3（一般）；4（透明）；5（很透明）
	x_{72}	政策受众度 赞同政府采用生产成本方法来发放补助	1（很不赞同）；2（不赞同）；3（一般）；4（赞同）；5（很赞同）
	$x_{73\text{-}1}$	政策回溯响应度 政府检查当地的生态保护状况（退耕、植树）	1（从来不做）；2（很少做）；3（一般）；4（做一些）；5（经常做）
	x_{73-2}	政策回溯响应度 政府是否给予生态保护后续的技术指导	1（从来不做）；2（很少做）；3（一般）；4（做一些）；5（经常做）
可持续生计	y_1	就业创业能力	1（下降）；2（不变）；3（提高一点）；4（提高较多）；5（显著提高）
	y_2	收入的稳定性	1（很不稳定）；2（不稳定）；3（一般）；4（很稳定）；5（非常稳定）
	y_3	生活品质 （生活满意度提）	1（下降）；2（不变）；3（提高一点）；4（提高较多）；5（显著提高）
	y_4	自我实现 （自我价值、政治权利等）	1（下降）；2（不变）；3（提高一点）；4（提高较多）；5（显著提高）

图表来源：作者基于问卷量表整理所得。

如何对生计资本、生态补偿政策和可持续生计不同维度的调研数据进行合理的确权、加总，合成统一指标，直接决定了实证分析的可信度。现阶段已有的权重测度方法主要包括熵值法、灰色聚类法、层次分析法、综合指标法、相对指数法、主成分分析法及模糊综合法，然而这些测度方法都存在一定的缺陷。相对来说，主成分分析法因其较好的客观性而被更多学者采用。为此，本书的实证部分也采用主成分分析法对生计资本、生态补偿政策和可持续生计的基础指标权重进行测度并合成各变量的统一指标。

主成分分析方法是通过投影的方法实现数据的降维，在损失较少数据信息的基础上将多个指标转化为几个有代表意义的综合指标。这些具有代表性的综合指标按照其方差贡献率从大到小排序，分别称为第一主成分、第二主成分等。现有的研究一般是根据累计方差贡献率超过特定的标准来确定主成分的个数，本书的目的是要通过主成分分析来确定生计资本、生态补偿政策和可持续生计的不同维度指标的相对权重，相对权重可以采用各维度变量的第一主成分与相应特征根比值的平方根表示。对七种生计资本、生态补偿政策以及可持续生计的调研指标分别进行主成分分析，结果如表 10–2 所示。七种生计资本、生态补偿政策以及可持续生计的第一主成分的方差贡献率分别达到 85.231%、86.595%、82.478%、78.529%、86.522%、84.382%、85.752%、87.252%，第一主成分综合了大部分原始数据的信息，因此采用第一主成分对应的特征根作为权重的确权方法能够反映调研数据的特征，具有合理性。

表10–2 各级指标的统计特征

维度	成分	特征根	方差贡献率（%）	累计方差贡献率（%）
物质资本	1	1.269	85.231	85.231
	2	0.267	9.025	94.257
人力资本	1	0.952	86.595	86.595
	2	0.102	8.259	94.854
社会资本	1	1.784	82.478	82.4781
	2	0.355	9.583	92.061
自然资本	1	1.248	78.529	78.529
	2	0.143	13.250	91.779
环境资本	1	1.087	86.522	86.522
	2	0.125	7.753	94.274
心理资本	1	1.186	84.382	84.382
	2	0.205	10.363	94.745
旅游生态补偿政策	1	1.154	85.752	85.752
	2	0.142	8.263	94.02
可持续生计	1	1.683	87.252	87.252
	2	0.264	9.528	96.7802

注：如第二篇所述，金融资本因在样本统计中覆盖，故不再纳入实证统计范畴。
图表来源：作者基于调研结果实证运算所得。

进一步，生计资本、生态补偿政策以及可持续生计的调研指标权重测算结果如表 10–3 所示。以各变量的基础权重进行分析可以看出：第一，农业机械和汽车等（家用轿车、拖拉机、农用汽车、打草机、粉碎机等）在物质资本的分量指标中所占的基础权重最大，为 0.268，这表明物质资本更多的是以农业生产资料来反映，当地居民拥有的大件设备越多，其物质资本越大。第二，居民自身的受教育水平在人力资本的分量指标中所占基础权重最大为 0.366，这表明提升属地居民的受教育水平对于提高人力资本具有重要作用。第三，家里是否有村干部在社会资本的分量指标中所占基础权重最大，为 0.236，这符合主要以人际关系为体现的社会资本的本质属性，但也应看到，浙江省 11 个国家重点生态功能区内的居民的社会资本是非常匮乏的。第四，在自然资本中，资源丰度在一定程度上决定了地区旅游开发的潜力。林地指标的基础权重在自然资本分量指标中最大，为 0.231，这也表明退耕还林工程的实施，使得当地居民更多地承包林地和种植经济林，林地的多少对其自然资本水平具有非常重要的影响，也使得属地居民具有进一步拥抱文旅发展的动机。第五，就医的便利度和拥有优质教育的便捷性在环境资本中的基础权重较高，分别为 0.346 和 0.275，表明在当地居民的认知中，就医的及时性和家里适龄儿童上学的便利性是其对周边社会环境主要的关注问题。第六，遇到困难时的心理韧性和主观幸福感在心理资本中的基础权重较高，分别为 0.388 和 0.352，业已说明了在当地居民的认知中，对当前生活状态的乐观认知和遇到困难时的心理素质是决定其心理资本的最重要因素。第七，政策回溯响应度（即政府检查当地的生态保护与旅游运行状况）、政策受众度（即赞同政府采用生产成本方法来发放补贴）在旅游生态补偿政策变量中的基础权重较高，分别为 0.361 和 0.328，这表明当地居民有关旅游生态补偿政策最关注的是生态补偿方式和是否对生态保护结果进行检查两个问题，直接对居民生态保护的成本进行补偿和加强对生态保护结果的检查是有利于提高旅游生态补偿政策效果。第八，可持续生计的权重中，就业创业能力的提高和收入的稳定性在居民可持续生计中所占基础权重分别达到 0.277 和 0.210，这表明上述两项是影响居民生计可持续性的重要因素，浙江 11 个国家重点生态功能区居民更关注的谋生手段和收入状况。相对来看，关于自我实现项（更高层次的政治诉求）占比较小。此外，本书的研究还对个人收入做了进一步的权重测度。结果表明：对于国家重点生态功能区的居民来说，现金收入是其最看重的部分，达 0.301。还应看到，居民每年得到的政府补贴额所占权重最低，仅为 0.138，这表明现阶段居民得到的政府补贴对于居民整体收入而言还是少之又少的，对其生活的影响不大；不过，在走访调研中发现，普惠性的养老补贴之于60岁以上的老人，特别是家里没有劳动力的老人家庭来说扮演着“保护网”般的托底作用。

表10-3　各指标权重计算结果

	基础指标	第一主成分系数	基础指标权重		基础指标	第一主成分系数	基础指标权重
物质资本	x_{11}	0.265	0.235	环境资本	x_{51}	0.273	0.254
	x_{12}	0.126	0.112		x_{52}	0.185	0.172
	x_{13}	0.115	0.102		x_{53}	0.294	0.275
	x_{14}	0.278	0.268		x_{54}	0.358	0.346
人力资本	x_{21}	0.375	0.366	心理资本	x_{61}	0.126	0.121
	x_{22}	0.147	0.151		x_{62}	0.374	0.352
	x_{23}	0.252	0.258		x_{63}	0.287	0.275
	x_{24}	0.178	0.182		x_{64}	0.391	0.388
社会资本	x_{31}	0.147	0.110	旅游生态补偿政策	x_{71}	0.214	0.199
	x_{32}	0.236	0.177		x_{72}	0.352	0.328
	x_{33}	0.178	0.133		x_{73-1}	0.388	0.361
	x_{34}	0.255	0.236		x_{73-2}	0.267	0.248
自然资本	x_{41}	0.198	0.177	可持续生计	y_1	0.247	0.210
	x_{42}	0.258	0.221		y_2	0.336	0.277
	x_{43}	0.247	0.231		y_3	0.178	0.133
	x_{44}	0.111	0.099		y_4	0.255	0.191

图表来源：作者基于调研结果实证运算所得。

二、生计资本对可持续生计的影响效应

1. 模型架构

为检验六类生计资本对可持续生计的影响，同时也为分析生态补偿政策是否能够通过生计资本间接影响可持续生计水平，本部分建立生计资本对可持续生计影响的回归模型，模型如下：

$$\ln SL_i = C+\alpha_1\ln H_i+\alpha_2\ln S_i+\alpha_3\ln P_i+\alpha_4\ln N_i+\alpha_5\ln E_i+\alpha_6\ln M_i+\beta Z+\mu$$

式中，SL 表示可持续生计水平；H、S、P、N、E、M 分别代表居民的

人力资本、社会资本、物质资本、自然资本、环境资本、心理资本；*C* 表示常数项；*Z* 表示控制变量；α_i=（*i*=1，2，…，6）、β 为回归系数；μ 为残差项。控制变量设定同样包含四个 0—1 虚拟变量：是否为移民搬迁户 *emi*（不是移民，则 *emi*=0；是移民，则 *emi*=1）、家庭人数 *nub*（家庭人数小于等于 4，则 *nub*=0；家庭人数大于 4，则 *nub*=1）、被访问者的性别 *male*（女性，则 *male*=0；男性，则 *male*=1）、被访问者年龄 *age*（年龄小于等于 44，则 *age*=0；年龄大于 44，则 *age*=1）。

2. 回归分析

最小二乘法（OLS）是回归分析中最常用的方法。不过这一方法的弊端也十分明显，即最小二乘法忽视了变量间的多重共线性、异方差等现象对回归结果的影响，回归系数的可信度相对较低。为此，为消除异方差的影响，本书将采用可行的广义最小二乘法（FGLS）对各类生计资本对可持续生计的影响进行回归分析。由表 10–4 可知，生计资本自变量在给定的水平下都通过了显著性 *t* 检验，回归系数是显著的。依据修正的拟合优度较大原则进行判断，选择方程（2）进行详细分析，可以看出，人力资本、社会资本、物质资本、自然资本、环境资本和心理资本自然对数对居民可持续生计水平自然对数的影响系数分别为 0.351、0.227、0.312、0.253、0.165、0.178，本书采用的自然对数形式还显现出弹性的含义，因此影响系数的回归结果意味着，当各个生计资本每增加 1% 时，居民可持续生计水平分别增加 0.351%、0.227%、0.312%、0.253%、0.165%、0.178%。换言之，增殖生计资本有利于提高浙江省 11 个国家重点生态功能区居民的可持续生计水平。此外，依循投入产出理论，浙江省 11 个国家重点生态功能区的优先选项应是抓紧培育对可持续生计产出影响较大的生计资本。根据弹性系数排序，优先级依次为人力资本、物质资本、自然资本、社会资本、心理资本和环境资本。

表10–4　生计资本对可持续生计水平影响的回归结果

	方程（1）	方程（2）	方程（3）	方程（4）	方程（5）
C	4.498***	3.475***	5.435***	7.432***	5.489***
	（6.325）	（3.842）	（2.887）	（3.624）	（3.351）

	方程（1）	方程（2）	方程（3）	方程（4）	方程（5）
$\ln H_i$	0.315***	0.351***	0.304***	0.316***	0.325***
	（5.140）	（4.215）	（4.114）	（2.779）	（3.129）
$\ln S_i$	0.255***	0.227***	0.204***	0.209***	0.138***
	（6.141）	（2.845）	（2.995）	（2.742）	（3.108）
$\ln P_i$	0.322*	0.312*	0.307*	0.308**	0.325*
	（2.147）	（1.942）	（1.879）	（2.411）	（2.013）
$\ln N_i$	0.169**	0.253*	0.273**	0.172**	0.300***
	（2.331）	（1.899）	（2.306）	（2.313）	（4.033）
$\ln E_i$	0.211**	0.165***	0.129**	0.372*	0.156*
	（2.450）	（3.102）	（2.459）	（1.828）	（2.019）
$\ln M_i$	0.197***	0.178***	0.131**	0.157*	0.150*
	（2.779）	（3.457）	（2.001）	（1.882）	（1.931）
emi		0.026**	0.023**	0.033*	0.013*
		（2.442）	（2.452）	（1.987）	（2.104）
nub			–0.067**	–0.032**	–0.037*
			（–2.356）	（–2.413）	（–1.902）
male				0.013*	0.016
				（2.042）	（1.305）
age					0.009
					（1.480）
$Adj\text{–}R^2$	0.9172	0.9504	0.8527	0.8614	0.8248

注："***""**""*"表示在1%、5%和10%的水平下通过显著性t检验；括号内的数值为相应t值。

在控制变量方面，本书发现部分移民户（紧水滩电站、新安江电站、东阳横锦水库、凤阳山—百山祖国家自然保护区、开化钱江源景区）的可持续生计水平要高于非移民户。可能的原因是政府和企业对移民户给予了一定的财政补贴和优惠政策，与未享受这一优惠政策的当地居民相比，这些措施必然会给移民户带来正向影响，显著提高其可持续生计水平。同时移民户生计水平前后变化也较大，可能会使得其对可持续生计水平的认知要高于非移民户。家庭人数的增加会显著降低居民的可持续生计水平，在调研访问过程中，国家重点生态功能区当地居民家庭人数的增加主要表现在小孩的增加上，而劳动力增加相对较少和滞后，这使得家庭开销增加而人均收入相对减少，降低了该家庭的可持续生计水平。男性的可持续生计水平要高于女性，这是因为男性肩负养家糊口的重任，在就业创业能力、收入稳定性等方面要明显好于女性，更能维持可持续生计水平。年龄变量影响方面，年龄越大，居民的可持续生计水平相对越低，但该变量的影响系数未通过显著性检验，表明居民年龄变量对可持续生计的影响是不显著的。本书认为，文旅资本下乡进程吸纳了大量劳动力从事旅游生产服务，大部分一线旅游服务岗位并未对年龄有严格限制。事实情况是，60岁居民都可以参与在乡村旅游、农家乐经营活动，其收入水平与其他岗位相差不大。另外，年龄大的居民可能没有年轻人花费和负担大，也间接提升了其可持续生计水平，因此居民年龄对可持续生计的影响不显著的结论是合理的。为排除可能存在的多重共线性的影响，并确保估计结果的稳健性，进一步通过方差膨胀因子（VIF）对各回归方程的变量之间是否存在多重共线性进行检验，结果如表 10–5 示。

根据经验规则，回归中最大的方差膨胀因子小于 10，则可以认为该回归不存在严重的多重共线性问题。表 10–5 的回归方程 1~5 各回归系数的方差膨胀因子皆小于 10，这表明各回归方程并未受到严重的多重共线性影响，回归结果较稳健，能够反映实际状况。

表10–5　多重共线性检验（方差膨胀因子 VIF）

	方程（1）	方程（2）	方程（3）	方程（4）	方程（5）
$\ln H_i$	2.996	0.881	0.625	3.521	5.447
$\ln S_i$	3.686	5.822	2.399	2.314	2.465
$\ln P_i$	2.754	2.121	6.147	3.121	3.968
$\ln N_i$	1.852	3.144	2.226	1.223	0.349
$\ln E_i$	3.699	2.888	1.747	2.652	3.071
$\ln M_i$	2.471	3.211	2.744	2.588	2.749

	方程（1）	方程（2）	方程（3）	方程（4）	方程（5）
emi		3.678	3.252	2.337	2.468
nub			3.666	2.851	3.452
male				2.851	5.290
age					6.326

图表来源：作者基于调研结果实证运算所得。

三、旅游生态补偿政策对生计资本的影响效应

1. 模型架构

在这一章节，将进一步检验生态补偿政策对浙江 11 个国家重点生态功能区居民生计资本的影响。首先，建立如下回归方程：

$$\ln LC_i = C + \alpha \ln ec_i + \beta Z + \mu$$

式中，*LC* 表示居民的生计资本水平，实证中分别采用物质资本（*P*）、人力资本（*H*）、社会资本（*S*）、自然资本（*N*）、环境资本（*E*）、心理资本（*M*）表示；*ec* 表示生态补偿政策变量；*C* 表示常数项；*Z* 表示控制变量；α、β 为回归系数；μ 为残差项。控制变量设定同样包含四个 0—1 虚拟变量：是否为移民搬迁户 *emi*（不是移民，则 *emi*=0；是移民，则 *emi*=1）、家庭人数 *nub*（家庭人数小于等于 4，则 *nub*=0 ；家庭人数大于 4，则 *nub*=1）、被访问者的性别 *male*（女性，则 *male*=0；男性，则 *male*=1）、被访问者年龄 *age*（年龄小于等于 44，则 *age*=0；年龄大于 44，则 *age*=1）。

2. 回归分析

同样采用可行广义最小二乘法（FGLS）回归分析生态补偿政策对生计资本影响。表 10-6 所示，除社会资本回归方程不显著外，旅游生态补偿政策对其他生计资本的影响在给定水平下都通过了显著性 *t* 检验，这表明在第十章伊始的假说演绎是成立的。由回归结果可知，旅游生态补偿政策能够显著地增殖这五类生计资本；从回归系数看，生态补偿政策对人力资本、物质资本、自然资本、环境资本和心理资本的回归系数分别为 0.412、0.368、0.451、0.372、0.268，根据对数回归的弹性含义，生态补偿政策每增加 1% 时，浙江 11 个国家重点生态功能区当地居民的人力资本、物质资本、自然资本、环境资本和心

理资本将分别增加 0.412%、0.368%、0.451%、0.372% 和 0.268%。这一研究结论也表明旅游生态补偿政策通过增殖部分生计资本间接提升居民可持续生计水平这一结论是成立的。旅游生态补偿政策对提升居民可持续生计水平具有重要的作用，也是提升样本地居民可持续生计水平的重要政策措施。

对于控制变量，从移民角度看，移民户的人力资本、社会资本、自然资本水平要低于非移民户。本书认为，一方面是因为移民户在移民以前的生计资本积累就要小于非移民户；另一方面是因为移民后对新环境、新关系都要有一个适应过程，这一过程中对生计资本的积累在大多数情况下也要少于当地非移民户。相反，移民户的物质资本、环境资本和心理资本水平要高于非移民户，这是因为移民政策的实施给予了移民户一定的物质支持和精神支持，使得他们的居住状况、社会环境状况和心理状况都有了显著的提高。

表10-6　旅游生态补偿政策对生计资本影响的回归结果

	方程（1） $\ln H_i$	方程（2） $\ln S_i$	方程（3） $\ln P_i$	方程（4） $\ln N_i$	方程（5） $\ln E_i$	方程（6） $\ln M_i$
C	1.207***	2.154***	0.857*	0.970***	3.851***	3.223**
	（3.861）	（2.867）	（1.900）	（3.159）	（4.704）	（2.315）
$\ln ec_i$	0.412*	0.302	0.368**	0.451**	0.372**	0.268***
	（2.033）	（1.528）	（2.452）	（2.310）	（2.452）	（5.142）
emi	−0.039***	−0.090***	0.035***	−0.094***	0.020***	0.067**
	（−3.748）	（−3.981）	（2.877）	（−2.776）	（2.987）	（2.521）
nub	−0.008**	0.025***	0.021	0.022***	0.015	0.012
	（−2.392）	（1.444）	（1.061）	（7.215）	（0.087）	（0.742）
male	0.107***	0.072***	0.016*	0.057	0.013	0.023**
	（2.871）	（2.747）	（1.910）	（1.154）	（0.974）	（2.343）
age	−0.022*	0.033	−0.020	0.008	−0.042	0.017*
	（−2.101）	（1.548）	（−1.115）	（1.101）	（−1.232）	（2.210）
$Adj\text{-}R^2$	0.8218	0.9021	0.8635	0.9302	0.8724	0.7938

注：“***”“**”“*”表示在 1%、5%和 10%的水平下通过显著性t检验；括号内的数值为t值。

从家庭人数角度来看，家庭人数的提高直接降低了居民的物质水平与人力资本水平。本书的调研显示，浙江省 11 个国家重点生态功能区家庭因老人和小孩的增加会显著降低家庭物质水平，进而影响了受教育程度（人力资本水平）。不过，家庭人数增加提高了居民自然资本水平，这可能是因为农村居民的家庭人数增多会增加和耕地（林地）量，相对提高了自然生计资本水平。此外，家庭人数对其他生计资本的影响是不显著的。

从性别差别来看，除环境资本和自然资本外，男性的生计资本水平都要高于女性的生计资本水平，这与男性的可持续生计水平高于女性的原因相似。整体上来说，男性在受教育水平、就业能力、收入水平、社会关系及心理承受能力等方面要好于女性，也造就了其生计资本水平要高于女性。不过，男性和女性因处于同一地区，所以性别对自然资本和环境资本的影响不大。

从年龄差别来看，随着年龄的增加，人力资本水平显著下降，心理资本水平显著上升，这是因为随着年龄的增长（45 岁以上），其接受教育的时代处在我国 20 世纪八九十年代，受当时的教育水平和居民的家庭条件的影响，其受教育的年限和水平要明显低于二三十岁的居民，随着年龄的增长，身体健康状况会出现下降，因此年龄增加导致其人力资本水平下降是合理的。相反，随着年龄的增长、阅历的增加，生活的稳定性也较高，因此心理素质、自信心等心理资本水平也会提高。

四、旅游生态补偿政策对可持续生计的影响效应

1. 直接效应分析

参照学者袁梁的研究轨迹，本书进一步检验生态补偿政策是否对可持续生计存在直接影响效应。建立如下计量回归方程：

$$\ln SL_i = C + \alpha \ln ec_i + \beta Z + \mu$$

式中，*SL* 表示居民的可持续生计水平变量；*ec* 表示生态补偿政策变量；*C* 表示常数项；*Z* 表示控制变量；μ 为随机扰动项；α、β 表示待检验的回归系数。对于控制变量，这一部分研究方案依然采取之前模式，以 0—1 虚拟变量表示，主要包括：是否为移民搬迁户 *emi*（不是移民，则 *emi*=0；是移民，则 *emi*=1）、家庭人数 *nub*（家庭人数小于等于 4，则 *nub*=0；家庭人数大于 4，则 *nub*=1）、被访问者的性别 *male*（女性，则 *male*=0；男性，则 *male*=1）、被访问者年龄 *age*（年龄小于等于 44，则 *age*=0；年龄大于 44，则 *age*=1）。

如表 10-7 所示旅游生态补偿政策对可持续生计水平的影响在给定的水平

下都通过了显著性 t 检验，根据修正的拟合系数较大原则，以回归方程（5）为例进行详细分析，生态补偿政策的回归系数在 1% 的水平下通过了显著性检验，其回归系数为 0.182，由于本书对可持续生计水平和生态补偿政策变量都是对数形式，使之具有弹性意义，即生态补偿政策增加 1%，居民可持续生计水平增长 0.182%，这一结果表明旅游生态补偿政策对浙江 11 个国家重点生态功能区居民的可持续生计的影响为正，能够直接促进属地居民可持续生计的提升。不过，在看到正向促进作用的同时也不能忽视现行旅游生态生态补偿的影响系数较小，浙江 11 个国家重点生态功能区旅游生态补偿政策的政策愿景和政策效力尚未充分实现。控制变量与可持续生计之间的关系的回归结果与前文的回归结果相似，仅是数值或者显著性水平方面的差异，此章节将不再赘述。

表10-7 直接效应的回归结果分析

变量	方程（1）	方程（2）	方程（3）	方程（4）	方程（5）
C	3.772***	4.517***	7.251***	3.235***	5.006***
	（5.241）	（3.174）	（2.993）	（3.715）	（4.362）
$\ln ec_i$	0.218***	0.227***	0.221***	0.216***	0.182***
	（6.154）	（2.744）	（3.101）	（3.149）	（2.997）
emi		0.035***	0.026*	0.019**	0.015***
		（3.889）	（1.932）	（2.412）	（3.063）
nub			−0.027**	−0.018**	−0.023***
			（−2.324）	（−2.507）	（−3.058）
male				0.025**	0.022**
				（2.395）	（2.421）
age					−0.090
					（−1.480）
$Adj\text{-}R^2$	0.847	0.851	0.879	0.855	0.901

注：“***”“**”“*”表示在 1%、5%和 10%的水平下通过显著性 t 检验；括号内的数值为相应 t 值。

2. 总效应分析

前文的回归结果已表明生计资本对可持续生计水平、生态补偿政策对部分生计资本、生态补偿政策对可持续生计水平的影响都是显著的，因此，可以得到生态补偿政策对可持续生计影响的总效应。其计算公式为：

总影响效应 = 直接效应（生态补偿政策对可持续生计的影响系数）+ 间接效应（生计资本对可持续生计的影响系数 × 生态补偿政策对生计资本的影响系数）

由表 10-4、表 10-6 和表 10-7 可得旅游生态补偿政策对可持续生计水平的总影响效应，具体数值如表 10-8 所示。

表10-8 生态补偿政策对可持续生计的影响效

变量	lnec	lnH × lnec	lnP × lnec	lnN × lnec
影响系数	0.182	0.145	0.115	0.114
变量	lnE × lnec	lnM × lnec	总效应	
影响系数	0.061	0.048	0.764	

注：作者基于前序推导数据运算而得。

从表 10-8 可以看出，生态补偿政策通过影响人力资本 *H*、物质资本 *P*、自然资本 *N*、环境资本 *E*、心理资本 *M* 对可持续生计水平的间接影响分别为 0.145、0.115、0.114、0.061 和 0.048，总的间接影响效应为 0.582，约为生态补偿政策对可持续生计水平直接影响系数（0.182）的 3.2 倍，因此在注重生态补偿政策对可持续生计直接影响的同时，更要充分发挥其通过增殖生计资本的间接影响效应。在生计资本中，生态补偿政策通过增殖人力资本产生的间接影响效应最大，为 0.145；通过增殖心理资本和环境资本的影响相对较小，仅为 0.048 和 0.061。

五、实证总结

在第四篇，本书按照国家重点生态功能区当地居民可持续生计分析框架，以生态功能区调研数据为研究对象，通过主成分分析法对调研数据进行加权合成，得到了居民的生计资本、生态补偿政策以及可持续生计的合成变量，并在此基础上实证研究了旅游生态补偿政策对可持续生计的影响、生计资本对可持续生计的影响以及旅游生态补偿政策对生计资本的影响，得到的结论如下。

一是生计资本可直接正向影响可持续生计。在生计资本中，人力资本对可持续生计的影响最大，物质资本次之，其次由大到小依次为自然资本、社会资本、心理资本和环境资本。人力资本的提高对居民可持续生计的影响最大，其回归系数为 0.351，也即在当地居民的认知结构中，本身及其家人的受教育程度和健康状况是影响家庭收入及生活满意度等状况的最主要因素，提高当地居民的人力资本水平必然能够显著提高其可持续生计。其原因在于：人力资本有其特殊性，“百年大计、教育为本”的战略思想体现了人力资本对经济增长和居民收入提高的核心作用；在居民可持续生计变量中，权重较大的指标是就业和生活满意度，这两个指标也与人力资本状况关系密切。但与人力资本重要性不相符的是，浙江 11 个国家重点生态功能区的居民人力资本水平处于低水平状态，脆弱性十分明显。省域之间的教育与经济发展联动性虽然得到普遍证实，但浙江省的发展历程呈现鲜明的“浙江现象”：浙江省经济发达，人口受教育水平却偏低；浙江省区域教育人口与经济分布之间存在“交叉而不重叠”的特征。以居民文化结构为例，浙江省 11 个国家重点生态功能区居民的受教育程度普遍不高，初中及以下学历的占样本总量的近八成。

受制于人力资本的局限，浙江省 11 个国家重点生态功能区居民面临更为严峻的改变生产、改善生活方式的挑战，换句话说，其可持续生计将会受到较大影响。在旅游产业发展方面，相对孱弱的人力资本竞争力使得资本往往会寻求“外来和尚”充当管理层角色，在此进程中功能区极易产生“荷兰病”现象，旅游创收的主要财富也会形成回流态势，目的地受益程度通常有限。

二是生态补偿政策不仅可以直接提升居民的可持续生计水平，还可以直接增殖人力资本、物质资本、自然资本、环境资本、心理资本，进而间接促进居民可持续生计水平提高。实证结果表明，生态补偿政策和生计资本对可持续生计的影响都显著为正，而生态补偿政策对除社会资本外的六类生计资本的影响也为正，因此生态补偿政策对可持续生计的促进作用包括直接影响和通过增殖部分生计资本的间接影响。这是因为国家重点生态功能区生态补偿政策具有保护环境和改善民生的双重目标，生态补偿政策的实施必然直接促进居民的可持续生计水平，同时现阶段的生态补偿政策已开始尝试采用资金补偿、优化政策、就业培训和实物补偿等多种方式相结合的方式实施，这些不同的方式对生计资本会产生显著的培育效应，会间接促进居民可持续生计水平的提升，这也是浙江省 11 个国家重点生态功能区的现实呼唤和利益诉求。

参考文献

[1] 卢妮，厉英珍 . 新常态下浙江国际旅游服务贸易发展分析 [J]. 现代商贸工业，2015（25）：33–35.

[2] 桑百川，杨立卓 . 新兴市场国家服务贸易竞争力的国际比较 [J]. 亚太经济，2014（3）：73–78.

[3] 夏杰长，姚战琪 . 中国服务贸易竞争力的理论与实证研究 [J]. 中国社会科学院研究生院学报，2014（5）：92–95.

[4] 李伟，魏翔 . 互联网 + 旅游："在线旅游" 新观察 [M]. 北京：中国经济出版社，2015.

[5] 张捷雷 . 基于综合指标体系的省级旅游服务贸易竞争力研究——以浙江省为例 [J]. 浙江学刊，2017（1）：3–10.

[6] 樊杰 . 主体功能区战略与优化国土空间开发格局 [J]. 中国科学院院刊，2013，28（2）：193–206.

[7] 李宝林，袁烨城，高锡章，许丽丽 . 国家重点生态功能区生态环境保护面临的主要问题与对策 [J]. 环境保护，2014，42（12）：15–18.

[8] 何立环，刘海江，李宝林，王业耀. 国家重点生态功能区县域生态环境质量考核评价指标体系设计与应用实践 [J]. 环境保护，2014，42（12）：42–45.

[9] 中华人民共和国中央人民政府 . 国务院关于同意新增部分县（市、区、旗）纳入国家重点生态功能区的批复 [EB/OL].http：//www.gov.cn/zhengce/content/2016–09/28/content_5112925.htm.

[10] 余中元，李波，张新时 . 社会生态系统及脆弱性驱动机制分析 [J]. 生态学报，2014，34（7）：1870–1879.

[11] 刘桂环，文一惠，张惠远 . 中国流域生态补偿地方实践解析 [J]. 环境保护，2010（23）：2629.

[12] 万本太，邹首民 . 走向实践的生态补偿——案例分析与探索 [M]. 北京：中国环境科学出版社，2008.

[13] 蒋依依，宋子千，张敏 . 从生态补偿标准研究思考旅游业对生态保护的作用——以云南省玉龙县为例 [J]. 人文地理，2014，29（5）：149–154.

[14] 杨光梅，闵庆文，李文华 . 我国生态补偿研究中的科学问题 [J]. 生态学报，2007，27（10）：4289–4300.

[15] 杨艳昭，封志明，赵延德，游珍 . 中国城市土地扩张与人口增长协调性研究 [J]. 地理研究，2013（9）：1668–1678.

[16] 毛其智，龙瀛，吴康 . 中国人口密度时空演变与城镇化空间格局初探——从 2000 年到 2010 年 [J]. 城市规划，2015（2）：38–43.

[17] 吴康，孙东琪 . 城市收缩的研究进展与展望 [J]. 经济地理，2017（11）：59–67.

[18] 网易数读 . 我们分析了 633 个中国城市，发现四成在流失人口 [EB/OL]. http：//data.163.com/18/1231/02/E4AP6FBA000181IU.html.

[19] 周仲高 . 浙江省区域教育人口与经济的分布变迁及关联模式（1964—2000）[J]. 浙江社会科学，2006（4）：206–209.

[20] 李袁园 . 中国省际人口迁移和区域经济发展研究 [M]. 吉林大学，2013.

[21] 李晨卉 . 我国东北地区收缩城市影响因素及其规划对策研究 [M]. 北京建筑大学，2017.

第五篇　路径选择

国家重点生态功能区是我国经济发展动能转换、推进供给侧结构性改革的“能动机”，是实现城乡融合最紧密的空间载体。以县域为主体的重点生态功能区主要功能是提供生态产品，但生态产品并不等同于竭泽而渔的发展模式。在我们身边，很多业者的潜意识里依旧把生态的“无价”等同于“免费”，把稀缺的生态资源当作旅游经济活动的“自由物品”，这些牺牲环境实现发展的路径不可续也不可为，与“绿水青山就是金山银山”的理念显著背离。

在第五篇，本书对全文各个部分做了总结性概述，形成了 10 条结论。基于全文要义和实证基础，给出浙江在旅游生态补偿方面的 5 条实践路径，希冀就平衡与发展浙江省 11 个重点生态功能区的县域经济，挖掘一条与其环境承载能力相适应相匹配的县域经济发展道路给出施策策应。

第十一章　主要结论

第一，生态文明建设离不开对生产、生活、生态等空间区域的规划，更离不开对与生态系统服务功能或与生态环境要素密切相关区域的治理。这对以生物多样性保护、水土保持、水源涵育、防风固沙等关键生态功能为主线的676个国家重点生态功能区而言，尤是如此。一个鲜明的时代烙印是，传统“孤岛式”圈地保护已不适应人地关系学说，更不适应我国当下的发展情境。全球视域下，随着生态保护理念从自然保护、抢救性保护到人地和谐共生的嬗变，2010年国务院也在《全国主体功能区规划》中明确提出了重点生态功能区概念，进一步树立了“不同国土空间的自然属性确定不同的开发内容”的理念。一个共性特点是，由于地理位置偏远和交通相对不便，重点生态功能区的社会经济发育程度较低，自然景观与人文习俗受外界干扰和影响较少，由于执行严格的限制开发政策，生态脆弱、经济发育欠佳成为制约地区发展的关键节点。但是，世之奇伟、瑰怪，非常之观，常在于险远。在地理分布上，生态功能区与旅游资源富集区往往呈现叠加状态。为此，学研的政策建议应遵循可量化、可溯源、可操作的研究范式，使研究成果从空泛走向精准。

第二，本书对旅游生态补偿做了概念界定：旅游生态补偿的依据是旅游业发展对生态环境以及人的影响，其根本目的在于保护旅游地生态系统、调和旅游业发展与生态保护之间的矛盾，以促进旅游业可持续发展。经济手段是补偿的主要手段，旅游生态补偿的实质是一种调节旅游业中各利益相关者及环境之间关系的制度安排。进而言之，我国学者继统于流域经济、生态经济、人地关系等学说，推动了旅游生态补偿学研的“立新”进程。美中不足的是，既有成果的呈现多以案例或叙述性研究为主，旅游生态补偿的空间刻画欠深细，鲜见建立在生态脆弱区域的全景性、系统性研究。此外，区域旅游生态补偿的测度欠精密，对要素机制缺乏动态阐释的实证，契合国家重点生态功能区的“政策工具包”尚未成型。

第三，他山之石可以攻玉，尽管世界各国在生态补偿领域的实践各有侧重，但诸多成功经验对我国进行生态补偿研究和旅游生态补偿探索有着重要的启示。首先，国际生态补偿取得成功的重要原因在于大多数国家拥有相对完善的产权制度，有利于利用市场机制进行补偿。其次，政府支付能力十分关键，强大的政府支付能力能够对重要的生态服务进行及时的购买。再次，西方发达经济体配合生态补偿构建了完善的法律法规，能够及时将资源开发的外部成本能够内部化，对链上利益相关者的“权—责—利”进行清晰界定。最后，社会参与协商机制较为成熟，能够在生态补偿政策实施中真正反映各利益相关者的立场等。当然，由于社会经济条件的异同，特别是市场经济发育程度的不同，中国不能对国际上的做法进行简单的拷贝，但全球典型国家对生态补偿过程中的关键节点处理不失为我国可资借鉴的研究范本。

具言之，现阶段生态补偿领域通用的模式主要包括公共支付手段和市场手段二种模式，二者各有其适用的条件及利弊，形成了相辅相成的关系。国际经验表明，生态功能服务面广、受益人数多，施行以公共支付模式为主体的生态补偿模式能够最大化地体现公共性。不过，该模式存有两大潜在的执行风险。其一，囿于信息的不对称，公共支付可能支付了高于实际所需的费用；其二，政府的官僚体制往往伴生于低效率及权力寻租的可能，加之政府预算优先的运行特点都可能影响公共支付模式的实际效果。

第四，借助市场相对较高的补偿效率和相对较低的交易成本优势，将能较好地规避生态补偿过程中难以量化生态服务功能的困境。基于第三项结论基础上顺而言之，利用市场化手段可以清晰地界定受益主体和受益方式，生态服务的标准化愿景也有了实施的载体。不过，市场化模式在实施过程中的适用条件相对严苛，需要所在地区和国家拥有良好的市场环境和管理制度。另外，达成协议的交易成本也是实践中的一重挑战。观之我国重点生态功能区和以新安江、珠江为代表的流域生态补偿经验，政府在其中一直扮演着主导角色。旅游业是我国首批对外开放的产业，也是目前我国开放程度最高的产业之一。在旅游生态补偿的实践中，充分借鉴、嫁接海外生态补偿中市场机制的要素环节，在旅游反哺属地的核心环节中践行公共支付和市场兼有的手段，扩大利益相关者的受众面和参与度，以多方协商机制保证公共支付政策的效率和长效性，这对于强化生态脆弱区的经济社会发展存在着潜在促进作用。

第五，公共支付模式是旅游生态补偿的支付优选项。国际通用经验是，尽管公共支付主要资金来源于政府或其他公共部门，但其运行机制并不一定是公共部门独家封闭运作，如何实现灵活、多变、因地制宜值得旅游学研深入探究。概括而言，下述四问是公共支付模式的核心节点：一是除了公共资金之外，如何广泛吸引社会资金参与到补偿中来。二是如何以市场机制为基础设定补偿标准，并随着市场情况的变化进行“随行就市”式的调整。三是如何吸纳非政府组织或中介机构参与具体补偿计划的实施，进而规避官僚体制运作的低效率和腐败等问题。四是如何激活受偿人的主观能动性，使之广泛而深入地参与生态补偿的进程中来。

第六，重视生态标志制度的作用。本质上看，生态标志制度并非直接意义上的生态补偿，但是公众以超出一般产品的价格购买和消费以环境友好方式生产的产品，实际上购买了附加在这些产品上的生态服务功能的价值，是对生产这类产品所付出的保护生态环境的额外成本进行间接补偿。观之中国情境，目前我国的生态标志产品的消费市场正在逐渐形成，只要价格体系得当，消费者有支付意愿，愿意对生态标志产品进行购买，也能够达到生态补偿的目的。截至 2019 年，中国环境标志已经在办公设备、日用品、家电、建筑装修材料、纺织用品等领域开展了 56 大类产品的认证，共有 2000 余家企业的 20000 多种产品获得了中国环境标志产品认证，环境标志产品的年产值超过 900 亿元。美中不足的是，中国目前对生态标志制度的生态补偿含义的认知依然不够清晰。

第七，浙江情境下的生态补偿演进可以划分为三个阶段，分别是 2005 年之前的以资源保护为主的自主摸索阶段、2006—2013 年的以流域和景观为主的机制探索阶段以及 2013 年至今的以重点生态功能区管理考核的完善进阶阶段。上述三个时期虽然表现为各自阶段性的特点，但生态保护补偿的发展是一脉相承的，逐渐向着补偿区域更大、收益人群更广、考核方式更健全的方向发展。2013 年之后，浙江省开始打造重点生态功能区、国家公园等重点生态保护区域，旅游生态补偿制度在这一时期开始成型，在文旅资本下乡、生态保护、资源可持续开发、资源消耗等方面助力了地方社会经济发展。

第八，人力资本是浙江省 11 个国家重点生态功能区属地居民可持续生计水平提升的核心，重要性优于 DFID 框架中其他六项类目。样本统计的结果体现在如下三个维度。一是尽管浙江地处胡焕庸线东侧，但域内也呈现了相对复杂且非线性的人口变动态势，即 11 个国家重点生态功能区人口密度显著下降，存在日趋严重的空心化现象。二是浙江省经济发达，但受访人群的整体受教育水平显著偏低，区域教育人口与经济分布之间存在“交叉而不重叠”的特征。三是浙江省国家重点生态功能区家庭规模“缩水”的现实情境以及患有慢病的家庭比例达 47.2%，加剧了可持续生计波动风险。从旅游产业发展视角来看，受制于人力资本局限，浙江省 11 个国家重点生态功能区居民面临更为严峻的改变生产、改善生活方式的挑战。相对孱弱的人力资本竞争力使得资本往往会寻求“外来和尚”充当管理层角色，在此进程中功能区极易产生“荷兰病”现象，旅游创收的主要财富也会形成回流态势，目的地受益程度通常有限。

第九，对于其他六类项目而言，依循权重占比，物质资本、自然资本、社会资本、心理资本和环境资本也对浙江省 11 个国家重点生态功能区的居民生计表现出促进作用。此外，现金收入（金融资本）也是浙江省 11 个国家重点生态功能区的属地居民看重的部分。不过，受访居民每年得到的政府补贴额所占权重非常低，仅为 0.138，表明现阶段居民得到的政府补贴对于居民整体收入而言还是少之又少的，对其生活的影响有限。

第十，旅游生态补偿政策不仅可以直接提升居民的可持续生计水平，还可以直接增殖人力资本、物质资本、自然资本、环境资本、心理资本，进而间接促进居民可持续生计水平提高。实证结果表明生态补偿政策和生计资本对可持续生计的影响都显著为正，而生态补偿政策对除社会资本外的六类生计资本的影响也为正，因此生态补偿政策对可持续生计的促进作用包括直接影响和通过增殖部分生计资本的间接影响。这是因为国家重点生态功能区生态补偿政策具有保护环境和改善民生的双重目标，生态补偿政策的实施必然直接促进居民的可持续生计水平。同时现阶段的生态补偿政策已开始尝试采用资金补偿、优化政策、就业培训和实物补偿等多种方式相结合的方式实施，这些不同的方式对生计资本会产生显著的培育效应，会间接促进居民可持续生计水平的提升，这也是浙江省 11 个国家重点生态功能区的现实呼唤和利益诉求。

第十二章　可循路径

一、多管齐下：依靠建章立制，在浙江场景中推动政府治理范式转换

国家重点生态功能区是“政策新生儿”，在实践中面临着无章可寻、千头万绪的挑战。在国家重点生态功能区实施旅游生态补偿，需要在政策设计中体现系统集成思想，兼顾旅游生产活动的特征。旅游活动的空间范围、类型与强度均有别于一般的人类活动，旅游活动对生态系统的影响程度表现出明显的空间差异性。同理，社会居民因生态保护放弃的机会成本，以及参与旅游业的经济收益等也都呈现出空间异质性。倘若依循原有思路，忽视空间变异规律对于旅游生态补偿的影响，将国家重点生态功能区视为均质，仍然利用景区边界、行政边界框定补偿对象空间范围，则十分容易导致“部分人负担，部分人受益”的困局，使得政策的落地性大打折扣。为此，依靠建章立制，在浙江场景下推动政府治理向着精准治理演进，进而实现各部门通力合作、上下联动与统一部署的态势，机不容发。究其策略，可采用下述三式。

首先要特别强调全省一盘棋的理念，坚决摒弃本位主义、各自为政的思想。各级领导干部要加强对国家重点生态功能区建设的认识，从战略高度来思考这一千秋大计。要集合省发改、财政、文旅、水利、交通、自然资源、农业农村、环境保护等部门力量，设立专班重点推进 11 个国家重点生态功能区的生态建设保护和绿色发展。建议结合“十四五”规划，提前注重系统谋划，加强统筹协调，制定省级层面的重点生态功能区建设规划。此外，要利用《立法法》赋予的权力，抓紧研究重点生态功能区建设的地方立法问题，确保工作的规范化和制度化，进而全面推进浙江生态文明建设。

其次要增强自我发展能力，探索优势后发新路子。国家重点生态功能区作为限制开发区，其主体功能是保护和修复生态环境、提供生态产品。但不能一说保护就不开发了，一开发就不保护了。在坚持保护优先、合理开发的前提下，按照走优势后发的绿色跨越新路的要求，着重强化 11 个国家重点生态功能区的自我造血能力。一方面，要按照习近平总书记 2020 年视察浙江时提出的“重要窗口”期望，致力于把生态功能区的生态环境优势转化为生态农业、

生态工业、生态旅游等生态经济的优势，积极引荐数字经济的新路，把生态经济与美丽经济培育成为重点生态功能区富民强县的经济支撑，走出一条具有数字特色的绿色富民之路，让老百姓真正尝到生态功能区建设的甜头，更加自发自觉地保护生态、发展生态。另一方面，省委省政府要更加重视文旅工作在国家重点生态功能区中的带动作用，发挥好两大万亿元产业的精准治理效能，针对重点工作（美丽乡村、特色小镇、产业集聚村等）给予全面而有效的支持。以浙江省文化和旅游厅为代表的职能部门要按照省委省政府提出的“四个优先”（基础设施优先、教育培训优先、内聚外迁优先、生态经济优先）方针，加大投资建设和支持力度，进一步增强国家重点生态功能区的自我发展能力，不断推进其生态移民和新型城镇化，通过绿色认证提高生态产品的附加值，把养老、健康产业融入乡村旅游中。

最后要以政府为主导，建立契合浙江情境的多元化旅游生态补偿机制。国家重点生态功能区与旅游业存在天然的耦合，建设投入高、周期长、见效慢是两个的共性特点。因此，中央和省级财政应该不断加大投入力度。同时，也要借助市场力量，积极探索多元化的生态补偿机制。基于浙江省重点生态功能区均为水源涵养型，可探索公益林横向生态补偿机制、流域上下游水源质量生态补偿机制和碳汇交易制度等。在公益林的横向生态补偿方面，广东的一些做法值得浙江借鉴。尽管广东省省级财政对公益林的补偿标准低于浙江，但要求各地市按 1:1 进行配套，并建立起每年递增机制。更重要的是，广东省大力鼓励各地开展公益林横向生态补偿。通过引入旅游要素的横向补偿，中山市的公益林补偿标准已从 2014 年的 44 元 / 亩，提高到 2015 年的 80 元 / 亩；广州的平均标准为 100 元 / 亩以上，其中Ⅰ级补偿标准更是高达 150 元 / 亩。这些补偿资金除去 25% 为管护经费外，其他 75% 基本直接补偿给林业所有者，农民收入有了明显增长。需要说明的是，浙江与广东的财政管理体制不同，在具体做法上应该针对省情进行改良。如果浙江采取以县（市、区）为基本单位实行公益林横向生态补偿，就不能简单地以公益林比率为依据，而是要测算各地的公益林生态价值。经浙江省咨询委 2018 年测算，浙江现有 89 个县级行政区中，除去 6 个海岛县，大体有 32 个为受偿区，有 51 个为支付区。只要补偿标准适中，支付区的财政压力总体不大，但对于 11 个国家重点生态功能区的收益却非常明显。概而言之，时代和社会呼唤更为精准的生态补偿方案。为了真正发挥旅游生态补偿应用的效果，需要在综合评估旅游活动生态影响空间异质性、厘清相关利益主体责任及受益程度、分析相关利益主体发展需求与承担能力的基础上，明确各级政府部门的职能定位以及旅游生态补偿空间范围及其等级区划。这对 11 个国家重点生态功能区（也是浙江省加快发展地区）而言，尤是如此。

二、精英共治：强化社区增权，以旅促保推进浙江“重要窗口”建设

第一，建立在地社区旅游利益共享机制的主要目的是实现社区的增权。根据利益的性质划分，旅游利益可以划为非经济利益和经济利益。旅游经济利益的实现方式是通过开发和利用旅游资源资本，结合开发商、中间商等投资资本，吸引旅游者前来消费旅游产品和服务而获取，主要表现在景区门票收入、经营转让费用、景区经营收入，如餐饮、住宿、娱乐项目和景区交通（如观光车、索道、人力交通工具）等设施使用和服务的销售收入。非经济利益指的是在旅游发展中所产生的看不到的利益，分配方式体现为：就业机会、优惠权、策参与权、培训、决项目参与机会等。以安吉余村为代表，其实践的生态旅游方法倡议社区参与共享共建，明显提升了当地村民的利益，因此获得保护地村民的广泛赞同。旅游开发的过程会涉及多元主体，如何协调各方利益关系，明确各方在旅游扶贫开发过程中的角色定位（义务与责任），以确保旅游业朝着有利于属地居民的方向成长，这也是旅游精准扶贫过程中的网红议题。为了在制度上对国家重点生态功能区的旅游项目予以充分的保证，应将各利益相关方纳入整个旅游产业结构中来，成立包括当地政府、景区、非政府组织和周边社区为代表的联合管理委员会，共同协调和解决旅游经济活动中的困难和较为重要的发展规划。此外，为了协调旅游发展中资源保护、旅游开发与相对弱势的社区发展的关系，保证属地居民参与的权利得到切实、有效的保障，应引入相对独立的追溯监督机构。在居民方面，可召开居民代表大会选举居民代表组成旅游发展协会，制定协会章程，明确政府应当充分考虑重点生态功能区在地社区合作与参与居民生计与福利，通过协商确保在地社区能公平分享权益。

第二，要积极实现生态保护技术的下沉，提高基层生态保护技术水平。浙

江 11 个国家重点生态功能区都属于浙江省的加快发展区，在相对滞后的条件下要求其保护脆弱的生态环境，不现实也不符合经济规律，会进一步加剧上述地区机会成本损失。可行的方案是，一方面，中央政府和功能区所在的 11 个县级政府可以适当成立专门针对国家重点生态功能区生态环境保护技术研发和推广的创新基金，加大对国家重点生态功能区生态保护技术和设备的投入，不断更新生态保护技术水平；另一方面，其他受益地区除向国家重点生态功能区所在县级政府提供资金支持外，还应在技术、人力交流等方面提供便利，促进国家重点生态功能区居民自身发展能力的提升。应积极借鉴“飞地”概念，在发达地区对生态脆弱区进行转移支付。各级政府还应加强选配干部，将生态保护能手和技术骨干下派至社区村庄，通过下乡进村帮扶的形式推进技术改造，宣传新技术和新方法，提高居民生态保护的技术水平，从而间接降低居民的生态保护成本，提升可持续生计水平。

第三，要充分发挥非政府组织和社会精英团体的作用，提高生态保护技术水平。我国自上向下的生态保护制度界定了政府部门的主导作用，但单独依靠政府部门的投入和努力远远达不到充分改进和提高生态环境保护技术水平的目的，还需要充分发挥民间非政府组织和社会精英团体的作用。具言之，一方面可以鼓励社会精英、企业和民间组织走村入户地开展生态保护实践，对其有利于降低环境保护成本的研发行为进行物质奖励和精神支持，提高社会团队和个人生态保护创新的积极性；另一方面要鼓励非政府组织、社会精英下乡进村进行生态保护技术指导和技术宣传，定期或者不定期地对居民开展相关生态环境保护新技术、新方法的讲座，现场指导居民如何应用新技术和新方法。

三、城乡共生：优化生计资本，优化建立以居民可持续生计为目标的旅游生态补偿政策

本书的实证表明，人力资本对居民可持续生计产出的影响弹性最大。人力资本每提高 1%，可持续生计提高 0.351%；同时人力资本也是生态补偿政策间接作用于可持续生计的重要中介变量，生态补偿政策通过人力资本对可持续生计的影响系数为 0.412。因此，其在国家重点生态功能区居民可持续生计提升中的重要性是不言而喻的，当地居民人力资本的培育和增殖应放在所有生计资

本培育的首位。从对人力资本的界定来看，人力资本的替代指标主要是居民自身及家人的健康状况和受教育水平，受教育水平高低会表现为居民的智力水平和工作技能。因此，可从健康保障、智力支持和技能输出三个方面入手提升浙江省国家重点生态功能区的人力资本增殖体系。

第一，优化和完善新型农村养老保险制度。自 2009 年 9 月 1 日国务院发布《关于开展新型农村社会养老保险试点的指导意见》（简称为“新农保”）以来，该文件为我国农村居民的社会养老保险提供了指导，但是国家重点生态功能区居民由于自身经济条件和认知状况，其参保广度和深度都不足。本书调研的国家重点生态功能区的地区位置相对偏远，受现代养老理念辐射的程度有限，传统的农村养儿为防老的观念在老人心目中根深蒂固，当地居民缴纳的养老金档次也多为最低层次。所以应该适时加大中央政府和地方政府的养老补助，可以在现行的山海协作中制定“特区政策”，因地制宜地加大自身缴纳的比例，相对降低居民缴纳比例，以此来鼓励居民积极参与养老保险缴纳，扩大养老保险的覆盖面。此外，应加大宣传和讲解力度，改变农民的传统观念，增加居民对新农保的认知，避免因原有传统养老理念的误导和对新农保政策的不了解等造成国家重点生态功能区居民心存疑虑。

第二，健全农村医保制度。在国家重点生态功能区属地居民中，治病的大量花费是导致居民贫困的一种重要因素，“因病返贫”和“因病致贫”现象非常普遍，更有居民因经济困难造成疾病无法得到及时和有效的治疗，造成了更为严重的后果，严重影响了居民家庭的生计可持续性。2016 年 1 月国务院发布的《国务院关于整合城乡居民基本医疗保险制度的意见》明确指出，我国要逐步建立起统一的城乡居民医保制度，以推动更加公平的医疗保障、更加规范的管理服务和更加有效的医疗资源利用，促进我国全民医保体系的持续健康发展。客观上讲，浙江省 11 个国家重点生态功能区均处于加快发展地区，其财政收入水平远低于财政支出水平，政府职能的正常运行还需要中央政府的财政转移支付。这也造成了地方政府很多一般性公共服务和基础设施供给不足，远未达到实际需求水平。因此，应在国家重点生态功能区构建政府主导、社会组织参与、农民自筹等多渠道的资金筹集方式，让更多的非政府组织和个人积极参与到该项资金的筹集中来。此外，应鼓励居民积极参与。经观察发现，制约农民参与新型农村合作医疗保险的原因，既有思想意识的因素，也有经济收入的因素。因此，应采取积极有效的措施引导农民参与新型农村合作医疗保险。具体来说，一方面可以通过报纸、手册、电视、网络等多种宣传方式的组合，对农民进行风险意识教育，鼓励居民积极参与合作医疗保险；另一方面也要配合采取一定的奖惩措施，奖励那些积极参与并按规进行就医和报销的农民，树立典型，惩罚冒领、骗取基金的行为，提高居民守规矩意识。

第三，鉴于重点生态功能区普遍缺乏人才、智力、技术支撑的现状，要重视和鼓励高校、科研机构及其他社会力量参与到国家重点生态功能区的建设中来，将学问做在田间地头，这也是提高自然资本增殖体系的重要切入点。基于浙江省数字经济优势，可以优先考虑抓好以下三方面的产教融合和技术转化工作。一是以大型数据库和地理信息系统软件为基础，建立国家重点生态功能区基础数据库，将分散、海量、多源、异构数据进行高效存储与管理，以确保重点生态功能区生态保护与恢复的科学决策和监督管理。二是通过建立重点生态功能区的生态红线划定技术规范、生态恢复规划技术规范、差异化生态环境质量评估技术规范等相关规范指南，加强对重点生态功能区的工作指导和帮助。三是利用现代信息技术，研发基于国产高空间分辨率卫星遥感数据的快速获取生态系统类型及其变化技术；基于空间分析技术的生态系统植物群落优势物种和关键物种、退化标志物种以及外来物种的空间定位技术；基于空间分析方法的生态环境要素空间分布的快速调查技术等，开展增汇林业和资源高效利用的生态农业发展模式研究。

对于社会资本增殖来说，要深刻认知传统观念、文化特质、生活方式、文化认同等方面的转化是一个渐进的过程，应做好认知及培养的规划。国家重点生态功能区的生态环境脆弱性对文化基础设施的建设提出了更高的要求，其建设必须符合国家重点生态功能区禁限措施的规定，在国家重点生态功能区生态环境承载力内。具体来说，一方面，文旅管理部门与其他相关部门应协调一致，通力合作，针对国家重点生态功能区居民生计和土地规划情况，选择适宜性的场地进行文化基础设施规划和建设；另一方面，要明确责任方的监督管理职责，以保证建设资金的专款专用及建设质量。此外，应领悟文化建设的重要性。要以形式多样的媒介作为文化普及和宣传教育的载体，如公益广告、传单、动漫、兴趣班等，不断提高当地居民的文化认知水平与深度。要以多种形式进行文化普及活动，整合经济、环境、精神、医疗卫生要素与文化要素，使文化要素与其他与生计相关的要素有机结合，从而走出一条文化旅游融合发展的系统化道路。

在心理资本增殖方面，一要注重精神扶贫，为国家重点生态功能区居民树立信心。精神是行动的重要力量来源，精神贫困会使得居民缺乏摆脱困境的勇气和面对贫困的信心，且本书的实证研究结果也表明心理资本中最为重要的是自信心和对未来生活改善的期望，因此，扶贫工作应注重对精神的帮扶。具体来说可以从以下两个方面入手：一方面，政府工作人员或者聘请专业人士与面临生计困难的居民进行交流沟通，帮助居民积极面对和走出当前困境；另一方面，通过地方政府的相关部门，如妇联、文化工作站等，对当地脱贫致富的典型案例进行宣传，抛弃“等靠要”思想和“推一步走一步”的惰性，激发居民自力更生和自主脱贫的积极性和热情，最终实现思想脱贫和生计水平的可持续性。二要积极构建生计提升的心理建设体系。现阶段国家重点生态功能区居民都具有较强的脱贫愿望，但缺乏实施的主动性和积极性。因此，在树立国家重点生态功能区居民脱贫自信心的同时，更要增加居民投身产业发展的主动性和积极性。一方面，地方政府同样可以采用典型案例宣传、文化娱乐活动等方式激发当地居民脱贫的积极性，也可以积极鼓励居民参与到本地区文旅产业发展政策的讨论与制定中，增强其主人翁意识。另一方面，地方政府、非政府组织和社会团体也要积极参与居民脱贫的心理建设活动，形成社会各界共同参与、万众一心助脱贫的局面，影响居民的心理预期，从而增强其对美好生活的信心。

在物质资本和环境资本增殖方面，要重视物质资本在生态脆弱区内显著的社会福利效应。本书实证结果显示，物质资本的直接效应表现为物质资本每提高 1%，可持续生计提高 0.312%；同时物质资本也是生态补偿政策间接作用于可持续生计的重要中介变量。无独有偶，环境资本的直接效应表现为环境资本每提高 1%，可持续生计也可以提高 0.165%。

可以看出，物质资本和环境资本是提升可持续生计的重要生计资本，住房、基础设施等物质资本在提升国家重点生态功能区可持续生计方面发挥着积极的作用；提高当地居民的卫生条件水平和加强环境卫生的基础设施建设也是改善居民生活环境、提升生计可持续性的重要措施。为改善区域内物质资本和环境资本的质量，并进一步促进物质资本和环境资本的增殖，为当地居民可持续生计提升提供相应的物质和环境资本保障，可从如下几个方面入手。第一，要改善民居条件。从资产价值来看，我国居民最为重要的实物资产是住宅资产，其在居民家庭中发挥着日益重要的作用。要科学规划国家重点生态功能区居民迁移居住点。国家重点生态功能区的生态环境保护目标要求部分居民进行移民搬迁，移民户居住点建设要做好提前规划。这需要地方政府聘请高资质的规划机构和专业人士，一方面根据国家重点生态功能区生态环境保护的要求、禁限措施以及准入负面清单的具体规定；另一方面根据当地的资源禀赋、土地规划以及移民户的生活习惯，科学、合理地设计符合移民搬迁户需求的居住点，从而提高国家重点生态功能区内新居住地的宜居性。第二，要完善社会管理配套。在建成新的居住村和安置村之后，也要及时保障相应的基础设施和公共服务的提供，保障居民生活质量。软件方面，地方政府要提高居民在就医、购物、子女教育等方面的配套服务和设施，提升国家重点生态功能区居民的环境资本水平。硬件方面，加大对道路、卫生、绿化等方面的基础设施投入和建设，继续提高浙江省乡村旅游的吸引力和竞争力，进而为属地居民物质资本水平提高创造条件。第三，要积极响应属地居民对健康的需求，加大对农村医疗卫生的财政投入。按照医疗卫生体制改革的基本方针，政府应确保乡镇卫生院的公益性质，像重视教育那样重视医疗卫生工作，特别要加大对医疗卫生的财政投入。将乡镇卫生院和村卫生室的基础设施建设维修、设备更新购置、人才培养、公共卫生、人员经费等项目支出均列入区（市）级政府财政预算，并逐年增加。第四，要稳定农村医疗卫生人员队伍，放宽农村医务技术人员职称评审条件。应大胆在浙江省 11 个国家重点生态功能区中开展试点，对农村医务技术人员在执业医师、职称晋升等考试中，适当降低合格线标准，以临床实践技能为主要依据。进一步，解决乡村医生的身份和养老问题。对于乡村医生的身份待遇和养老问题，需要省、市联合 11 个县出台政策支持，探索建立健全规范的乡村医生身份待遇和退出机制，使乡村医生的合法权益得到保障、队伍得到稳定、一体化管理体制得到进一步推进。

四、多规合一：推进生态监管，构建联动高效的生态功能区运行机制

旅游生态环境资源具有公共物品和外部性特征。为了防止“公地悲剧”和“搭便车”现象的出现，需要兼顾社会公平，考虑各方利益，建立旅游生态补偿制度。在具体的应用当中，相对隐形的游憩功能价值容易被忽视。相关补偿标准往往仅体现社区居民放弃原有产业的机会成本，而在原有生态系统基础上衍生的游憩功能价值被尽量回避或模糊。对于国家重点生态功能区而言，生态系统所承载的双重价值又是客观存在的。低估游憩功能价值相当于变相剥夺了社区参与旅游业的权利。这一重要内容的缺失恰恰反映了现行旅游生态补偿制度的深层缺陷，即生态保护成本的核算方法不够成熟，不确定性较大。由于相对高企的门票价格以及对于游憩功能价值认识的不充分，旅游者的生态补偿支付意愿一般较低，如果仅仅将支付作为旅游生态补偿的位移途径，显然与所需费用差距较大。那么，可资借鉴的管理方案有二。

其一，应遵循“谁开发谁保护、谁破坏谁恢复、谁受益谁补偿、谁污染谁付费”的生态补偿基本原则确定补偿主体，制定监督成本低、处罚机制明确、能有效规避串谋行为、对政府和旅游企业都有效的旅游生态补偿监管机制。对旅游地居民，则需通过对“保护”行为的奖励和对“不保护”行为的处罚相结合来建立补偿机制。与此同时，地方政府也应该调整其监管方式，提高监管效率。如果说生态补偿政策是事前激励，那么生态保护效果检查就是事后监管，只有建立全方位的激励监管体制，优化改进监管方式才能最大限度地发挥生态补偿政策的实施效果。笔者在访谈过程中发现，政府相关部门几乎很少对居民的生态保护结果进行检查，这实际上很可能会向居民传递一种不好的信息，而政府的这种不作为就会直接导致居民在生态保护过程中产生消极甚至无所谓的态度，长此以往，将造成无人参与生态保护的严重后果。因此，政府相关部门应对居民生态保护行为定期检查或不定期抽查，打破居民的消极预期。在定期、不定期检查的基础上，还可以建立生态环境保护评价和奖励机制，根据每次检查的结果对生态保护执行效果佳的居民给予精神鼓励和物质奖励，提高政府生态保护检查的效果和居民生态保护的积极性。

其二，针对当前生态监管工作涉及部门多、职能交叉重叠、监测力量分散、环境执法多头等问题，浙江省要遵照十九大报告要求，集中设立一个层次

比较高、职能比较综合的新机构（国有自然资源资产管理和自然生态监管机构），进而实行三个“统一行使”。但如何整合原有的监管职能，如何厘清与其他机构的管理边界等，目前中央尚无成熟方案。本书建议，在“十四五”规划中，应尽快组织专家和有关人员，就这一机构的设立或第三方监管的可操作性进行理论和操作两个层面的研究。根据自然资源所有者和监管者分开、生态系统经营权和监管权分开等原则，探索一种高效有序的生态监管体制，为贯彻落实我国生态文明体制改革的顶层设计和战略构想提供一个具有科学性和可操作性的浙江方案。此外，目前我国重点生态功能区建设基本延续了原有的行政管理体制，即以县（市、区）为基本单位，采取条块结合的管理方式。这种套用原有体制的好处是主体明确、处理简便，但原有的行政管理体制是经济管理部门过多，而生态监管机构和人员严重不足，不能适应重点生态功能区建设需求。为此，建议省政府有关部门准许重点生态功能区根据自身实际，对下属部门和人员编制做出适当的调整。此外，浙江的一些重点生态功能区是紧密相连的，尤其是浙南山地丘陵重点生态功能区。它们之间的生态治理既有共性，也相互影响。一个可以借鉴的做法是参考经济带管理模式，设立跨区域的国家重点生态功能区管理协调机构。

项目策划：段向民
责任编辑：张芸艳
责任印制：谢　雨
封面设计：武爱昕

图书在版编目（CIP）数据

可持续生计目标下的旅游生态补偿研究：国际比较、路径选择与制度保障 / 高明著 . -- 北京：中国旅游出版社，2020.9
ISBN 978-7-5032-6557-0

Ⅰ . ①可… Ⅱ . ①高… Ⅲ . ①生态旅游－补偿机制－研究－中国 Ⅳ . ① F592.3

中国版本图书馆 CIP 数据核字 (2020) 第 172403 号

书　　名：可持续生计目标下的旅游生态补偿研究：国际比较、路径选择与制度保障

作　　者：高明　著
出版发行：中国旅游出版社
（北京静安东里 6 号　邮编：100028）
http://www.cttp.net.cn　E-mail:cttp@mct.gov.cn
营销中心电话：010-57377108，010-57377109
读者服务部电话：010-57377151
排　　版：小武工作室
经　　销：全国各地新华书店
印　　刷：北京明恒达印务有限公司
版　　次：2020 年 9 月第 1 版　2020 年 9 月第 1 次印刷
开　　本：720 毫米 × 970 毫米　1/16
印　　张：12.25
字　　数：240 千
定　　价：49.80 元
ISBN　978-7-5032-6557-0